KB212136

내 인생을 바꾼
31일 성경통독

내 인생을 바꾼 31일 성경통독

저자 이대희

초판 1쇄 발행 2013. 12. 11.
개정증보판 1쇄 발행 2019. 1. 3.
개정증보2판 1쇄 발행 2023. 2. 8.
개정증보2판 3쇄 발행 2024. 12. 10.

발행처 도서출판 브니엘
발행인 권혁선

책임교정 조은경
책임영업 기태운
책임편집 브니엘 디자인실

등록번호 서울 제2006-50호
등록일자 2006. 9. 11.

서울특별시 송파구 백제고분로28길 25 B101호 (05590)
마케팅부 02)421-3436
편 집 부 02)421-3487
팩시밀리 02)421-3438

ISBN 979-11-90308-93-9 03230

독자의견 02)421-3487
이 메 일 editorkhs@empal.com

북카페 주소 cafe.naver.com/penielpub.cafe
인스타그램 @peniel_books

도서출판 브니엘은 독자들의 원고를 설레는 마음으로 기다리고 있습니다.
위의 이메일로 간단한 기획 내용 및 원고, 연락처 등을 보내주십시오.

도서출판 브니엘은 갓구운 빵처럼 항상 신선한 책만을 고집합니다.

「 하나님 나라의 관점으로 성경통독 체험하기 」

내 인생을 바꾼 31일 성경통독

이대희 지음

프롤로그

요즘 한국교회에 성경통독운동이 일어나는 것은 아주 바람직한 현상이다. 성경 읽기는 성경을 알아가고, 예수님을 만나며, 하나님을 배우는 데 기본적인 신앙생활이다. 또한 누구나 할 수 있는 아주 쉬운 방법이다. 듣기는 누군가가 말씀을 전해주어야 하고, 공부는 누군가가 가르쳐주어야 하지만, 읽기는 혼자서도 충분히 할 수 있기에 장소에 구애받지 않고 어디서든지 쉽게 할 수 있다. 성경을 읽으면 우리의 눈과 귀가 열리고 아울러 마음이 열린다. 아무리 강퍅한 사람이라도 하나님의 말씀이 들어가면 혼과 영과 골수가 쪼개지는 역사가 일어나고, 마음의 변화를 받아 온전한 사람이 될 수 있다. 그렇기에 말씀은 사람을 움직이는 가장 강력한 힘이다.

이 책은 성경 66권을 통독하는 데 도움을 주는 안내서이다. 성경은 누구나 읽고 싶지만 막상 읽으려고 하면 그리 만만치 않다는 사실을 깨닫게 된다. 누구나 한두 번은 성경통독을 시도해 보았을 것이다. 그러나 결과는? 아마 모세오경만 수차례 읽다가 끝났을 것이다. 아니면 출애굽기까지 읽고 레위기를 넘지 못하고 포기한 경우가 많았을 것이다. 지금 독자들이 가지고 있는 성경은 현대어로 쓰였지만 사실 성경은 수천 년 전에 이미 기록된 고대의 책이기에 지금의 문화적인 배경으로 이해하기란 그리 쉽지 않다. 그렇기에 내용이 잘 이해되지 않고 어렵다고 느끼며, 시도했다가 실패하는 일을 반복하는 것이다.

그런 점에서 성경 전체의 맥을 잡고 성경을 읽어나가는 데 도움을 주는 가이드북이 필요하다. 이 책이 바로 그런 책이다. 성경 66권은 40여 명의 저자가 기록한 책이다. 또한 창세기부터 요한계시록까지 각각의 책은 기록된 시간과 공간적인 차이가 있음에도 놀라운 통일성을 지니고 있다. 마치 한 사람이 기록한 것처럼 말이다. 그런 이유에서 성경은 인간이 기록한 책이 아닌 성령의 감동을 받아 기록된 하나님의 말씀이 분명하다.

이 책은 효과적으로 성경통독을 하기 위해 31일 동안 하는 방법을 제시했다. 31일은 상징적인 것으로 31일, 즉 한 달이나 31회, 또는 31주 등으로 형편에 따라 다양하게 적용할 수 있다. 하루에 다 읽을 수 없는 성경 분량은 시간을 늘려가면서 한 주 단위로 상황에 따라 읽을 수 있다. 이렇게 하면 7개월 정도면 성경을 일독할 수 있다.

그러기 위해서 이 책은 다양한 구성 방법을 활용하고 있다. 먼저 각 장의 내용을 미리 한눈에 볼 수 있는 〈그림으로 전체 조망하기〉를 넣었다. 각 장의 내용이 어떻게 연결되어 있으며, 어떤 의미가 내포되어 있는지 한눈에 파악할 수 있다. 다음으로 각 장의 내용을 물 흐르듯 이야기처럼 이해할 수 있도록 구성했다. 각 장의 본문을 읽으면 성경통독 범위에 대한 이해가 훨씬 빨라진다. 그리고 각 장이 서로 연결된 하나의 이야기식이라서 성경 전체를 파악하는 데 도움을 줄 것이다.

우리는 그동안 성경통독을 하면서 머리만 사용했다. 지식적으로만 읽으려 했기에 얼마 가지 못해서 포기하고 만 것이다. 그러나 마음과 머리와 의지가 통합하여 움직일 때 말씀과의 만남은 온전히 이루어진다. 이 책은 성경통독에 이것을 적용하여 전인적인 성경통독이 체험될 수 있도록 도울 것이다. 아무쪼록 31일 성경통독을 통해 하나님의 은혜와 사랑을 많이 경험하는 시간이 되었으면 한다.

이 책을 집필하면서 특별히 생각나는 여러 말씀 동역자들이 있다. 15년 가까이 매주 일상에서 시간을 내 말씀을 공부하는 직장 성경공부 모임들과 20년 동안 한결같이 말씀을 읽고 연구하는 시간에 함께한 에베소의 두란노서원과 같은 예즈덤성경대학의 동역자들, 늘 곁에서 돕는 자의 수고로 함께한 사랑하는 아내 채금령과 가족 성경공부를 지속하며 함께해준 아들 샘과 딸 기쁨이에게 감사를 전한다. 하나님께 이 모든 영광을 돌린다.

글쓴이 이대희

C·O·N·T·E·N·T·S

차 례

“

하나님의 나라는 먹는 것과 마시는 것이 아니요
오직 성령 안에서 의와 평강과 희락이라. 롬 14:17

”

P·A·R·T·1

—

성경통독, 이렇게 준비하라

01 먼저 성경통독의 방법을 배우라

다양한 방법을 사용하여 성경을 통독하라

우리는 세상에서 가장 소중한 성경을 읽을 때 조심해야 할 점이 있다. 그것은 성경을 너무 쉽게 생각하며 읽어서는 안 된다는 것이다. 성경은 거대한 바다와 같다. 겨우 배 한 척으로 모든 바다를 항해할 수 없다. 몇 번 항해했다고 바다를 모두 알 수도 없다. 평생 바다를 오가며 항해할 때 비로소 바다를 터득하게 된다.

그리고 바닷속까지 알아보려면 더 큰 노력이 필요하다. 성경을 읽을 때 우리는 겸손한 자세를 취해야 한다. 인간은 한없이 부족한 존재이다. 보는 것과 생각하고 깨닫는 것이 어리석다. 그런 모습으로 완전하신 하나님 말씀을 읽을 수 있는 것 자체가 모순이다. 그렇기에 성령께서 도와주시지 않으면 성경 읽기는 처음부터 불가능하다. 성경을 읽을 때 이런 경외심을 갖고 겸손하게 대하지 않으면 성경 말씀을 잘못 이해해 오해할 수 있으며, 심지어 자신의 욕망을 위해 악용할 수도 있다.

또한 성경 읽는 방법을 어느 한 가지만 고집하는 것도 아주 위험한 일이다. 그것은 하나님을 업신여기는 행위이다. 높은 산에 올라가는 방법이 한 가지만 있는 것이 아니듯 성경을 통독하는 방법도 다양하다. 가능한 한 다양한 방법을 인정하고, 그것을 균형 있게 사용하여 성경통독을 하는 것이 바람직하다. 가장 좋은 방법은 내 눈으로 성경을 읽기보다는 하나님의 관점으로 성경을 읽는 것이다.

이렇게 보면 누구나 읽을 수 있을 것 같지만 누구나 쉽게 읽지 못하는 책이 또한 성경이다. 어리석고 악한 사람에게는 성경이 닫혀 있는 책이다. 들을 귀 있는 자만이 성경의 메시지를 읽을 수 있다. 이 점을 마음에 새기고 독자들이 성경을 통독하는 데 도움이 되는 몇 가지 성경 읽기 방법을 간단히 소개하고자 한다.

▶ 위에서 읽는 방법 : 영적인 방법

성경을 읽을 때 글자 이상의 영적인 의미를 생각하며 읽는 방법이다. 성경의 내용을 단순히 문자적으로 해석하는 것이 아니라 하나님이 말씀하신 영적인 의미를 되새기며 접근하는 방법이다. 여기서는 영감을 중요하게 생각한다. 대표적인 것으로 알레고리(문자의 상징적인 의미를 추구하는 방법)를 들 수 있다. 성 어거스틴이 이런 방법으로 성경을 읽었다. 이 방법의 장점은 보이지 않는 하나님의 마음을 성경을 통해 깊이 읽을 수 있다는 점이다. 하지만 엉뚱한 영적인 상상으로 치달을 수 있는 단점도 있다.

▶ 뒤에서 읽는 방법 : 역사적인 방법

성경이 쓰인 역사적, 문화적 배경을 통하여 성경을 읽는 방법이다. 구약성경은 이스라엘의 특수한 역사와 문화적인 상황에서 기록된 책이기에 고대 근동과 이스라엘의 역사적인 배경을 이해하면서 읽어야 한다. 신약성경 역시 시대적 배경인 로마의 역사와 문화를 이해하면서 읽는 것이 중요하다. 이 방법의 장점은 생생한 역사적인 시공간의 현장감을 가지고 성경을 읽게 한다는 점이다. 하지만 그때의 상황을 완전하게 재현할 수 없다는 단점도 지니고 있다.

▶ 앞에서 읽는 방법 : 독자 반응 방법

성경을 오늘날의 삶의 모습에 비추어 읽는 방법이다. 현재의 문제 속에서 성경을 바라보고 이해하는 것으로서 현재의 삶에 적용하게 한다는 장점이 있다. 그러나 자칫 상황이 본문을 앞설 수 있다는 단점도 있다. 인간의 관점에서 성경을 바라보게 함으로써 인간의 기호에 따라 성경이 변형될 위험이 있다.

▶ 아래에서 읽는 방법 : 신학(성경)적인 방법

성경을 부분적으로가 아닌 전체적인 흐름 속에서 읽는 방법이다. 성경 전체의 핵심 사상이나 신학적인 흐름을 염두에 두고 성경을 읽는 것이다. 예를 들면 창조와 타락과 구원의 관점에서 성경을 읽는다든지,

약속과 성취나 하나님 나라의 구조를 염두에 두고 성경을 읽는 방법이다. 성경 전체의 내용을 이해하면서 부분을 보기에 통일성을 갖는 장점이 있지만 자칫 성경이 갖는 독특성과 다양성을 훼손할 수 있다. 일반적인 구조로 성경을 쉽게 도식화하는 위험도 내포하고 있다.

▶ 안에서 읽는 방법 : 문학적인 방법

성경 속에 있는 다양한 문학 양식에 따라 성경을 읽는 방법이다. 한 편의 문학 작품을 읽듯이 성경으로 들어가 그 안에 들어 있는 구성과 표현과 특징을 이해하면서 성경 자체에서 의미를 파악하는 것이다. 성경 자체를 훼손하지 않고 성경 본문에 충실하면서 그 속에서 문제를 바라본다는 점에서 좋은 방법이다. 그러나 전체적인 관계 속에서 다른 성경들과 어떻게 연결되는지에 대한 이해가 부족할 수 있다. 자칫 성경이 일반 문학으로 인식될 위험도 있다.

가장 좋은 성경 읽기 방법은 앞에서 언급한 방법들을 통합하여 각각의 장점을 취하는 것이다. 이것이 통합적 성경 읽기 방법이다. 이 책에서 지향하는 성경통독 방법도 바로 통합적 성경 읽기 방법으로, 이 방법을 염두에 두고 집필하였다.

크로스 성경통독 방법을 적용하라

성경은 단순히 이야기의 전개를 넘어 성경이야기를 통해

우리 삶의 변화를 이루는 데 그 목적이 있다. 이것을 이루기 위해서 크게 두 가지 차원의 성경 읽기 방법을 제안한다. 하나는 수평적 차원이며, 다른 하나는 수직적 차원이다. 이것을 크로스 방법이라고 말한다. 이것은 앞서 소개한 성경통독의 다양한 방법을 하나로 정리한 것이다.

수평적 차원은 성경 66권을 읽어갈 때 하나님의 마음을 지속해서 추적하면서 하나님의 의도하심을 찾아가는 이야기식 방법으로 성경을 통독하는 것이다. 드라마나 영화나 소설이 진행되듯 문학적인 구성의 스토리를 염두에 두고 성경을 읽는다면 성경 전체가 하나의 이야기로 우리에게 다가오고 감동은 점점 더해지며, 성경을 읽고 난 후 한 편의 감동적인 드라마를 본 것처럼 가슴 저린 삶의 변화를 이룰 수 있다.

성경 66권은 각 권의 책이지만 각각 분리된 것이 아니다. 그러므로 우리는 성경을 읽을 때 마치 퍼즐을 맞추듯 그것들을 하나로 연결하면서, 창세기에서 요한계시록을 향해 완성해가는 이야기로 성경을 읽을 필요가 있다. 이것을 수평적인 성경 읽기라고 말한다. 그러나 이 방법만으로는 성경의 깊은 의미를 발견하거나 삶의 변화를 이루어내는 데 한계가 있다.

구약	법	체험 1	체험 2	생활
	토라(모세오경)	역사서(수-에)	예언서(사-말)	시가서(욥-아)
신약	복음서(4복음)	역사서(사도행전)	예언서(계시록)	서신서(롬-유)
	원리	해석 1	해석 2	적용

그다음으로 수직적인 성경 읽기이다. 수직적인 성경 읽기는 성경을 기록한 구조로써 이해하는 방법이다. 성경의 구조를 보면 구약은 율법서와 역사서, 시가서와 예언서로 되어 있고, 신약은 복음서와 역사서, 서신서와 예언서로 구성되었다. 그러므로 구약이나 신약 모두 같은 구조로 구성되어 있다.

성경을 읽는 목적은 삶에 적용하기 위해서다. 하나님이 계시하신 원리를 찾아서 배우고, 그것을 역사와 체험을 통해 해석하여 삶에 적용하고, 구원받고 변화 받아서 하나님을 찬양하고 하나님께 영광을 돌리기 위해서다.

수평적으로는 하나의 거대한 성경이야기를 읽으면서 그 이야기에 동화되어 말씀이 육신이 되어야 한다. 그리고 수직적으로는 그 하나님의 이야기를 통해 삶의 원리를 발견하고 인생에 응답하며 적용해야 한다. 하나님께 은혜를 받아 그 은혜로 세상을 이기고 변화시키는 삶을 살아야 한다. 말씀으로 들어가 말씀이 나에게 자연스럽게 들어오는 과정은 수평적인 과정이다. 그리고 그 들어온 말씀이 내 생각을 바꾸고 가치관을 새롭게 형성하여 삶을 변혁시키는 것은 수직적인 과정을 통해서다.

사실 이것은 새로운 방법이 아니다. 유대인들이 오랫동안 성경을 읽었던 방법이며 성경에서 말하는 방법이다. '하가다' 는 말씀을 마음에 담는 이야기 방식이고, '할라카' 는 그 성경이야기 속에서 원리와 규칙을 찾아 삶에 적용하는 방식이다. 유대인에게는 예수 그리스도가 없기에 책 자체에 머물고 말았다. 하지만 우리에게는 예수 그리스도가 성경의 중심이다. 성경을 통해 예수 그리스도를 인격적으로 만나 삶이 변화되는 데 목적이 있다. 오늘날도 두 가지 방식을 균형 있게 사용할 때 우리는 성경을 효과적으로 읽을 수 있다. 이 책도 이런 두 가지 방식을 활용해서 복음적인 관점에서 성경통독을 하도록 정리했다.

▶ 성경이야기 전체(通) 흐름도표

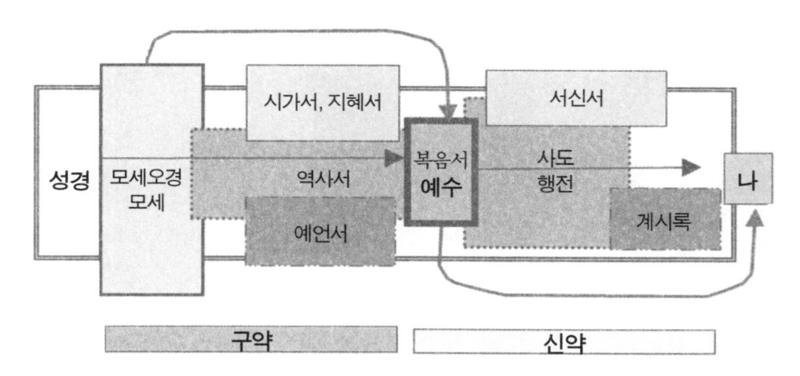

▶ 성경의 구성

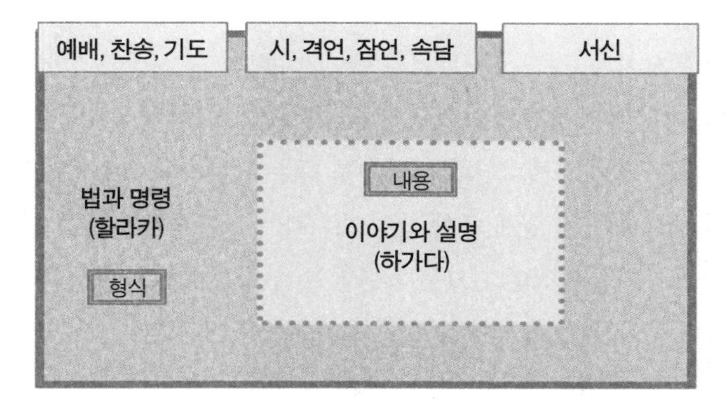

02 하나님 나라의 관점으로 성경을 읽으라

성경 전체 속에서

성경은 하나님 나라의 이야기다.

우리가 성경을 통독하는 것은 하나님 나라에 대한 거대한 이야기를 듣기 위함이다. 성경은 하나님의 이야기며 하나님 나라가 건설되는 과정의 이야기다. 성경을 읽고 공부하는 통독 방식보다는 수천 년 전부터 내려오는 거대한 하나님의 이야기를 듣는다는 마음으로 성경을 읽는 것이 중요하다. 그렇게 해야 성경으로 빠져드는 경험을 하게 되고, 시공간을 초월한 영적인 만남을 체험할 수 있다. 이 책은 이런 내용에 초점을 두고 66권을 통독할 수 있도록 가이드를 제시했다.

우리는 성경이야기를 읽으면서 하나님이 우리 안에 들어오시는 것을 경험하게 된다. 성경이야기는 하나님이 주역이시며 사탄은 악역이다. 하나님의 백성이 주인공으로 초대받아 이야기의 중심부에 있다. 주인공인 하나님의 백성이 타락하면서 이야기의 방향을 잃게 되지만, 마지막에는 예수 그리스도를 영접함으로써 다시 주인공의 사명을 회복하게 된다. 하나님의 백성은 하나님 나라를 이루는 사람들이다. 반면 사탄은 세상 사람들과 손잡고 이 세상의 나라를 이루려고 한다. 그리스도인은 비록 세상에 살지만 세상의 나라가 아닌 하나님 나라를 이 땅에 구현하는 것이 하나님의 백성으로 부름을 받은 이유이다.

하나님 나라는 창조-타락-구원-완성의 과정을 통해 점진적으로 이루어진다.

성경에 나오는 하나님 나라의 이야기는 창조–타락–구원–완성의 과정을 통해 이루어진다. 이것은 점점 이 세상 속에 완성된다. 창세기부터 요한계시록까지 이어지는 성경이야기는 방대하지만 이 네 가지 핵심 틀을 가지고 이야기가 전개된다. 이런 기본적인 핵심 내용은 하나님 나라와 언약과 관계 속에서 진행된다.

성경을 읽어나가면 하나님 나라와 구원과 언약에 관한 내용을 곳곳에서 발견할 수 있다. 이것은 성경이야기 속에 담긴 하나님의 메시지다. 우리는 이런 성경이야기를 읽으면서 반복적으로 이런 하나님의 메시지를 듣고 매 순간 삶 속에서 결단하는 것이 중요하다. 이 책은 하나님 나라–언약–구원에 대한 핵심 메시지를 찾아 자신에게 최대한 적용할 수 있도록 기술되었다.

창조이야기는 창세기 1~2장의 창조사건이다. 이것은 하나님 나라의 원형이다. 타락이야기는 아담과 하와가 타락하면서 그 죄가 가인과 노아의 홍수와 바벨탑으로 이어지는 창세기 3~11장의 이야기다. 하나님 나라가 점점 파괴되는 모습을 그린다. 창세기 12장의 아브라함부터 시작되는 하나님의 구원이야기는 이스라엘 백성을 통해 이루어진다. 출애굽과 가나안 정복이야기, 사사시대의 실패와 왕정의 실패, 바벨론 포로, 그리고 포로의 귀환 등으로 구원이야기는 계속된다.

신약에서 예수님이 오심으로써 구원이 성취되고, 하나님 나라가 우리에게 임하게 된다. 사도행전과 서신서를 통해 하나님 나라가 교회에 적용되고, 우리의 삶으로 다가온다. 하지만 여전히 죄악이 만연한 세상 속에 이미 하나님 나라가 왔지만, 아직 하나님 나라가 완성되지 못한 모습을 보게 된다. 하나님 나라의 완성은 요한계시록을 통해 계시와 환상으로 나타난다. 우리는 성경을 읽으면서 점차 이루어지는 하나님 나라를 경험할 수 있다.

구약성경을 통해

하나님 나라는 약속을 통하여 온다.

하나님 나라는 어떻게 오는가? 말씀을 통해 온다. 그것은 태초에 천지를 창조하신 사건에서 잘 알 수 있다. 하나님이 말씀하실 때 이 세상은 창조되었다. 그리고 하나님의 약속은 계속해서 주어진다. 노아 언약, 아브라함 언약, 시내산 언약, 모압 언약, 세겜 언약, 다윗 언약, 새 언약, 십자가 언약 등이 연결되어 소개된다. 이런 언약은 하나님 나라를 가져다주는 출발점이 된다. 인간의 타락 속에서 하나님의 언약은 하나님 나라가 도래한다는 희망을 제시한다.

하나님 나라는 왕, 백성, 땅, 주권이 약속을 통해 이루어진다.

하나님 나라는 구체적으로 왕과 백성과 땅을 통해 이루어진다. 그리고 모든 주권을 온전히 하나님께 맡길 때 하나님 나라가 이루어진다. 그러나 성경이야기는 하나님의 말씀에 순종하지 못한 내용으로 가득하다. 하나님이 세운 왕들, 그리고 이스라엘 백성들이 하나님의 약속을 신뢰하지 못하고 세상의 힘을 의지하고 바알을 숭배한다.

하나님의 약속을 믿고 따라야 하지만 실제는 그것을 거부하고 주권을 하나님께 양도하지 못하고 인간이 그것을 대신하려고 한다. 아브라함, 모세, 사무엘, 다윗처럼 하나님께 모든 것을 의탁하는 인물들이 있지만 대부분 지도자와 사람들은 자기가 주인이 되어 하나님 나라보다 자기의 나라를 세우려고 한다. 그 결과 약속의 땅으로 주어진 가나안은 오히려 저주의 땅이 되고 말았다.

하나님 나라는 약속을 순종하는 사람을 통하여 임한다.

하나님 나라는 하나님의 약속을 믿고 순종하는 사람을 통하여 임한다. 이런 점에서 하나님은 먼저 그의 나라와 의를 구하는 사람을 지금도 찾고 계신다. 노아와 아브라함과 모세와 다윗과 같은 사람을 찾으신다. 베드로와 바울처럼 주의 복음을 신뢰하고 복음에 자신을 맡기는 사람을 원하신다. 성경에 나오는 사람 대부분은 하나님의 약속에 불순종했다. 이스라엘이 패망한 이유는 하나님의 약속을 신뢰하지 못했기 때문이다.

하나님 나라는 거룩한 나라와 거룩한 백성이 되는 것이다.

하나님이 이스라엘을 선택하신 것은 하나님 나라를 이루는 거룩한 백성으로 삼기 위함이었다. 하나님 나라는 곧 거룩한 나라이다. 구약성경에서 거룩함은 핵심 주제이다. 거룩함을 상실하면 하나님 나라에 합당하지 못하다. 하나님 나라의 백성은 거저 주어지지 않는다. 자신을 죽이고 하나님의 거룩한 사람이 될 때 비로소 가능하다. 세상 속에서 구별된 백성으로 살아가는 것이 하나님 나라를 건설하는 것이다. 하지만 안타깝게도 구약의 이스라엘 백성들은 이런 거룩한 사명을 감당하지 못했다. 하나님은 율법을 통해 하나님의 거룩한 백성으로 성별되기를 원하셨지만 이스라엘 백성들은 율법을 거부함으로써 그것이 실패로 끝나고 말았다. 성경 전체의 이야기는 세상 속에서 거룩함을 얼마나 이루느냐에 초점이 맞춰져 있다.

신약성경을 통해

하나님 나라는 예수 그리스도를 통해 왔고,
또한 예수 그리스도를 통해 완성된다.

구약에서 하나님 나라가 실패로 돌아가자 새로운 하나님 나라가 시작된다. 그것은 예수님을 통해 임하는 하나님 나라이다. 예수님은 세상에 오시면서 "하나님의 나라가 가까이 왔다"라고 말씀하셨다. 예수님은 곧 하나님 나라이다. 누구든지 예수님을 영접하면 그 사람에게 하나님 나라가 임한다. 지속적인 자기부인을 통해 예수님께서 우리의 주인 되시면 그 속에서 하나님 나라가 이루어지고 완성되는 것이다.

하나님 나라는 성령 안에서 누리는 의와 평강과 희락이다.

"하나님의 나라는 먹는 것과 마시는 것이 아니요 오직 성령 안에서 의와 평강과 희락이라"(롬 14:17). 하나님 나라는 이 세상의 먹고 마시며 즐기는 것과는 다르다. 성령 안에서 얻어지는 의와 평강과 희락이다. 이것은 인간의 노력으로 되는 것이 아니라 전적인 성령의 역사로 일어나는 일이다. 하나님 나라가 임하면 우리는 평강과 희락과 하나님의 의를 구하는 삶을 살게 된다. 이것이 오늘날 우리가 꿈꾸는 모습이다.

하나님 나라는 예수님을 믿고 순종하는 사람 안에 있다.

하나님 나라는 인간의 노력으로 얻어지는 게 아니다. 예수님을 믿고 순종할 때 우리 안에 하나님 나라가 임한다. 하나님 나라는 예수님을 믿는 사람 안에 있다. 문제는 하나님의 말씀에 얼마나 순종하고 예수님을 주인으로 인정하면서 그분께 모든 것을 양도하느냐에 달려 있다. 예수님으로 충만하면 하나님 나라가 가득한 것이다. 하나님 나라는 주님께 순종하는 사람을 통해 건설된다.

세상에서 하나님 나라를 이루는 일은 교회에 주신 사명이다.

교회는 하나님 나라를 이루는 공동체이다. 구약의 이스라엘은 이 사명을 감당하지 못했다. 실패한 하나님 나라를 이루기 위해 주님은 몸된 교회를 세우셨다. 신약에 나오는 초대교회를 통해서 그것을 발견할 수 있다. 교회 속에서 하나님 나라가 이루어지지 못하면 세상 사람들은 하나님 나라를 볼 수 없다. 전도는 교회가 하나님 나라를 보여주는 일이다. 신약에 나오는 초대교회는 하나님 나라가 임하는 모습을 보여준다. 그리스도를 주로 삼아 서로 유무상통하고 말씀과 기도와 교제를 나누며 모이기를 힘썼다. 교회의 목표는 하나님 나라를 이 세상에 구현하는 데 있다. 교회가 하나님 나라를 이룰 때 하나님은 날마다 구원받는 사람들을 더해주신다.

하나님 나라는 '이미'와 '아직'의 긴장 속에 있다.

예수님이 이 세상에 오심으로써 하나님 나라가 임했지만 사람들은 여전히 예수님을 믿지 않고 거부한다. 교회와 그리스도인에게는 '이미' 하나님 나라가 임했다. 하지만 인간적인 모습이 여전히 남아 있다. 하나님을 주인으로 섬기지 못하고 주님을 종처럼 부리려 한다. 오늘날에도 바알처럼 자기가 신이 되는 것을 추구하는 사람들이 교회 안에 있다. 이렇게 보면 '아직' 하나님 나라가 완전히 임하지 않은 것이다. 하나님 나라가 '이미' 세상에 왔지만 주님이 다시 오실 때까지는 '아직' 완전한 하나님 나라가 이루어진 것이 아니다. 그런 이유로 그리스도인들은 늘 근신하여 깨어 기도하며, 우리 안에 하나님 나라가 충만하기를 기도해야 한다.

세상의 나라를 이기는 길은 하나님 나라를 끝까지 소망하는 것이다.

우리가 사는 세상은 하나님 나라와 정반대의 모습을 지니고 있다. 인간은 자신이 주인 되어 하나님을 거부하며 자기의 소견대로 살아간다. 육신을 입은 인간은 완전한 하나님 나라를 이룰 수 없다. 성령이 충만하면 가능한 일이지만 그렇지 못하면 여전히 인간이 주인 되는 세상의 나라를 꿈꾸게 된다. 이것을 이기는 길은 오직 하나님 나라를 끝까지 소망하면서 주님의 왕 되심을 선포하고 근신하여 깨어 기도하는 일뿐이다.

성경통독의 목적

성경통독은 하나님 나라를 마음속에 충만하게 한다.

우리가 성경통독을 하는 이유는 우리 안에 하나님 나라가 충만하게 하기 위함이다. 하나님 나라는 성령을 통해 우리 안에 임한다. 성령은 진리이신 말씀을 통해 우리 안에 임하신다. 성경을 통독하다 보면 우리 안에 말씀이 가득하게 된다. 그렇게 되면 하나님 나라가 자연스럽게 우리 안에 거하게 된다. 성경을 읽기 전에는 내가 주인이었지만 성경을 읽으면서 점차 하나님이 주인 되시는 것을 경험하게 된다.

성경통독은 이 세상에서 하나님 나라를 소망하며
하나님 나라를 전파하게 한다.

성경통독을 하면 이 세상의 나라보다 하나님 나라를 점차 소망하게 된다. 왜냐하면 성경은 어디를 읽어도 하나님 나라의 이야기로 가득하기 때문이다. 우리는 성경을 읽으면서 하나님 나라의 비밀을 알게 된다. 말씀을 통해 주시는 은혜가 임하면 하나님 나라를 간절히 소망하게 된다. 그렇게 되면 세상의 어려움을 이기는 힘이 생긴다. 그리고 담대

하나님 나라의 관점으로 성경을 관통하는 성경 로드맵

하나님 나라의 원형

창조시대
1. 우주 창조
2. 인간 창조

하나님 나라의 파괴

타락시대
1. 아담 추방
2. 가인
3. 홍수심판
4. 바벨탑과 흩어짐

하나님 나라의 모형

시작 / 형성

족장, 출애굽, 광야시대
1. 족장시대 - 선택
2. 출애굽시대 - 구원
3. 광야시대 - 훈련

부분 성취

정복, 사사, 통일왕국시대
1. 족장시대 - 세상 나라 정복
2. 사사시대 - 하나님 나라의 실패
3. 통일왕국시대 - 영원한 나라 약속

실패

분열왕국, 포로, 포로귀환시대
1. 분열왕국시대 - 애굽, 앗수르
2. 포로시대 - 바벨론
3. 귀환시대 - 바사

심판과 회개와 구원 이야기
1. 예언서

교훈과 소망 이야기
1. 시가서
2. 지혜서

막간

하나님 나라의 준비

중간시대
1. 헬라시대
2. 유대시대
3. 로마시대

실체

하나님 나라의 성취

복음서시대
1. 유대인 - 마태복음
2. 로마인 - 마가복음
3. 헬라인 - 누가복음
4. 전세계 - 요한복음

↓

하나님 나라의 적용

사도행전시대
1. 예루살렘, 유대 : 행 1-12장
2. 아시아 : 행 13-15장
3. 유럽 : 행 16-18장
4. 유럽, 아시아 : 행 19-21장
5. 예루살렘, 로마 : 행 22-28장

서신서시대
1. 바울서신서
2. 일반서신서

↓

하나님 나라의 완성

미래에 완성될 계시록시대
요한계시록

하게 나아가서 하나님 나라를 전파하게 된다.

성경통독은 이 땅에 하나님의 뜻이 이루어지고
하나님 나라를 이루기 위함이다.

성경통독을 하면 주기도문에 나오는 기도가 저절로 나오게 된다. 하나님의 이름이 거룩히 여김을 받고 하나님 나라가 임하게 해달라고 기도하게 된다. 하늘의 뜻이 이 땅에서도 이루어지게 해달라고 기도한다. 성경통독을 하면 기도 제목이 하나님 나라를 이루는 기도로 변화된다. 하지만 성경을 읽지 않고 기도하면 나의 뜻만 구하는 이기적인 욕심이 될 수 있다. 우리가 천국을 얻게 된 것은 말씀을 듣고 믿었기 때문이다. 그렇기에 우리는 오늘도 성경통독을 통해 하나님 나라를 경험하며 그 나라를 사모하는 삶을 살아야 한다.

삶의 실천을 위한 성경통독 구조

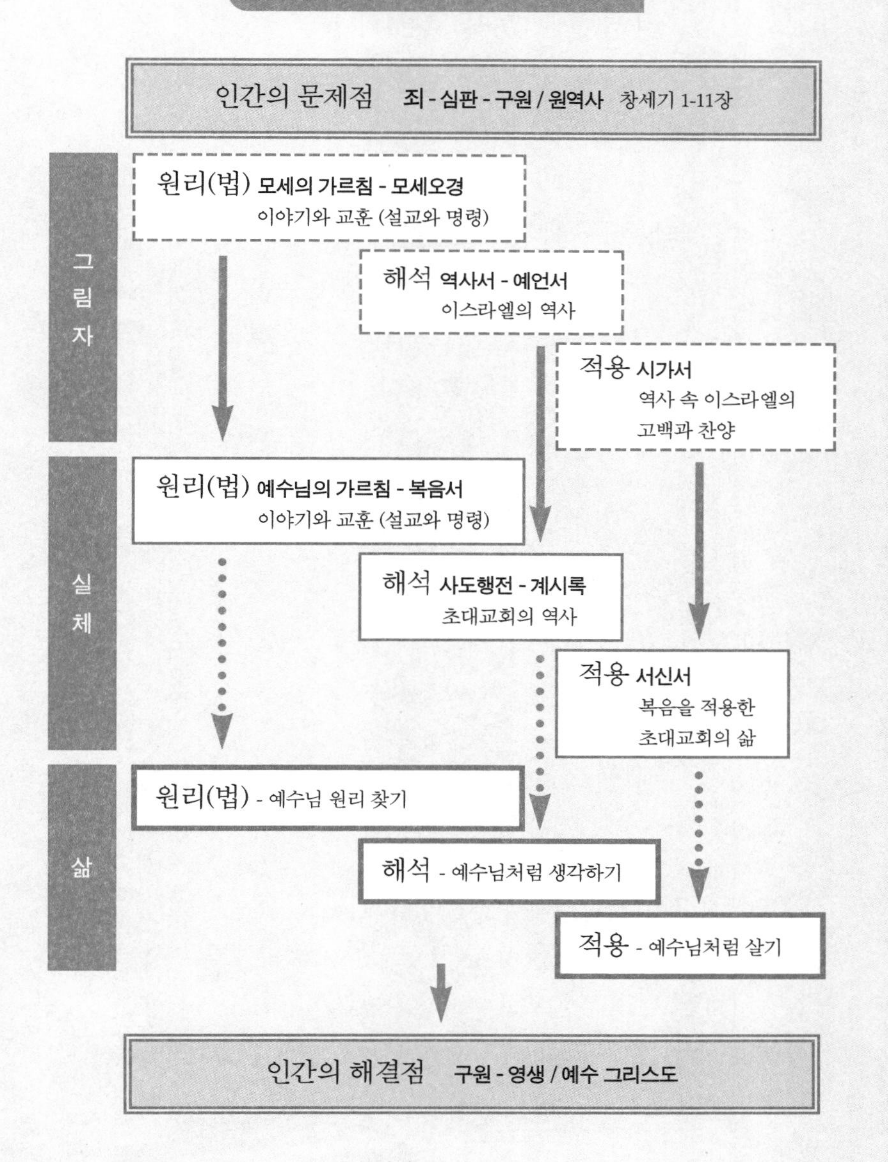

"

나는 인애를 원하고 제사를 원하지 아니하며
번제보다 하나님을 아는 것을 원하노라. 호 6:6

"

P·A·R·T·2

—

31일 성경통독 체험하기

* * * * *

구성 방법

성경을 단순히 지식으로 읽어서는 감동과 변화가 일어나지 않는다. 얼마 가지 못해 성경 읽기를 그만두게 된다. 그래서 여기서 제시하는 성경 읽기 방법은 성경을 체험적, 전인적으로 통독하도록 돕는다. 성경이 체험과 삶으로 다가오게 하는 방법으로 다음과 같이 성경 통독을 구성했다.

▶ 첫째, 통으로 된 드라마처럼 읽으라.

성경을 재미있게 푹 빠져들며 읽는 방법은 드라마를 보듯 성경 전체 이야기를 하나로 보고 읽는 것이다. 성경은 하나님이 수천 년 동안 행하신 일을 기록한 거대한 드라마이자 이야기다. 도입-전개-갈등-절정-대단원의 막으로 전개되는 것처럼 성경의 이야기도 이런 방식으로 구성되었다. 물론 주인공은 예수 그리스도시다. 모든 이야기는 그분의 이야기다. 예수님을 생각하며 영화 보듯이 성경을 읽어나가면 즐거운 성경통독을 할 수 있다. 이것을 위해서 전체를 9막으로 나누었고, 중간에 막간의 휴식시간을 넣었다. 지금부터 드라마를 보듯이 하나의 이야기를 읽는 느낌으로 말씀 속에 푹 빠져들어 보자.

* * * * *

1막. 하나님 나라의 원형 : 창조시대

2막. 하나님 나라의 파괴 : 타락시대

3막. 하나님 나라의 시작 : 족장시대

4막. 하나님 나라의 형성 : 출애굽과 광야시대

5막. 하나님 나라의 부분 성취 : 정복시대, 사사시대, 통일왕국시대

6막. 하나님 나라의 모형 실패 : 분열왕국시대, 포로시대,
포로귀환시대

막간. 하나님 나라의 준비 : 중간시대

7막. 하나님 나라의 성취 : 복음서시대

8막. 하나님 나라의 적용 : 사도행전과 서신서시대

9막. 하나님 나라의 완성 : 계시록시대

▶ 둘째, 질문을 갖고 읽으라.

그동안 우리는 성경통독을 할 때 아무 생각 없이 소극적으로 읽는 경우가 많았다. 그러다 보니 저자의 의도를 파악하기 쉽지 않았고, 내용 파악도 어려웠다. 이것을 해결하는 방법은 질문을 갖고, 그것에 답하는 형식으로 성경을 적극적인 자세로 읽는 것이다. 이렇게 되면 성경이 지루하지 않고 관찰력이 생기면서 흥미를 더하게 된다. 이것은 기존에 사용하지 않은 새로운 성경통독 방법이다. 질문은 해당 성경의 핵심

* * * * *

내용을 제시했으며, 이것은 저자이신 하나님의 의도를 파악하는 데 도움을 줄 것이다.

▶ 셋째, 그림을 통해 전체 조감도를 파악하라.

전체 그림을 한눈에 파악하기 쉽게 도표와 그림을 가지고 정리했다. 먼저 그림을 보고 내용을 파악한 후 성경을 읽어나가면서 내용을 재구성한다면 성경 전체의 흐름을 쉽게 알 수 있는 일종의 내비게이션 역할을 할 것이다. 많은 사람이 성경을 읽으면서 힘들어하는 이유는 지금 내가 읽고 있는 부분이 어느 길로 들어섰으며 어디로 가는지 알지 못하기 때문이다.

▶ 넷째, 성경통독 가이드를 읽고 해당 성경 내용을 통독하라.

성경의 내용을 이해하는 데 도움을 주기 위해서 각 장 본문 내용으로 성경통독 가이드를 제시했다. 처음 여행할 때 여행 가이드의 설명을 듣고 유적지를 둘러보면 이해가 빠르듯이, 먼저 통독 가이드를 읽고 해당되는 성경통독 범위를 찾아 읽으면 된다. 적어도 해당 통독 내용만큼은 가능하면 한자리에서 통으로 읽는 것이 좋다. 그렇게 해야 전체적인 메시지를 한눈에 파악할 수 있다.

31일 · 성 · 경 · 통 · 독 1막

하나님 나라의 원형 : 창조시대

성경은 하나님 나라가 이 땅에 임하는 이야기를 그리고 있다. 본래 하나님이 만드신 세상은 하나님 나라가 가득한 곳이었다. 에덴동산은 하나님 나라의 원형이었다. 하나님과 인간과 자연이 화목하게 어울려 사는 샬롬의 세계였다. 우리는 에덴동산을 마음에 그리며 날마다 그것이 회복되기를 바라고 있다. 창세기 1~2장은 우리가 품어야 할 인생의 목표이자 교회가 추구해야 할 하나님 나라의 원형이다. 비록 분량은 짧지만 성경이 말하고자 하는 내용이 압축적으로 들어 있는 성경의 핵심부분이다.

DAY 01

세상과 인간은 어떻게 창조되었는가?

〉〉〉 성경통독 / 창세기 1-2장

우주 창조 (창세기 1장)

"누가 세상을 창조했을까?" 이 질문에 대하여 많은 사람이 궁금해한다. 그렇지만 누구도 그것에 대한 명확한 답을 하지 못한다. 그냥 우연히 생겼다고 하기에는 세상 만물의 질서가 너무나 정교하고 정확하다. 과학자들은 우주의 빅뱅(대폭발)이 일어나서 갑자기 지구가 생겨났다고 말한다. 이것은 가장 논리적인 사람들이라고 생각하는 학자들이 내놓은 창조이론이다. 물론 가설이기는 하지만 억지라는 생각이 든다. 지구는 우연히 갑자기 생긴 것이 아니다. 우주가 스스로 존재한다는 주장은 이해가 안 된다. 이것은 인간의 생각으로는 불가능하다. 다른 초월적인 존재로밖에 달리 설명할 길이 없다. 우리가 사는 우

▶ 그림으로 전체 조망하기

창조

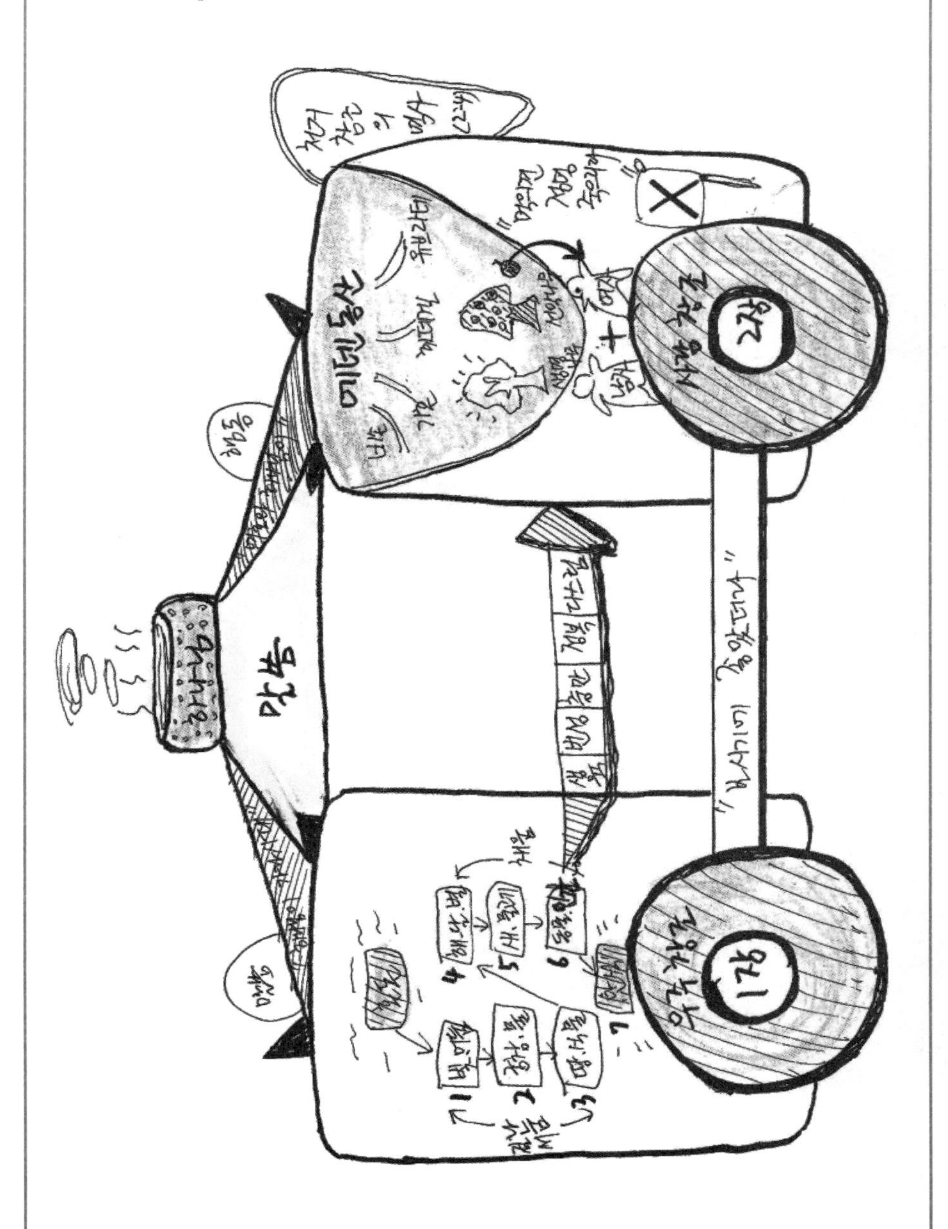

주 창조에 대해 말하고 있는 책은 성경뿐이다. 천지는 하나님이 만드셨다. 하나님은 이 세상의 근원이시다. 이것이 성경이 말하는 창조의 시작이다(창 1:1).

그렇다면 "어떻게 세상이 창조되었을까?" 하나님은 아무것도 없는 상태에서 이 세상을 말씀으로 창조하셨다(창 1:3). 태초에 말씀이 있었다. 그 말씀이 곧 하나님이시다(요 1:1). 하나님은 우리가 만지거나 볼 수 있는 존재가 아니다. 하나님이 스스로 나타내지 않으시면 아무도 하나님을 볼 수 없다. 하나님은 모든 것의 시작이시다. 하나님이 말씀하시자 세상의 모든 것이 그 말씀대로 그대로 만들어졌다. 그러므로 우리는 세상의 모든 것을 말씀이 성취되는 과정으로 이해해야 한다.

하나님은 세상을 7일 동안 질서 있게 종류대로 창조하셨다. 혼잡한 세상이 아닌 인간이 이해할 수 없을 정도의 탁월함과 질서가 우주 속에 있다(창 1:5-2:3). 하나님은 이 세상을 구별하여 특징에 따라 나누시고, 그 안에 내용을 채우셨다.

나눔 (나누사)	채움 (있으라)
첫째 날 - 낮과 밤 둘째 날 - 하늘과 바다 셋째 날 - 땅과 식물	넷째 날 - 해, 달, 별 다섯째 날 - 새, 물고기 여섯째 날 - 동물, 사람
일곱째 날 - 안식하심	

인간 창조 (창세기 2장)

우주가 창조된 것만큼 궁금한 것이 인간의 창조이다. 과연 누가 인간을 창조했으며, 어떻게 창조했을까? 이 질문에 대한 답을 알려주는 것은 성경 이외에 다른 것은 없다. 겨우 인간이 유인원에서 시작되었을 것이라는 가설 정도이다. 세상에서 가장 놀라운 창조의 작품은 인간이다.

그렇다면 "인간은 어떻게, 왜 창조되었을까?" 인간은 하나님의 형상을 따라 창조되었다. 그런 이유로 인간은 하나님과 관계하며 살아야 하는 존재이다. 하나님은 인간에게 자신을 대신하여 바다의 물고기와 하늘의 새와 땅에 움직이는 모든 것을 다스리라는 사명을 주셨다. 그리고 생육하고 번성하여 땅에 충만하여 땅을 정복하라고 하셨다. 하나님은 세상에서 인간을 가장 중요하게 생각하신다. 아무리 세상이 아름다워도 사람보다 더 아름다운 것은 없다(창 1:26-28).

하나님이 인간에게 내리신 최초의 명령은 하나님이 만드신 동산의 각종 나무의 열매는 먹어도 되지만 동산 중앙에 있는 선악을 알게 하는 나무의 열매는 먹지 말라는 것이었다. 그리고 그것을 먹는 날에는 반드시 죽을 것이라고 말씀하셨다. 이것은 하나님과 인간이 맺은 최초의 언약이다.

그렇다면 왜 금지명령을 주셨을까? 그것은 '인간은 하나님의 말씀을 듣고, 그것에 순종하는 존재로 창조되었음'을 알게 하기 위해서였다. 인간이 곧 하나님이 될 수는 없다. 그것의 한계점을 말씀해주신 것이 바로 선악과이다. 인간이 하나님을 닮았다고 해서 인간이 곧 하나님이 될 수는 없다. 하나님과 인간은 구별된 존재이다. 그것을 알려주신 것이 바로 "선악과를 먹지 말라"는 명령이었다(창 2:16-17). 그것을 지킴으로써 인간은 비로소 인간이 된다. 하나님이 주신 질서를 지키고 살 때 인간은 가장 행복하다.

태초에 모든 동물은 짝이 있었는데 오직 인간만 짝이 없었다. 이것을 좋지 않게 여기신 하나님은 아담에게 돕는 배필을 주셨다. 하나님은 인간을 만드실 때 먼저 아담을 만들고 아담의 갈비뼈로 여자를 만들어 아담을 돕게 하셨다. 이것은 여자가 남자의 지배를 받는 존재가 아닌 동등한 존재임을 뜻한다. 아울러 한몸이라는 의미이다. 남자와 여자는 둘이지만 결혼이라는 제도를 통해 둘이 아닌 한몸이 된다는 것이다. 부부가 하나 되지 못하면 모든 것은 끊어지고 만다. 부부는 하나님이 세우신 최초의 가정이다(창 2:22-24).

31일 · 성 · 경 · 통 · 독 2막

하나님 나라의 파괴 : 타락시대

하나님이 만드신 하나님 나라는 하나님이 보시기에도 아름다운 나라였다. 하지만 인간은 하나님의 명령을 어김으로써 인간 스스로 자기 자리를 차버렸다. 그 결과 인간은 타락하였고 에덴동산에서 쫓겨났다. 하나님 나라는 파괴되었다. 인간 안에 죄가 가득함으로 두려움과 분열과 시기와 욕심이 인간을 사로잡았다. 인간은 하나님 나라를 거부하고 인간의 나라를 세워나갔다. 아담은 하나님의 나라를 거부한 대표적인 인물이다. 그것은 그의 아들 가인에게 이어져 형제 아벨을 죽이면서 세상의 나라를 세워나갔다. 점점 하나님 나라는 파괴되었고, 나중에는 하나님이 왜 인간을 만들었는지 후회할 정도가 되었다. 결국 홍수로 인류가 멸망당하는 불행한 일까지 벌어지게 되었다. 그런 후에 하나님은 노아를 구원하여 새로운 하나님 나라를 시작하지만, 얼마 가지 못해 다시 죄가 극심하여 하나님이 도저히 그대로 볼 수 없는 상황까지 이르게 되었다. 그리고 그 죄는 지금까지 세상 나라 속에 계속되고 있다.

DAY 02

인간과 세상은 어떻게 파괴되었는가?

〉〉〉 성경통독 / 창세기 3장

하나님과 같아지고 싶다

사탄은 천상에서 하나님의 뜻을 거역하여 쫓겨난 타락한 천사이다. 타락한 천사는 세상에 와서 사람을 유혹하여 자기가 하나님을 거역한 것처럼 사람들이 하나님의 말씀을 거역하게 만들었다. 뱀으로 가장한 사탄은 아담에게 접근하기 전에 먼저 하와에게 다가와 유혹했다. 사탄은 하와에게 하나님이 먹지 말라고 한 과일에 대해 의심하게 하면서 먹게 만들었다. 선악과를 먹으면 하나님의 말씀처럼 죽는 것이 아니라 오히려 하나님과 같아진다고 유혹했다. 하나님과 같아지고 싶어 하는 마음을 충동질하여 결국 하나님의 명령을 어기게 만들었다. 이것이 사탄의 숨은 계략이었다(창 3:1,4-5).

▶ 그림으로 전체 조망하기

창조시대

창세기(1-11장)
(한 처음에)

1-2장
창조
하늘과 땅의 역사(2:4)

죄

아담
3-5장
가인
타락
아담의 가족역사(5:1)

노아시대
6-9장
심판
노아가족의 역사(6:9)

노아 방주
구원
노아 세 아들 가족역사(10:1)

셈 함 야벳
바벨의 사람들
10-11장
혼돈
셈의 가족 역사(11:10)

말씀 창조

죄가 점점 심해짐

언어 혼잡

타락한 하와는 아담에게 다가가 선악과를 먹도록 유혹했다. 그러자 아담은 아내가 주는 선악과를 아무 생각 없이 먹었다. 이처럼 사탄은 가장 가까운 사람을 통해 접근한다. 이것이 사탄의 고도 전략이다. 이렇게 죄를 지은 인간은 영원히 살 수 있는 에덴동산에서 쫓겨났다. 하나님의 대리자로서 자격을 잃었다. 그리고 땀 흘려 고생하는 삶을 살다가 결국에는 죽게 되었다. 이처럼 오늘날 인간은 아담과 같은 죄악 된 성품이 있기에 스스로 자신이 주인 되어 하나님처럼 되려는 본성을 갖고 태어난다(창 3:6,19,24).

죄는 말씀에 불순종하는 것이다

죄란 무엇인가? 그것은 하나님의 말씀에 불순종하는 것이다. 천지창조가 말씀으로 된 것처럼 인간의 창조 역시 말씀과 관계로 이루어졌다. 인간이 영원히 사는 것은 오직 하나님의 말씀에 순종할 때이다. 그러나 하나님의 말씀에 불순종하게 되면 영원히 죽게 된다. 이것이 하나님과 인간 사이에 맺어진 생명의 원리이다. 인간과 하나님이 관계를 맺는 것은 바로 말씀이다. 인간은 하나님과 관계를 끊으면 스스로 살 수 없다. 설령 산다고 해도 겨우 100년 정도이다. 아담시대에는 수명이 약 1,000년이었지만 지금은 100세 정도이다.

사탄은 어떻게 해서든지 하나님의 말씀과 인간 사이를 떼어 놓으려고 한다. 말씀을 듣지 못하게 하거나 말씀을 잘못 듣게 만든다. 변조하고 삭제하고 첨가하는 계략으로 지금도 진리의 말씀을 왜곡해서 인간이 죄를 짓게 만든다. 지금도 수많은 사람이 하나님의 말씀을 아예 거부하며 살아간다. 생명줄이 끊어진 줄도 모르고 영원한 생명이신 하나님을 찾지 않고 홀로 살아간다. 점차 죽어감에도 말이다.

죄를 지은 결과

타락한 인간에게 죄가 들어오자 이제 인간은 이전의 모습과 전혀 다르게 변했다. 아담과 하와는 서로 하나 된 부부의 모습을 잊어버리고 서로에게 탓을 돌리면서 죄를 전가했다. 좋았던 부부관계가 파괴되었다. 자신의 죄를 회개하기보다는 하나님께 자기 의를 주장했다. 지금도 죄를 지은 사람들이 자신의 죄를 알지 못하고 다른 사람 탓만 하며 하나님을 대항하는 것은 아담의 죄에서 온 모습이다. 죄를 지은 인간은 자신의 모습이 부끄러워 하나님의 낯을 피하여 숨게 된다. 두려움은 죄를 지은 인간에게 찾아오는 하나님의 형벌이다(창 3:7-15).

공의로우신 하나님은 죄를 그냥 두지 않고 심판하신다. 죄를 지은 인간은 죄의 대가를 받게 되었다. 인간은 누구나 죽음을 맞이한다. 남자는 그냥 먹을 수 없고, 일하고 땀 흘리는 수고와 고생을 해야 생존할 수 있게 되었다. 인간과 함께 타락한 자연이 가시덤불과 엉겅퀴를 내면서 인간은 그것들을 거두어야 먹을 것을 얻게 되었다. 죄를 지은 인간은 힘들게 일을 해야 먹고사는 신세로 전락하고 말았다. 여자는 아이를 고통 속에서 낳게 되었다. 죄를 지은 순간 인간의 모든 삶은 고통과 고난을 동반하게 되었다. 인간에게 닥치는 고난은 인류의 죄를 생각나게 하는 반면교사이다. 죄는 인간을 에덴동산에서 쫓아냈다. 이때부터 인간은 세상 속에서 힘들게 사는 존재가 되었다(창 3:16-24).

끝까지 사랑하시는 하나님

하나님은 공의와 사랑의 성품을 지니고 계신다. 공의의 하나님은 죄를 미워하신다. 죄를 그냥 보지 못하시고 죄지은 인간을 심판하신다. 그렇지만 사랑의 하나님이시기에 인간에게 자비와 사랑을 베푸신다. 하나님은 인간을 위해 친히 가죽옷을 만들어 입히시고 부끄러운 죄를 덮어주셨다(창 3:21). 죄가 미운 것이지 인간 자체가 미운 것은 아니었다. 죄는 하나님을 거역하는 행동이다. 사탄은 지금도 인간에게 하나님을 거역하는 죄를 계속 짓게 만든다. 그런 죄 가운데서 우리는 여전히 인간을 사랑하시는 하나님의 사랑을 깨닫고 회개하고 하나님에게 돌아서는 것이 중요하다.

TIP

〉〉〉 사탄의 X파일

창세기 3장은 사탄의 X파일과 같다. 한 장이지만 내용이 너무 깊고 오묘하다. 그런 이유로 이 부분에서는 잠시 멈춰서 성경을 깊게 읽을 필요가 있다. 그래서 하루 분량의 성경 읽기로 설정했다. 성경통독은 매일 똑같은 분량을 정해서 읽는 것은 오히려 문제가 있다. 성경은 리듬을 타고 읽는 것이 중요하다. 성경을 기록할 때도 이런 리듬에서 기록되었다. 어떤 부분은 일주일 기간에 성경의 3분의 1을 할애하고, 어떤 부분은 수백 년의 역사이야기를 족보를 통해 단번에 처리하기도 한다. 또한 간단하게 언급하고 내용을 생략하기도 한다. 이런 흐름을 알고 성경을 읽어야 지루하지 않고 즐겁게 성경에 빠져들 수 있다.

원칙적으로 보면 모든 성경은 깊게 읽어야 한다. 하지만 어떤 부분은 다른 내용보다 더 깊게 생각하고 읽을 필요가 있다. 그 내용이 바로 창세기 3장이다. 이 부분은 빨리 읽는 것이 중요하지 않다. 오히려 사탄은 이 부분만큼은 빨리 읽기를 원할 것이다. 왜냐하면 인간을 타락시키는 자기의 전략이 다 들어 있기 때문이다. 가능한 한 자기의 전략을 숨기기를 원할 것이다. 이것은 지금까지도 계속 이어오는 사탄의 수법이다. 이것을 잘 파악하고 마음에 새긴다면 오늘날 우리는 사탄의 유혹을 충분히 이길 수 있을 것이다.

죄를 짓게 만드는 사탄의 수많은 전략은 창세기 3장 안에 다 들어 있다고 해도 과언이 아닐 것이다. 어찌 보면 창세기 3장을 풀어낸 것이 다음 장부터 전개되는 인간의 죄악이야기들이다. 그렇다면 우리는 성경통독을 잠시 멈추고 창세기 3장을 적어도 5번 이상 깊게 읽을 필요가 있다. 그리고 그 의미를 묵상하여 사탄의 전략을 파악한 후 더는 죄의 유혹에 빠지는 잘못을 범하지 말아야 할 것이다.

DAY
03 아담의 죄를 이어받은 인류는 어떻게 타락해 갔는가?

〉〉〉 성경통독 / 창세기 4-11장

가인의 살인

아담의 죄는 인류에게 어떤 영향을 끼쳤을까? 인류는 아담의 피를 이어받아 아담의 죄성을 그대로 지니고 태어났다. 그것은 가인의 살인 사건에서 잘 드러났다. 가인은 하나님이 자신의 제사는 받지 않고 아벨의 제사만 받은 것에 분노하여, 결국 동생 아벨을 쳐 죽이고 말았다. 아담의 죄가 그 아들 가인에게 그대로 이어진 것이다. 형이 동생을 죽이는 근친살인이 가정에서 일어난 것이다. 이것은 인류 최초의 살인이자 가장 가까운 형제간에 일어난 사건이란 점에서 그 심각성을 더한다. 이것은 부부간에 관계가 깨어진 아담과 하와의 죄성이 형제간에도 그대로 이어져 최초의 공동체인 가정이 파괴되는 장면을 보여준다. 아담과 가인의 이야기는 오래된 이야기지만 현재 오늘을 살아가는 우리에게도 그대로 적용되고 있다(창 4:1-8).

라멕의 노래

그렇다면 가인의 후손들은 어땠을까? 인간의 죄는 점점 심해져 살인의 정도가 이루 말할 수 없을 만큼 심각한 상태에 이르게 되었다. 라멕의 노래는 성경에 처음 소개되는 노래이다. 그런데 이 노래는 살인을 소재로 삼고 있다. 참으로 아이러니하다. 아름다워야 할 노래가, 그것도 성경에 처음으로 등장하는 노래가 살인을 다루고 있다니. "내가 사람을 죽였고 나의 상함으로 말미암아 소년을 죽였도다." 그리고 가인을 위해서는 칠 배의 벌이 내려지지만 라멕을 위해서는 벌이 칠십칠 배로 내려진다고 말하면서 인간의 죄가 얼마나 심각한 상태로 번져나갔는지 보여준다. 이것은 당시 인간의 죄가 어느 정도로 세상에 만연했는지를 잘 보여주는 대목이다(창 4:16-24).

노아의 홍수

사람이 번성하여 땅에 가득했지만 인간의 마음은 점점 악해져 이제는 하나님조차 눈 뜨고 볼 수 없는 지경에 이르렀다. 하나님은 인간의 죄악이 세상에 가득하고, 마음으로 생각하는 모든 계획이 항상 악함을 보시고, 인간을 창조하신 것을 후회하게 되었다. 인간이 생각하는 모든 계획이 항상 악하다는 것은 당시 인간의 모습이 얼마나 타락했는지를 잘 보여주는 대목이다(창 6:5-7).

하나님은 죄를 지은 인류를 물로 심판하기로 작정하셨다. 심판을 통해 인간의 죄를 징벌하겠다는 계획이셨다. 그러나 그중의 한 사람, 의인 노아만은 방주를 통해 그의 가족과 함께 구원하셨다. 악한 시대 속에서 노아는 당대에 완전한 사람이며 하나님과 동행한 의인이었다. 노아는 하나님을 잘 섬긴 사람이었다. 특히 노아는 하나님의 말씀을 그대로 준행한 의인이었다. 방주를 만들라는 명령에 무조건 순종하였다. 그런 이유로 하나님은 노아와 그의 가족에게 은혜를 베푸셨다. 하나님은 악한 세상에 40주야 동안 비를 내려 자신이 지은 모든 생물을 지면에서 쓸어버리셨다. 하나님은 지금도 약속을 잘 준행하는 사람을 찾으시고, 그런 사람을 구원해주신다(창 6:8-13, 7:11-12,22-24).

대홍수로 인하여 지구상에 있는 모든 사람과 생물들은 멸절했다. 이것은 앞으로 지구에 멸망이 실제로 일어남을 보여주는 증거이다. 그렇지만 방주에 들어간 노아와 그의 가족과 구별한 생물들은 구원을 받았다. 이것은 하나님이 노아의 구원을 위해 방주를 준비하신 것처럼 그리스도를 통해 인류를 다시 구원하시겠다는 예증이었다. 누구든지 그리스도를 믿으면 구원을 받는 것은 노아의 방주와 같은 메시지를 지니고 있다.

그 후 하나님은 창조 때 아담에게 하셨던 말씀을 노아에게 다시 반복해서 말씀하셨다. "생육하고 번성하여 땅에 충만하라." 새로운 세상이 시작된 것이다. 그리고 세상을 다시는 물로 심판하시지 않겠다는 징표로 하늘에 무지개를 주시고 노아와 언약을 세우셨다. 지금 우리는 노아의 방주와 같은 구원자 예수님을 믿고 살아간다. 오늘 지구의 종말이 온다 해도 그리스도인은 이미 방주 안에 있는 것과 같이 그리스도 안에 있으므로 구원을 받는다. 이것을 믿는 사람은 어떤 경우에도 두려워하거나 심판을 불안해할 필요가 없다(창 9:1-17).

바벨탑 사건

하나님의 심판을 경험한 노아의 자손들은 어떻게 되었을까? 다시는 죄를 짓지 않고 하나님을 믿고 살아야 함에도 실제로는 그렇지 못했다. 노아의 세 아들 가운데 둘째 아들 함이 죄를 범하므로 저주를 받는 일이 발생했다. 또한 하나님께 반역하는 죄를 범하기도 했다. 당시 온 땅의 언어가 하나였다. 그것은 인류가 아무 거리낌 없이 서로 의사소통을 잘했다는 의미이다. 그런데 문제는 그 하나 된 언어를 가지고 바벨의 시날 땅에서 탑을 건설하여 "하늘에 닿게 하여 우리의 이름을 내고 지면에 흩어지지 말자"라고 한 것이다. 하나님은 "생육하고 번성하여 땅에 충만하라"고 명하셨는데, 하나님의 뜻을 저버리고 또 반역을 저지른 것이다. 이것을 통해 우리는 인간이 얼마나 악한 존재인지, 죄의 본성은 인간의 노력으로 해결되지 않는다는 사실을 발견하게 된다. 아담의 죄악이 사라지지 않고 인간을 여전히 지배하고 있는 것이다(창 10:32-11:4).

인간의 바벨탑 계획은 하나님께서 언어를 혼잡하게 하여 지면에 흩어버림으로써 물거품이 되었다. 인간 안에는 하나님을 거부하고 자기가 주인 되려는 욕구가 늘 깔려 있다. 그런 욕구가 바벨탑 건설로 드러난 것이다. 선악과를 먹은 인간의 교만이 또다시 일어난 것이다. 인간은 한 번의 큰 심판을 받았음에도 깨닫지 못했고, 뉘우치지 않았으며, 돌이키지도 않았다. 오히려 인간의 죄는 갈수록 심해졌다. 이것은 인간의 죄는 인간 스스로 극복하지 못한다는 사실을 잘 보여준다. 또한 아무리 인간이 노력해서 무엇을 이루려고 해도 결국 하나님이 허락하시지 않으면 아무것도 이룰 수 없다는 사실을 여실히 보여준다(창 11:5-9).

31일 · 성 · 경 · 통 · 독 3막

하나님 나라의 시작 : 족장시대

점점 파괴되어가는 하나님 나라를 보는 하나님의 마음은 어떠했을까? 참담하셨을 것이다. 하지만 하나님은 인간을 포기하지 않으시고 다시 하나님 나라를 시작하신다. 그것은 인간의 행위가 아닌 하나님의 약속에 의한 하나님 나라의 건설이었다. 하나님이 주도하시어 말씀에 응답하는 사람을 통해 하나님 나라를 세워나가기 시작한 것이다. 그것은 한 사람 아브라함을 선택하면서부터 시작된다. 하나님은 능력이 많은 분이시기에 단번에 모든 것을 이루실 수 있지만, 그렇게 하시지 않고 작은 것 하나부터 천천히 다시 시작하셨다. 이 부분은 하나님의 성품을 잘 보여주는 대목이다. 미천한 한 사람으로부터 시작하여 인류를 구원하시는 위대한 하나님 나라의 이야기가 지금부터 펼쳐진다. 이것은 하나님 나라의 역사는 한 사람의 이야기임을 말해준다.

DAY

04 하나님은 왜 족장들을 선택하셨는가?

〉〉〉 성경통독 / 창세기 12-50장

아브라함

당시 갈대아 우르에 셈 족속 계열인 아브람이 가족과 함께 살고 있었다. 어느 날, 하나님은 75세 된 아브람을 불러서 지시한 약속의 땅으로 가라고 명하셨다. 그것은 인류를 구원하시고자 하는 하나님 계획의 시작이었다. 시작은 아브라함이 했지만 마무리는 예수 그리스도께서 하셨다. 이런 점에서 지금부터 아브라함의 모든 이야기는 나중에 오실 그리스도께 초점이 맞추어져 있다. 아브라함은 모든 믿는 자의 조상이다. 그렇기에 그리스도를 믿으면 아브라함의 약속을 받는 자가 된다(갈 3:29).

선택된 아브라함은 하나님의 말씀을 그대로 믿고 따랐다. 이때 하

▶ 그림으로 전체 조망하기

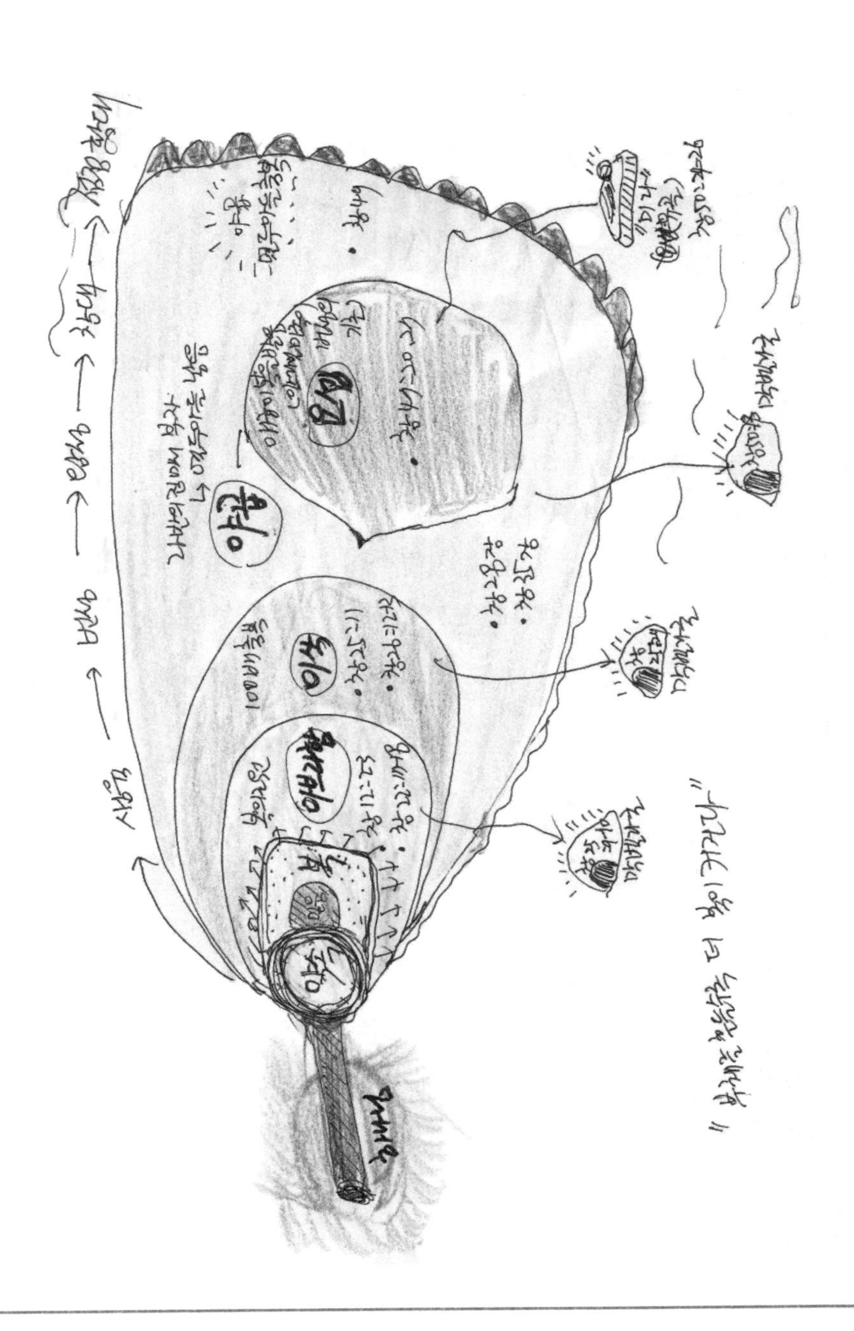

나님이 아브라함에게 주신 약속은 모든 족속이 너로 말미암아 복을 얻을 것이라는 말씀이셨다. 아브라함은 하나님의 인류 구원 프로젝트를 믿고 순종했다. 아브라함은 자기의 모든 것을 버리고 앞으로 갈 바를 알지 못했지만 오직 하나님의 말씀만 믿고 따랐다는 점에서 위대한 믿음의 사람이 된 것이다(창 12:1-4).

아브라함은 10년 후에 이스마엘을 낳으면서 하나님에 대한 불신의 모습을 보였지만 믿음의 훈련을 잘 감당하여 드디어 100세 때 약속의 아들 이삭을 얻었다. 그리고 시간이 지난 후 하나님은 아브라함에게 100세 때 낳은 아들을 번제로 바치라고 명하셨다. 정말 아브라함이 하나님만을 의지하는지 그의 믿음을 시험하신 것이다. 이때 아브라함은 시험을 통과하여 처음 약속된 복을 재확인 받았다. 이런 아브라함에게 하나님은 "네 씨로 말미암아 천하 만민이 복을 받으리니 이는 네가 나의 말씀을 준행하였음이니라"고 약속의 말씀을 주셨다(창 22:1-19).

이삭

이삭은 아브라함을 그대로 본받아 순종하는 삶을 살았다. 이전에 이삭은 아브라함이 자신을 번제로 드릴 때 아버지가 하는 일에 이의를 달지 않고 그대로 순종했다. 그런 이삭이 40세가 되도록 결혼을 하지 못했다. 하지만 아버지를 대신해 종 엘리에셀이 데리고 온 리브가를 그대로 자기 아내로 순종하며 받아들였다. 하나님이 아브라함을 통하여 주신 약속을 늙은 종 엘리에셀이 이어받아 믿음으로 리브가를 이삭의 아내로 선택한 것이다. 그런 선택을 이삭은 그대로 받아들였다. 이삭이 리브가를 그대로 받아들인다는 것은 곧 아브라함에게 주신 하나님의 약속을 그대로 받아들인다는 것을 의미한다(창 24장).

야곱

쌍둥이로 태어난 야곱은 형 에서의 장자권을 팥죽으로 산 후에 형제간에 문제가 생겼다. 어머니 리브가는 이 문제를 해결하기 위해 야곱을 외삼촌 라반의 집으로 잠시 피신시켰다. 야곱은 외삼촌의 집으로 가는 도중에 벧엘에서 하나님을 만나 자기가 누워 있는 땅을 주신다는 약속과 땅의 띠끌처럼 자손이 많을 것이라는 축복을 받았다. 그뿐만 아니라 하나님이 허락하신 약속을 이루기까지 야곱과 함께하신다는 말씀 또한 받았다. 아브라함에게 주셨던 약속을 야곱이 개인적으로 다시 받게 된 것이다. 하나님이 야곱을 선택하신 것은 새로운 일이 아니었다. 아브라함의 약속을 잇는 것이었다. 여기서 우리는 아브라함의 약속이 이삭과 야곱을 거쳐서 이어져가는 것을 볼 수 있다(창 25:19-28장).

이삭은 야곱을 떠나보내면서 외삼촌 라반의 딸을 아내로 맞아들이라고 부탁한다. 야곱은 아버지의 말씀에 순종하여 라반의 딸들과 결혼했다. 반면 형 에서는 하나님의 약속에서 제외된 이스마엘 자손의 딸과 결혼하게 되었다. 야곱은 20년 동안 라반의 집에 거하면서 두 아내와 첩들을 얻어 열두 아들을 낳았다. 그리고 이 열두 아들은 나중에 이스라엘의 열두 지파가 되었다. 이것을 통해 아브라함의 약속을 이루는 기틀이 마련되었다(창 28:1-9, 29장-31장).

시간이 흐른 후 야곱은 20년 전 형 에서를 피해 도망갔듯이 외삼촌 라반의 집에서도 바쁘게 빠져나왔다. 외삼촌에게 인사도 하지 않고 도망가는 야곱의 모습에서 우리는 아직도 죽지 않은 인간적인 야곱의 모습을 보게 된다. 나중에 외삼촌 라반과 화해한 후 야곱은 하나님의 사자들을 만나게 된다. 그들을 '하나님의 군대' 라 하고, 그 땅을 '마하나임' 이라 명명했다. 하나님의 군대를 만났다는 것은 야곱이 앞으로의 삶을 걱정하지 않아도 된다는 의미가 담겨 있었다.

그러나 야곱은 형 에서가 자기를 향해 400명의 장정을 데리고 온다는 소식을 듣고 두려워 혼자 얍복강에 남았다. 거기서 야곱은 밤새 천사와 씨름하여 이스라엘이란 이름을 얻었다. 이것은 이스라엘 백성이 야곱을 통해서 나오게 된다는 축복의 말씀이었다. 그리고 하나님을 직접 대면하여 그곳의 이름을 브니엘이라 명명했다. 그 이후로 야곱은 에서와 극적으로 화해하고 쌓였던 문제를 해결했다. 드디어 야곱은 하나님이 자신과 함께하신다는 사실을 깨닫게 되었다. 세상에 살면서 하나님을 만나며, 하나님이 함께하신다는 약속을 받는 것이 그 어떤 것보다 최고의 축복이다(창 32-33장).

요셉

야곱의 열두 아들 중에서 요셉은 이복형들에게 따돌림을 당하고 있었다. 그러나 힘든 생활 가운데서도 그를 일어서게 한 것은 하나님의 꿈이었다. 하나님은 요셉에게 두 번의 꿈을 통하여 요셉과 함께하신다는 비전을 주셨다. 지금은 형들에게 고난을 겪지만 요셉을 형들보다 더 크게 사용하신다는 내용이었다. 하나님의 사람의 공통적인 특징은 하나님의 약속을 받는다는 것이다. 다른 것으로는 힘을 얻을 수 없다. 하나님의 약속을 받을 때 약속의 사람이 되고, 힘과 용기를 얻게 되며, 인생이 달라진다(창 37:5-11).

하나님의 꿈을 받은 요셉은 많은 고난을 겪었다. 요셉은 형들에게 죽임을 당하는 위기에 처하게 되고, 애굽에 노예로 팔려 보디발의 종이 되고, 보디발 아내의 유혹을 거절한 이유로 감옥에 갇히게 되었다. 이해 못 할 고난이 요셉을 어렵게 했지만 요셉은 하나님이 자신과 함께하심을 믿고 잘 이겨냈다. 그런 이유로 주변의 사람들도 하나님이 요셉과 함께하심을 보고 범사에 형통한 은혜를 경험하게 되었다. 하나님의 꿈은 거저 이루어지지 않는다. 고난을 통하여 많은 연단을 거쳐 온전한 믿음의 사람이 되는 것이다. 하나님께 비전을 받은 사람은 아무리 어려워도 믿음으로 고난을 이기게 된다(창 39-40장).

하나님의 약속대로 왕의 꿈을 해석한 요셉은 극적으로 애굽의 총리가 되었다. 그동안 해결되지 않은 형들과의 화해도 자연스럽게 이루어졌다. 마침 기근으로 어려움을 당하던 아버지와 가족들을 모두 애굽으로 불러 같이 살게 되었다. 이때 애굽에 온 야곱의 가족 수는 70명이었다. 요셉에게 보여주셨던 하나님의 꿈이 이루어지는 순간이었다. 요셉의 꿈을 이루는 것은 요셉의 꿈이라기보다는 하나님의 꿈이 요셉을 통하여 이루어진 것이다. 오래전에 주셨던 아브라함의 약속이 이삭과 야곱을 거쳐 요셉에게서 드디어 이루어진 것이다. 야곱의 아들들은 애굽에 거하면서 400년이 지난 후에 250만 명 이상의 인구를 가진 이스라엘 국가로 성장했다. 그리스도인은 모두 하나님의 약속을 품은 사람들이다. 그렇기에 하나님의 약속을 이루는 선한 도구로 살아가는 것이 가장 큰 축복이다(창 41장, 46장).

창세기 49장에 나오는 야곱의 축복 기도는 성경에서 중요한 연결고리 역할을 한다. 야곱이 열두 아들을 불러서 축복한 내용은 나중에 이스라엘이 가나안 땅을 점령한 후 여호수아가 가나안 땅을 열두 지파에 분배하는 과정에서 그대로 이루어지는 것을 미리 보여주는 조감도였다. 이것은 앞으로 이스라엘 민족의 여정이 야곱의 축복 기도에 따라 이루어진다는 사실을 보여준다. 우리는 나의 힘과 뜻으로 인생을 사는 것이 아니다. 하나님이 정해주신 그 말씀대로 살아가는 것이 그리스도인의 진정한 삶이다. 이런 면에서 보면 말씀에 대한 순종이야말로 우리가 가져야 할 최고의 덕목이다(창 49장).

31일 · 성 · 경 · 통 · 독 4막

하나님 나라의 형성 : 출애굽과 광야시대

아브라함-이삭-야곱-요셉으로 이어지는 하나님 나라의 시작은 이제 250만 명이나 되는 큰 민족으로 번성했다. 하나님 나라를 이루는 하나님의 백성은 거저 주어지지 않는다. 많은 준비가 필요했다. 400년이나 넘게 애굽 문화에 익숙한 이스라엘의 육신적인 모습을 벗겨내는 게 그리 쉬운 일은 아니었다. 거룩한 하나님의 백성이 되기 위해서는 이스라엘만이 갖는 구별된 거룩한 삶이 요구되었다. 이것을 위해서 하나님은 이스라엘 백성들을 곧바로 가나안 땅으로 인도하지 않으셨다. 먼저 광야길로 인도하여 믿음의 연단을 받게 하셨다. 하나님 나라는 거룩한 나라다. 거룩한 제사장 나라가 되기 위해서는 거룩한 백성이 되어야 한다. 이런 점에서 이스라엘에게는 거룩한 백성이 되기 위한 훈련이 필요했다. 만약 40년 동안의 광야생활을 통해 연단받지 않았다면 이스라엘 백성들은 아주 손쉽게 가나안의 세상 문화에 지배당했을 것이다. 그렇기에 이스라엘 백성들의 광야생활은 앞으로 하나님 나라를 이루는 데 기초가 된다.

DAY

05 이스라엘 민족이 출애굽한 이유는 무엇인가?

〉〉〉 성경통독 / 출애굽기 1-18장

노예생활

야곱의 70명의 자손이 애굽에 정착한 지 어언 400여 년이 흘렀다. 바로의 총리가 된 요셉은 이스라엘 민족이 번성하는 기반을 다졌다. 이것은 인간의 힘으로 풀 수 없는, 하나님만이 이룰 수 있는 놀라운 역사였다. "이스라엘 자손은 생육하고 불어나 번성하고 매우 강하여 온 땅에 가득하게 되었더라"(출 1:7). 이 구절은 당시 이스라엘의 상황을 잘 보여준다.

시간이 흘러 요셉을 알지 못하는 바로가 나타나 이스라엘 민족이 더는 번성하지 못하도록 남자아이가 태어나면 모두 나일강에 던져 죽이라고 명하지만 오히려 이스라엘은 학대를 받으면 받을수록 더 번성

▶ 그림으로 전체 조망하기

출애굽기 (이름들 (쉐모트))

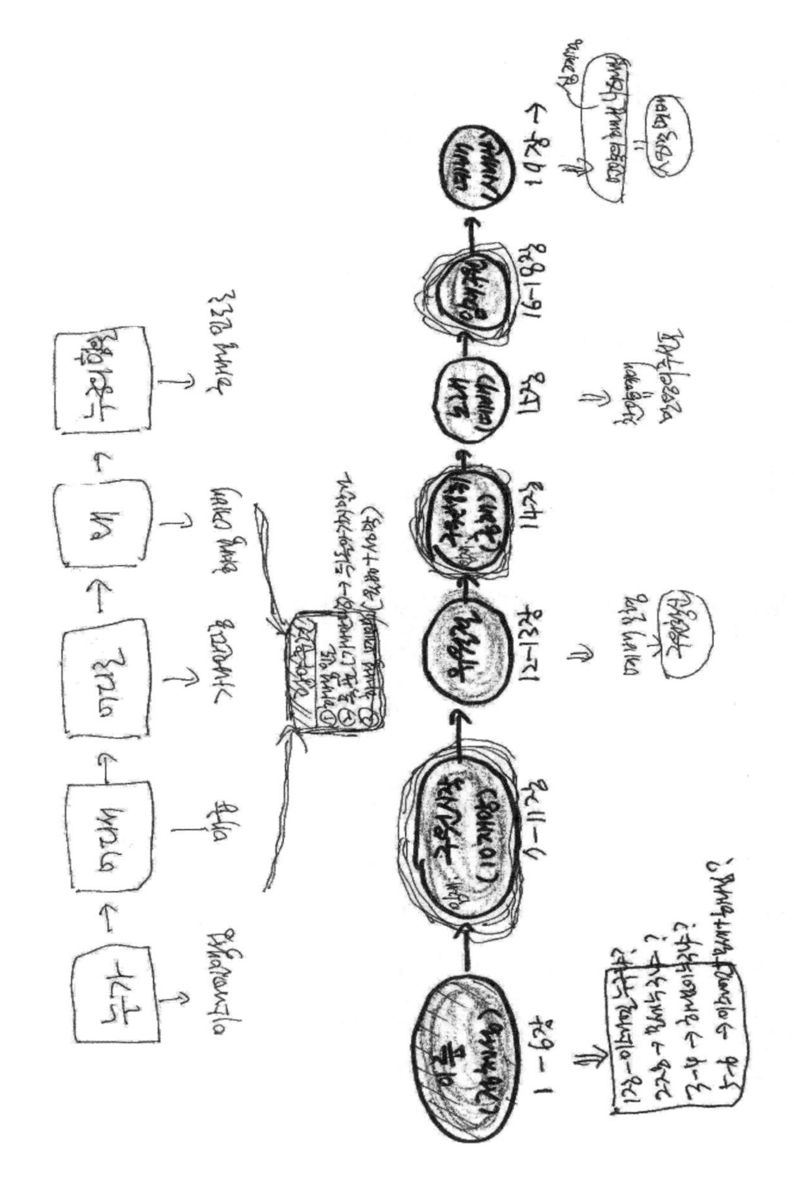

하고 창성했다. 야곱의 후예인 이스라엘 민족은 놀랍도록 생육하고 번성하며, 심히 강대한 민족으로 성장해 갔다. 이것은 번성하게 하신다는 하나님의 약속에 대한 성취였다. 특히 산파들에게 은혜를 베풀어 이스라엘 백성의 흥왕을 도우셨다. 하나님이 하시는 일을 인간의 왕인 바로가 어찌할 수 있었겠는가!(출 1:15-22).

지도자 모세

이제 하나님은 학대받는 이스라엘 백성을 구원하여 하나님 나라를 이루는 위대한 일을 하길 원하셨다. 이스라엘은 애굽에 노예로 있을 민족이 아니었다. 이스라엘은 오래전부터 약속을 부여받은 민족이었다. 이스라엘은 어쩌다 우연히 생겨난 민족이 아니라 목적과 사명을 갖고 태어난 민족이었다. 오래전 아브라함을 통하여 주신 약속을 통해 생겨난 민족이었다. 그리고 그 약속은 이루어야 할 사명이었다. 이제 그 시간이 다가왔다. 애굽에서 나와 약속의 땅 가나안으로 가야 했다.

이것을 위해 준비된 사람이 모세였다. 모세는 40년간 바로의 아들로 궁정에서 지도자 수업을 받았고, 다시 광야에서 40년 동안 영성훈련을 받은 후 하나님의 부르심을 받았다. 하나님의 역사는 한 사람의 이야기이다. 하나님에게는 많은 사람이 필요하지 않다. 단 한 사람만 있으면 된다. 세상을 의지하지 않고 오직 하나님만 의지하는 한 사람만 있으면 된다. 하나님은 이렇게 훈련된 모세를 통해 이스라엘 민족을 구

▶ 그림으로 전체 조망하기

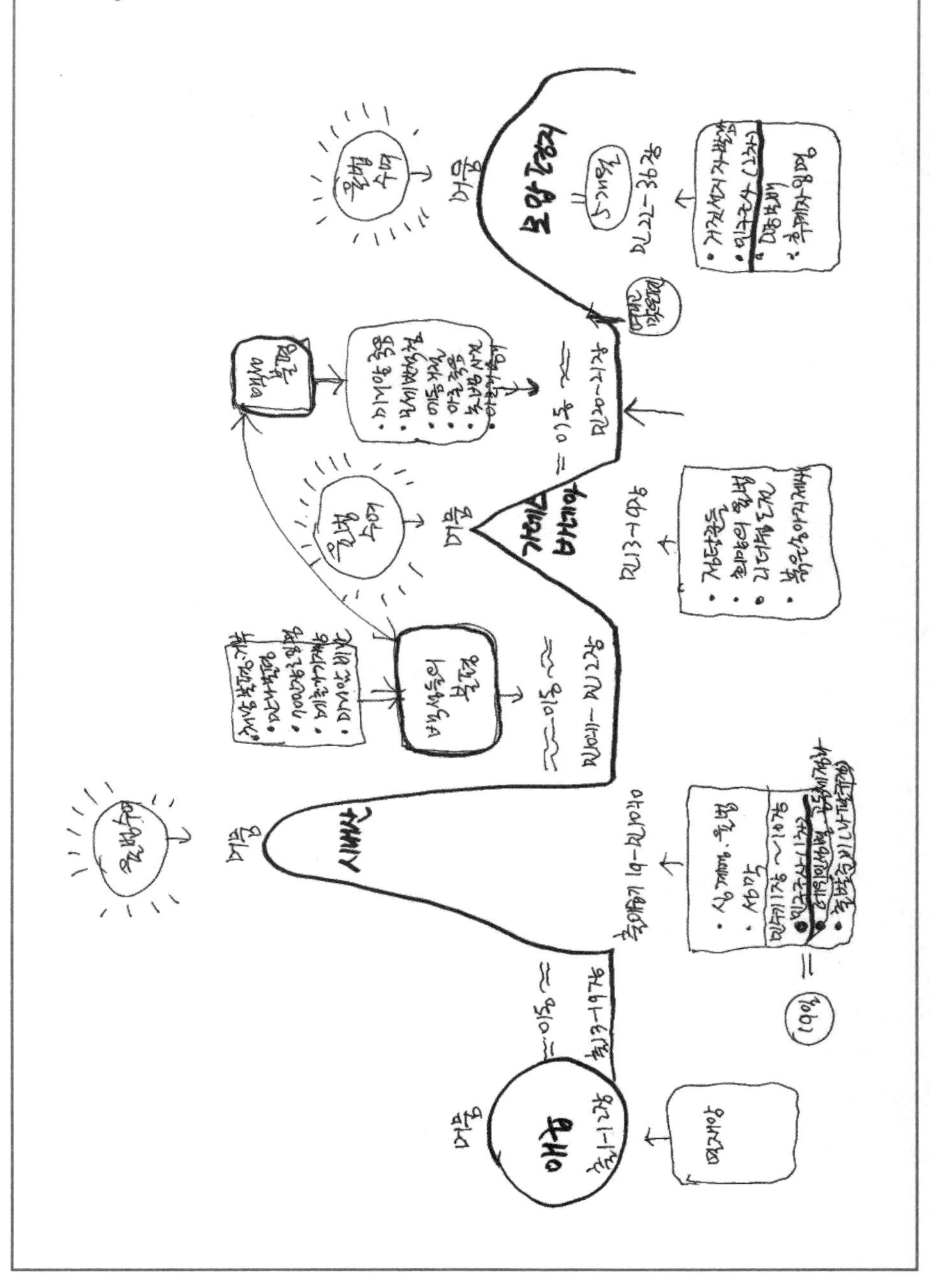

출하여 아브라함에게 약속하신 가나안 땅으로 들어가게 하는 프로젝트를 갖고 계셨다(출 2-3장).

열 가지 재앙과 유월절

애굽 왕 바로는 좀처럼 이스라엘 백성들을 보내지 않았다. 하나님은 모세를 통하여 열 가지 이적을 하게 하셨다. 바로는 이적을 행하면 잠깐 순종하는 듯했지만 계속 거부했다. 결국 바로는 열 번째 재앙에서 자기 아들이 죽임을 당하자 그때야 항복하고 만다. 열 가지 재앙은 자연과 인간을 지배한다고 믿는 이집트 신들과 관련이 있었다. 피, 개구리, 이, 파리, 돌림병, 독종, 우박, 메뚜기, 흑암(해와 달을 다스림), 장자의 죽음이 그것이었다. 열 가지 재앙에 해당하는 자연과 인간은 당시 애굽의 다양한 신들의 모습을 의미했다. 애굽을 지배하고 있는 우상들을 모두 멸하고 참신은 오직 하나님 한 분뿐임을 증명하신 것이다. 하나님을 믿는 이스라엘에게는 이런 재앙이 임하지 않은 데서 그것이 분명히 증명되었다(출 7-11장).

그중에서 열 번째 재앙이 중요하다. 열 번째 재앙인 장자의 죽음은 아홉 번째 재앙과 달리 애굽뿐만 아니라 이스라엘 백성들에게도 내린 재앙이었다. 그러나 이스라엘 백성들은 동물의 피를 바르라는 하나님의 명령에 순종하여 구원을 받았다. 이것을 기념하는 절기가 바로 유월절이다. 하나님은 이것을 기념하여 매년 지켜야 할 법으로 이스라엘 자손들에게 주셨다. 무교절과 이어지는 유월절은 이스라엘 백성들이 새롭게 태어난 것을 기념하는 절기로서 신앙의 정체성을 확인하고 초심으로 돌아가라는 의미가 담겨 있다. 이스라엘이 유월절을 얼마나 잘 지키느냐에 따라 민족의 성패가 달라졌다. 구약에는 첫 번째 유월절 이후로 다섯 번에 걸친 유월절이 다시 등장한다. 이것은 이스라엘 백성들이 유월절을 잘 지키지 못했다는 방증이다(출 12-13장).

홍해를 건너다

열 번째 재앙인 장자의 죽음이 바로의 아들에게도 닥치자, 바로는 그만 항복하고 드디어 이스라엘 백성들을 보내준다. 이렇게 이스라엘 백성 약 250만 명이 출애굽을 하게 되었다. 특히 모세는 출애굽할 때 자기 뼈를 가지고 가나안에 가라는 오래전 요셉의 유언을 기억하여 그것을 가지고 출애굽한다(출 13:19). 이것은 출애굽이 단순한 해방이 아니라 아브라함의 언약을 이루는 거룩한 출발임을 상징적으로 보여주는 것이다.

하나님은 이스라엘 백성을 인도하실 때 가나안 땅으로 가는 해안 지름길을 택하지 않으셨다. 만약 가다가 전쟁을 하게 되면 이스라엘 백성들이 다시 애굽으로 돌아갈 것을 염려하셨기 때문이다. 그래서 이스라엘을 홍해의 광야길로 인도하셨다. 광야는 기댈 것이 없는 곳이다. 뜨거운 태양은 광야생활을 힘들게 하는 장애물이었다. 하지만 하나님은 낮에는 구름기둥으로 밤에는 불기둥으로 이스라엘 백성들을 돌봐주셨다. 오직 하나님 한 분만을 의지할 수 있도록 하셨다(출 13:17-22).

이렇게 애굽을 출발한 이스라엘 백성들에게 얼마 가지 못해 큰 위기가 닥쳤다. 뒤에는 바로의 군대가 턱밑까지 쫓아왔고, 앞에는 홍해가 떡하니 버티고 서 있었다. 이러지도 저러지도 못하는 진퇴양난에 봉착하게 된 것이다. 이때 하나님은 모세를 통해 홍해를 갈라 이스라엘 백성들을 기적적으로 건너가게 하셨다. 그리고 뒤쫓아오던 애굽 군대는 모두 수장시키셨다.

이스라엘 백성들이 무사히 홍해를 건넜다는 사실은 분명히 이스라엘 민족이 구원받은 민족이라는 사실을 확인하는 세례와 같은 의미가 있다. 유월절과 홍해의 체험은 이스라엘이 죽을 운명에서 구원받은 것을 보여주는 생생한 체험이었다. 이런 구원의 체험은 앞으로 이스라엘 백성들이 자신들의 정체성을 다시 확인하는 데 매우 중요한 의미가 있다(출 14:10-31, 15:1-22).

유아기 광야생활

놀라운 기적을 체험한 이스라엘 백성들은 본격적으로 광야길을 행진한다. 이스라엘이 광야길을 가는 도중에 물을 얻지 못하자 하나님은 쓴물을 단물로 바꿔주시고 오아시스인 엘림으로 인도하셔서 물을 공급해주셨다(출 15:22-37). 또한 하늘 음식으로 만나와 메추라기를 내려주셨다(출 16:4-5,13-15). 목이 마를 때는 하늘의 음료를 내려주셨는데, 그것도 반석에서 물이 나오게 하셨다(출 17:5-7).

르비딤에서는 이스라엘 백성들이 아말렉과 처음으로 전투를 경험하게 되었다. 이스라엘 백성들은 힘과 기술로는 전혀 준비가 안 된 상황이었지만 모세의 기도 힘으로 승리를 경험했다(출 17:8-16). 또한 모세 혼자 이스라엘 백성 모두를 다스리기 어렵게 되자 장인 이드로의 조언으로 십부장, 오십부장, 백부장, 천부장 등 조직을 구성하게 하셨다(출 18:20-26).

이 기간에 나타나는 특징은 이스라엘 백성들이 잘못을 저질러도 책망하거나 징계를 내리시지 않고 조건 없는 은혜를 베푸셨다는 점이다. 그것은 아직 유아기인 이스라엘 백성들에게 무한한 하나님의 사랑을 먼저 체험하게 하시기 위함이었다.

DAY

06 이스라엘이 시내산까지 온 목적과 율법을 주신 이유는?

〉〉〉 성경통독 / 출애굽기 19-24장

이스라엘의 정체성

이스라엘은 하나님이 선택한 민족이다. 다른 민족은 스스로 태동한 역사를 지니고 있지만 이스라엘은 아브라함을 통해 오래전부터 약속한 선택된 민족이다. 그동안 하나님은 75명의 야곱의 자손이 번성하여 250만 명이 되는 이스라엘 민족을 이루게 하셨다. 이제 이스라엘은 애굽의 압제에서 벗어나 스스로 자립하는 민족으로 살아야 했다. 여기 시내산까지 온 것은 하나님의 전적인 인도하심이었다. 하나님은 이스라엘 백성을 독수리 날개로 품은 것처럼 안전하게 인도하셨다. 이스라엘 민족을 언약을 지키는 제사장의 나라로, 거룩한 백성으로 삼고자 하는 비전을 이루시기 위함이었다(출 19:1–6).

▶ 그림으로 전체 조망하기

광야시대① - 시내산

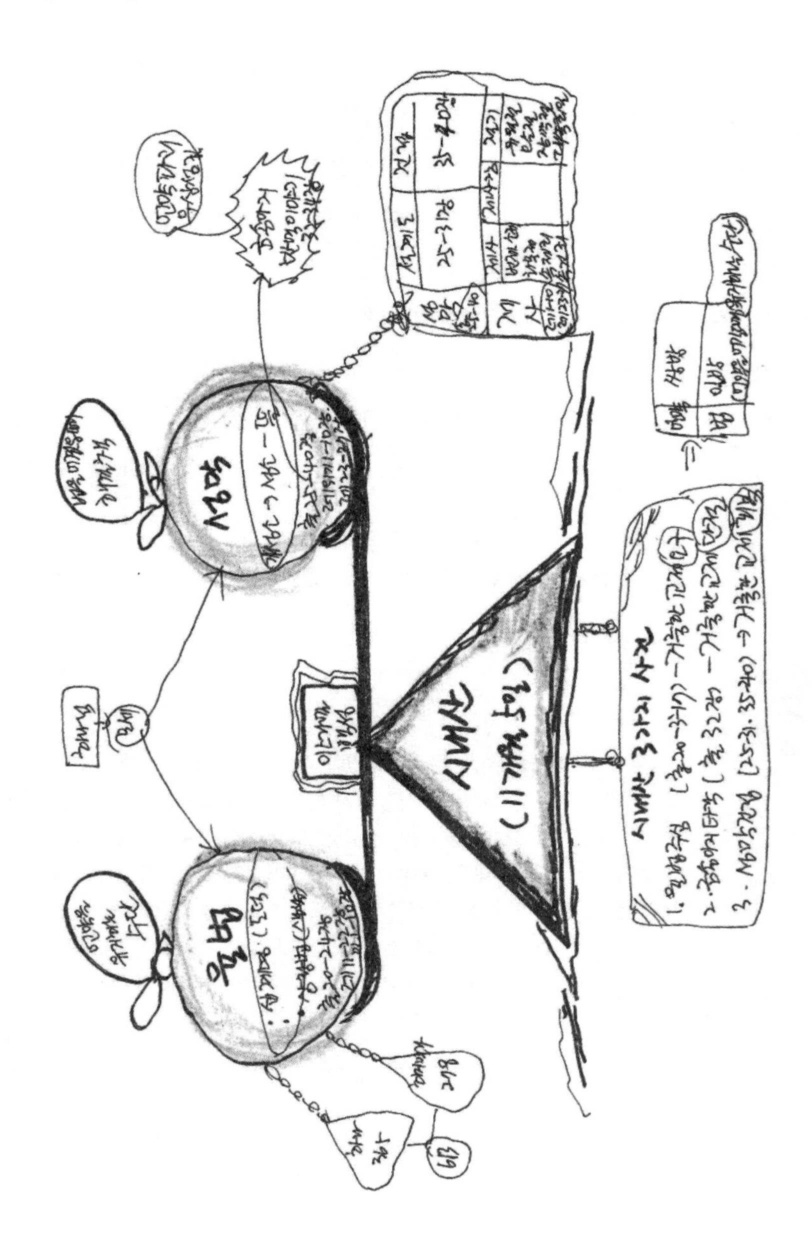

율법

하나님과 이스라엘은 언약으로 맺어진 관계이다. 율법을 통하여 조약을 맺었다. 하나님은 흠 있는 인간들에게 완전한 율법을 주심으로써 그 법을 지켜 하나님처럼 완전함에 이르기를 요구하셨다. 하나님의 백성은 그냥 되는 것이 아니다. 하나님의 말씀을 지켜 행할 때 이루어진다. 이것을 위해서 하나님은 이스라엘 백성들에게 거룩한 백성으로서 지켜야 할 기본적인 열 가지 계명을 주셨다. 열 가지 계명은 하나님과 이웃에 대한 사랑으로 구성되었다. 이것을 지켜 행함으로써 우리는 하나님의 형상을 닮게 되는 것이다(출 20:1-17).

열 가지 계명(도덕법) 외에도 하나님의 자녀로서 지켜야 할 여러 가지 세부 계명들을 주셨다. 그것은 크게 민법, 종교법으로 나뉜다. 이것은 613개의 계명으로 이루어졌다. 248개의 "하라"는 긍정적인 계명과

TIP

〉〉〉 잠깐 Tip

이스라엘은 다른 백성들과 구별된 민족이었다. 이스라엘은 열방을 구원하라는 사명이 있었다. 그러기 위해서는 제사장적 사명을 잘 감당해야 했다. 이스라엘 백성들이 가나안 땅에 그대로 들어가기 전에, 먼저 거룩한 백성으로 만드는 작업이 필요했다. 그런 이유로 시내산에서 11개월 동안 머물게 하신 것이다. 이곳에서 이스라엘 백성들은 하나님의 거룩한 백성으로서 살아야 할 지침을 부여받았다. 이것은 이스라엘을 평생 지켜줄 디딤돌이었다. 이것을 통해 이스라엘 민족은 다른 백성들과 구별된 모습을 지니게 되었다. 그것은 바로 율법과 성막이었다. 이렇듯 말씀과 예배는 이스라엘 백성들의 핵심적인 삶이었다.

계명 (긍정, 하라)		계명 (부정, 하지 말라)	
1계명	유일신	6계명	살인
2계명	우상	7계명	간음
3계명	이름	8계명	도적질
4계명	안식일(증거)	9계명	거짓증거
5계명	부모 공경	10계명	탐욕

365개의 "하지 말라"는 부정적인 계명이다. 물론 이 계명들은 십계명의 원리에 따른 구체적인 시행지침이다. 그런 점에서 법의 모든 구조는 십계명의 원리를 따르고 있다. 민법은 사법과 행정, 재산권, 남편과 아내, 주인과 종, 부모와 자녀, 다른 사람과의 관계 등을 다룬다. 종교법은 성막에서 일하는 제사장과 절기와 제사에 관한 내용을 다룬다. 모든 율법은 하나님의 거룩성을 드러내는 데 있다. 이것은 "내가 거룩하니 너희도 거룩할지어다"라는 레위기 11장 45절 말씀에 근거한다.

- 안식년, 살인하는 사람, 부모를 함부로 대하는 사람, 상해를 입혔을 때 / 출 21:2,12-17,22-25
- 도덕법, 이자법, 절기법 / 출 22:16-20,25-27, 23:14,17
- 제사법(번제, 소제, 화목제, 속죄제, 속건제) / 레 1-5장
- 안식법(안식일, 안식년, 희년) / 레 25장
- 절기법(유월절, 무교절, 오순절, 나팔절, 속죄일, 초막절) / 레 23장

시내산에서 모세를 통해 이스라엘에게 주신 계명은 완전한 율법이었다. 하나님이 율법을 주신 본래 목적은 인간들이 이것을 다 지켜 하나님의 뜻에 이를 수 있다는 것을 보여주는 게 아니었다. 율법을 통해 인간이 완전해질 수 없는 연약한 죄인임을 깨닫게 하기 위해서였다.

인간은 율법을 지켜 행함으로써 점점 내 힘으로는 할 수 없다는 사실을 깨닫게 된다. 율법은 우리의 실체를 그대로 보여주는 거울과도 같다. 이것은 우리의 죄를 깨닫게 하고, 결국은 우리를 주님에게 향하게 하며, 회개하게 하는 역할을 한다. 율법을 통해서 자신을 의지하지 않고 하나님을 온전히 신뢰하게 하기 위한 목적이 있다. 율법은 그리스도에게 인도하는 초등교사와 같은 역할을 한다. 일종의 이정표이다. 그냥 무작정 그리스도에게 이를 수는 없다. 이정표를 통하여 우리 자신을 알게 되고, 회개함으로써 결국은 그리스도를 영접하게 되는 것이다(갈 3:23-24).

DAY

07 시내산에서 이스라엘에게 성막을 주신 이유는?

〉〉〉 성경통독 / 출애굽기 25-40장
레위기 1-27장, 민수기 1-10:10

제사장의 나라

이스라엘은 열방에 대해서 제사장 나라의 사명을 가진다. 그것은 하나님 나라를 건설하는 것과 연결된다. 이스라엘은 가나안 땅에 들어가서 하나님 나라를 건설해야 하는 중대한 사명이 있다. 이것을 이루기 위해서는 먼저 하나님의 형상을 닮은 자녀가 되어야 한다. 그것은 구체적으로 하나님이 거룩하신 것처럼 이스라엘도 거룩해지는 것이다. 레위기에 반복해서 나오는 중요한 핵심은 "내가 거룩하니 너희도 거룩하라"는 말씀이다. 레위기에 나오는 구체적인 제사법은 이런 원리에 따라 이해하면 된다. 부족한 인간이 제사를 드리고 법을 지키면서 하나님의 완전성에 이르는 영적 훈련을 하는 것이다. 레위기 18~26장에서 "나는 여호와라" "나는 너의 하나님 여호와라"는 어구가 반복해서 나오는 것은 법을 지키면서 점차 하나님을 닮아가게 하는 데 목적을 두고 있다.

성막의 건설

이스라엘 백성이 율법을 거역할 수밖에 없는 존재라면 그것을 해결할 수 있는 길은 없는가? 그 대안을 제시한 것이 바로 성막이다. 하나님이 성막을 만들라고 하신 것은 하나님과의 관계를 회복하기 위함이었다. 성막은 하나님 임재의 장소였다. 이스라엘 백성들은 하나님이 임재하시는 성막에서 날마다 자기 죄를 씻고, 제사를 통해 회개하며, 하나님과 화해했다. 죄를 지은 인간은 그것을 해결하기 위해 성막에서 제사를 드렸다. 물론 하나님이 제사법을 알려주셔서 이스라엘 백성들은 성막법대로 해야 했다. 그리고 죄를 용서받으면 그때 하나님과 만남이 이루어졌다.

인간이 율법을 지키지 못할 것을 아신 하나님이 인간의 죄를 해결하는 방법으로 성막을 건설하게 하신 것은 하나님의 특별한 은혜셨다. 모세는 성막에 대한 재료, 규격, 모양 등을 모두 하나님으로부터 지시받고, 그것에 따라 성막을 건설했다(출 25:8-9,30). 성막은 하나님의 거룩하심과 완전하심을 보여준다. 인간이 이런 성막을 매번 건설하면서 하나님과 동행하고 하나님의 거룩함을 체험하게 하는 데 목적이 있다. 인간은 하나님 앞에 설 때 비로소 자신의 부족함을 깨닫게 된다.

▶ 그림으로 전체 조망하기

성막설계도 (성막은 시내산을 재현한것)

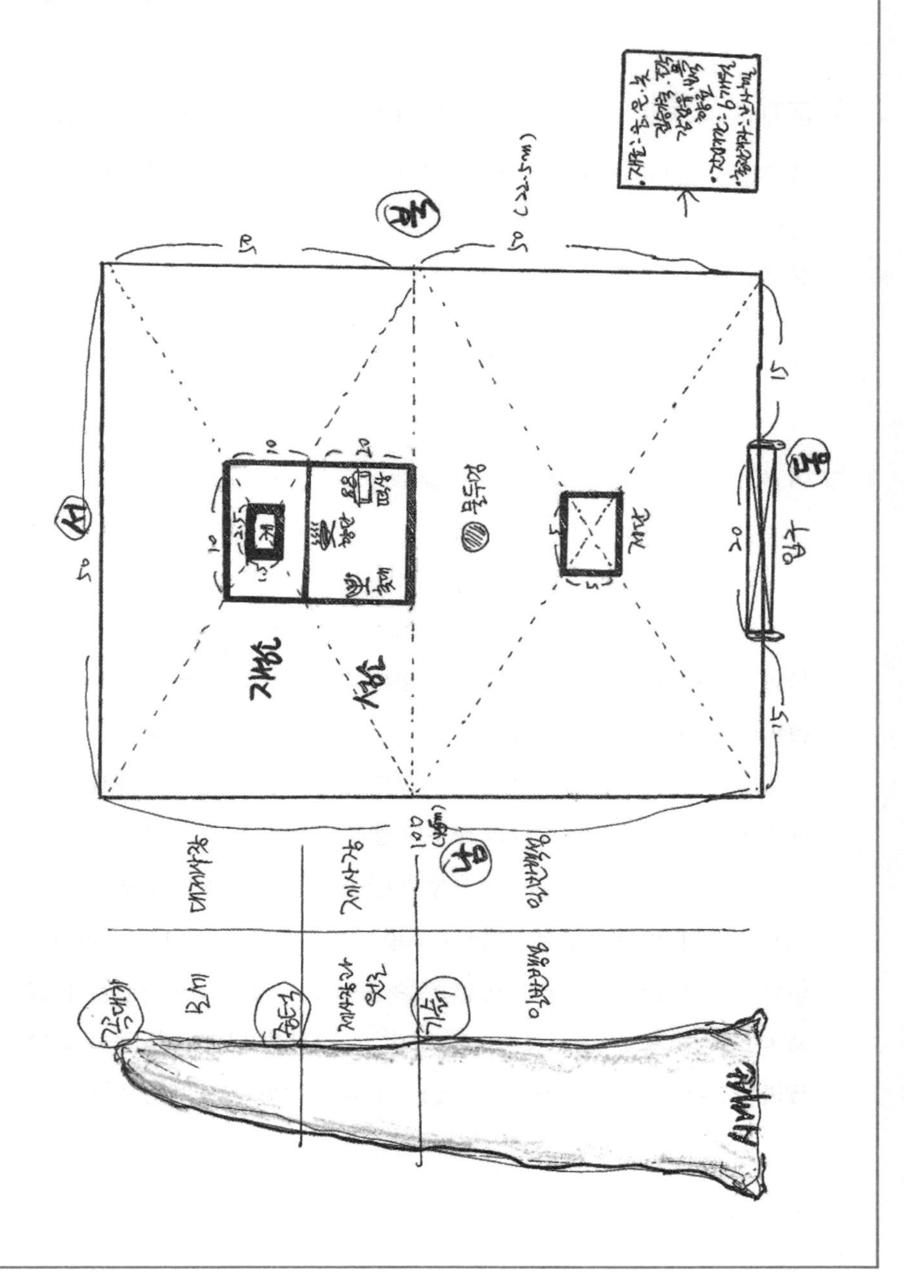

성막의 세 부분

하나님이 임재하시는 성막은 크게 세 부분으로 나누어진다. 이것은 죄를 지은 이스라엘 백성들이 하나님 앞으로 나아가는 과정을 그리고 있다. 하나님은 거룩하시기에 죄를 지은 인간의 방법대로 하나님을 만날 수는 없다. 하나님이 정하신 법에 따라 행할 때만이 죄를 용서받을 수 있다.

1. 성막 뜰 (출 27:9, 40:29-32)

성막 뜰에는 불에 태운 제물을 바칠 놋으로 된 제단이 있고, 제사장이 직분을 수행하러 가기 전에 손을 씻는 물두멍이 준비되어 있다.

2. 성소 (출 40:22-27)

성소에는 황금 촛대와 진설병을 올려놓은 진설상과 분향단이 있다. 이것은 모두 그리스도를 상징한다. 빛이신 그리스도, 생명의 떡이신 그리스도를 의미한다.

3. 지성소 (출 40:17-21)

지성소는 제사장이 속죄의 피를 뿌리기 위해 일 년에 한 번 들어갈 수 있는 거룩한 장소이다. 그리스도의 몸을 상징하는 휘장이 드리워져 있고, 그 안에는 하나님의 임재를 상징하는 언약궤가 있다. 언약궤 위에 있는 속죄소는 피를 뿌리는 곳으로 그리스도를 상징한다. 신약에서 그리스도께서 십자가 위에서 우리를 대신하여 죽으심으로써 우리가 죄를 용서받았는데, 바로 이것을 예표한다.

성막 전체 모양

성소와 지성소

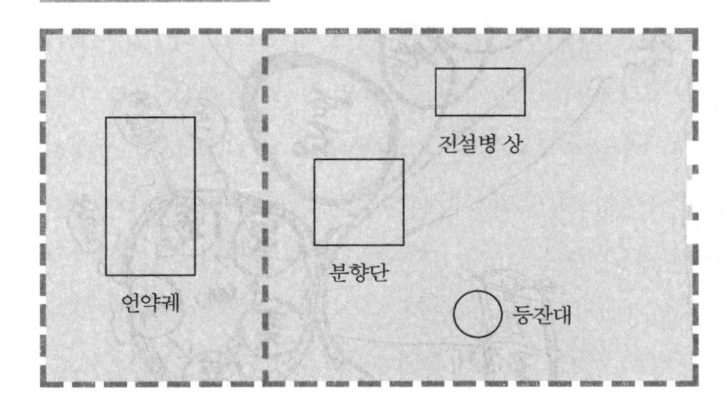

제사법, 제사장법, 절기법

레위기에 보면 다양한 제사를 통하여 하나님과의 관계를 회복하는 길이 제시되어 있다. 이스라엘 백성들이 율법을 어겨 하나님과의 관계가 깨어졌을 때 어떻게 다시 관계를 회복할 수 있는지, 죄를 지은 다양한 상황과 사람에 따라 맞춤형으로 5가지 제사법이 제시되어 있다. 즉 번제와 소제와 화목제와 속죄제와 속건제를 통하여 죄를 용서받을 수 있었다(레 1-7장). 또한 제사를 드리는 제사장에 관한 법이 제시되었는데, 레위기 10장에 보면 아론의 아들, 나답과 아비후가 여호와께서 명령하시지 않은 다른 불을 담아 분향하였다가 죽임을 당하는 장면이 나온다. 이것은 법에 따라 드리는 바른 제사가 얼마나 중요한지 알려주는 사례이다(레 8-10장).

레위기 11~16장에는 하나님께 받아들여질 만한 정한 것과 하나님께 받아들여질 수 없는 부정한 것에 대한 규례들이 소개된다. 제사뿐만 아니라 음식, 건강, 위생 등에 대한 것도 함께 제시되었다. 레위기의 중심부에 있는 17~26장은 성결법전의 내용이 소개되어 있다. 성관계와 이웃사랑, 그리고 제사와 의식법, 안식일과 절기 등 생활 속에서 이방인과 구별된 거룩한 법들이 제시되어 있다. 세상을 이기는 힘은 거룩함이다. 앞으로 가나안에서 이스라엘 백성들이 승리하는 비결은 이 거룩함을 얼마나 지키느냐에 달려 있다.

성막과 출발하기 전 준비사항

성막은 하나님의 임재를 나타낸다. 하나님이 성막에 구름 또는 불로 임하신 것은 하나님의 영광을 의미한다. 이것 역시 사람의 눈에 하나님의 임재가 보이는 것으로 이해할 수 있다. 이것을 통해 이스라엘 백성들과 함께하시는 하나님을 신뢰하게 하는 데 목적이 있었다. 늘 우상 숭배에 익숙한 이스라엘 백성들에게 이것은 하나님을 믿게 하는 효과적인 수단이었다. 이것은 나중에 말씀이신 하나님이 인간의 몸을 입고 이 땅에 오신 그리스도를 통해서 완성되었다.

이스라엘 백성들은 성막을 중심으로 열두 지파의 진이 배치되었다. 광야를 이동할 때도 언약궤가 앞으로 나아가고, 그 뒤를 이스라엘 백성들이 좇으며, 성막의 물건들을 중심으로 열두 지파가 행진했다. 이런 진영 구조는 이스라엘 백성들이 늘 하나님의 인도하심에 따라 살아가는 거룩한 백성임을 보여준다. 이스라엘 백성들은 세상 이방 백성들과 구별된 존재였다. 세상을 거룩하게 할 거룩한 제사장의 사명을 받았다. 그런 이유로 자신을 하나님처럼 거룩하게 만들 지침이 필요했다(출 40:34-38, 민수기 1-10장). 이것이 하나님께서 이스라엘 백성들을 선택하신 이유다.

DAY 08

이스라엘 백성들에게 광야가 필요했던 이유는?

〉〉〉 성경통독 / 민수기 10:11-36장

불평과 원망

이스라엘 백성들은 시내산에서 율법과 성막으로 거룩하게 준비된 후에 드디어 광야로 출발했다. 하지만 얼마 가지 못해 모세의 처남은 모세를 돕던 일을 거절했고, 이스라엘 백성들은 악한 말로 모세를 원망하기 시작했다. 그러자 하나님은 불을 내려 진영 끝을 불사르셨다. 이것을 '다베라'라고 부른다. 그뿐만이 아니었다. 이스라엘 백성들은 그동안 하나님의 은혜를 잊어버리고 먹을 것이 만나밖에 없다고 내려주신 음식을 불평했다. 그러자 하나님은 코에 넘치도록 많은 메추라기 재앙을 내리셨다(민 11장).

이런 불평과 불만은 모세와 가까운 사람들에게까지 영향을 미쳤다.

▶ 그림으로 전체 조망하기

시내산에서 가데스바네아까지
(320km)

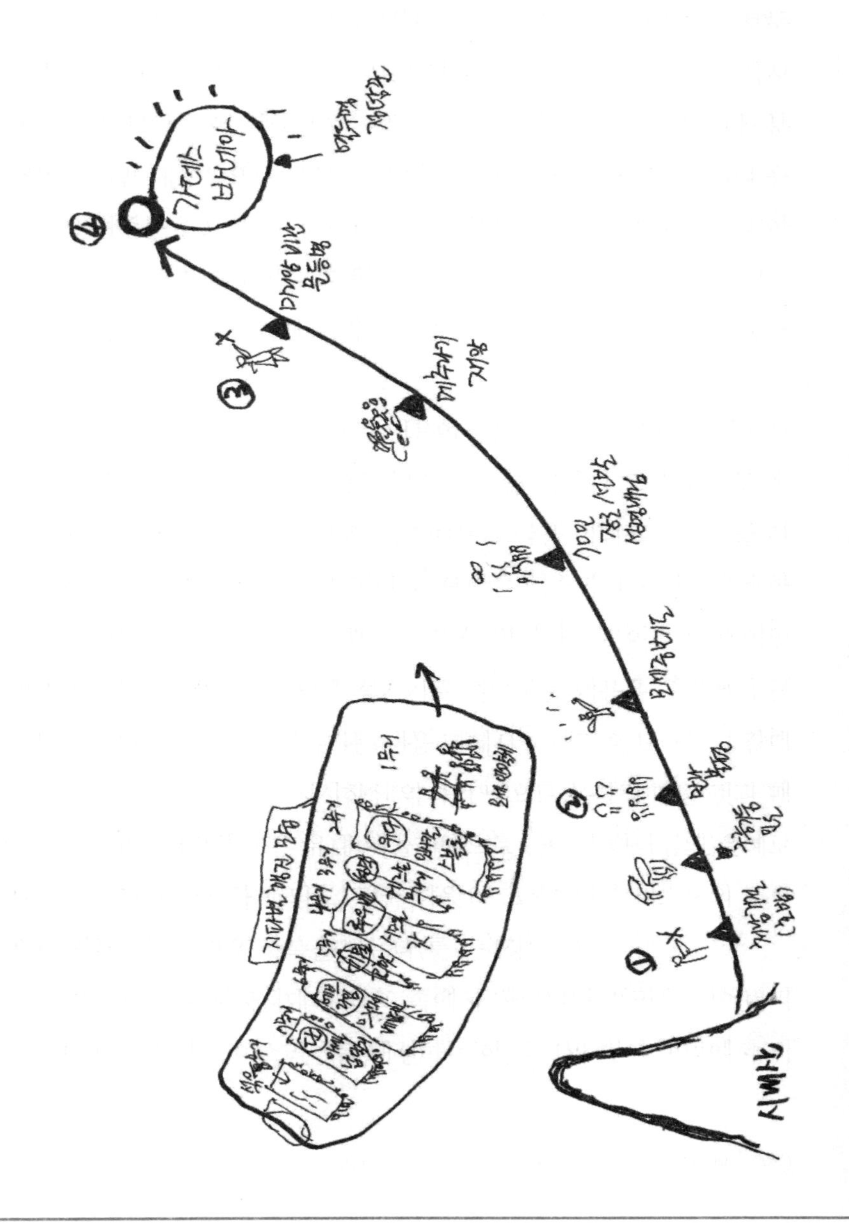

이것은 이스라엘 백성들의 불평과 원망이 극에 다다랐음을 보여준다. 모세의 형제인 아론과 미리암조차 모세를 비난했다. 하나님은 이 일을 선동한 미리암에게 문둥병을 내리셨다. 하나님의 종 모세를 거역한 것은 곧 하나님을 거역한 죄가 되었기 때문이다. 인간의 욕심은 끝이 없다. 이것은 모두 하나님의 은혜를 잊어버린 데서 오는 죄악이었다(민 12장). 이런 이스라엘 백성들의 원망과 불평의 모습은 오늘날 우리의 모습을 그대로 보여주고 있다.

열두 정탐꾼이야기

드디어 이스라엘이 오아시스인 가데스 바네아에 이르렀다. 모세는 각 지파에서 한 명씩 열두 명을 선발해 가나안 정탐꾼으로 보냈다. 정탐 결과 열 명은 부정적이었으나 여호수아와 갈렙은 긍정적인 믿음을 보였다. 하나님이 함께하시면 그들은 우리의 밥이라고 말하면서 믿음으로 가나안에 쳐들어갈 것을 권했다. 하지만 백성들은 부정적으로 보고한 열 명의 정탐꾼 말에 동의했다. 이것은 백성들이 얼마나 하나님을 불신하는지를 잘 보여주는 사례이다.

그동안 백성들은 많은 기적을 보았다. 말씀과 성막을 통해 하나님의 임재를 경험했다. 하지만 하나님에 대한 믿음의 모습은 달라지지 않았다. 심지어 지도자 모세를 거역하고 새로운 지도자를 세워 애굽으로 돌아가자고 선동하기까지 했다. 이런 강퍅한 백성들에 대해 하나님은 징계를 내리셨다. 가나안을 정탐한 날수를 1년으로 계산하여 40년을 광야에서 방황하게 하셨다. 2년 정도면 충분히 들어갈 기회를 스스로 저버리고, 40년 동안 광야에서 방황하게 된 것이다. 그리고 불평한 출애굽 세대는 하나님을 불신한 죄의 대가로 가나안 땅에 들어가지 못하고, 광야에서 모두 죽게 되는 징계를 받게 되었다(민 13:1-14:10,26-38). 하나님의 놀라운 기적을 수없이 보면서도 당장 눈앞의 문제가 어려우면 불평하는 것이 인간의 모습이다. 왜 그럴까? 육신의 지배를 받기 때문이다. 그것은 결국 인간이 죄인임을 분명하게 알려주는 증표이다.

38년의 방황과 불평

이스라엘 백성들은 하나님의 징계에도 불평과 죄악을 쉬지 않았다. 38년의 긴 기간이었지만 이것에 대한 성경의 기록이 많지 않다. 그것은 이스라엘 백성들의 원망과 불평이 줄어들지 않았다는 방증이다. 그들은 20세 이상의 전(前) 세대가 다 죽기까지 광야에서 방황을 계속해야 했다. 이 기간에 고라와 다단, 아비람의 250명이 집단으로 모세에게 반역한 사건이 일어난다. 하지만 하나님은 땅을 갈라지게 하여 반역한 사람들을 모두 죽게 하셨다. 이런 처벌에 이스라엘 백성들이 불평하자 또다시 하나님은 14,700명을 죽게 하셨다(민 15-19장).

그리고 가데스로 돌아온 백성들이 다시 물이 없다고 불평하자 화가 난 모세가 하나님의 명령대로 하지 않고, 감정에 이끌려 자기 마음대로 반석을 지팡이로 쳐 물이 나오게 했다. 이 일로 모세는 하나님께 징벌을 받아 가나안에 들어가지 못하게 된다. 결국 백성들의 계속되는 불평이 모세까지 무너지게 만든 것이다. 또 백성들은 우회하는 길이 멀다고 불평했다. 그러자 하나님은 이번엔 불뱀을 보내 백성들이 물려 죽게 하셨다. 이에 모세가 하나님께 용서해주시기를 간청하자 놋뱀을 만들어 그것을 쳐다보는 자는 살도록 다시 은혜를 베푸셨다. 이처럼 하나님은 불평과 원망을 계속하는 이스라엘 백성들에게 끝까지 사랑을 베푸셨다(민 20:2-13, 21:4-9). 인간의 반역과 불평이 반복되는 가운데 하나님의 사랑도 역시 반복된다. 하나님의 사랑은 절대 변하지 않음을 보여주는 대목이다.

발람의 예언과 음행 사건

민수기 22~36장까지는 모압 평지에서 일어난 사건이다. 특히 이방 선지자 마술사였던 발람의 예언의 내용이 길게 언급된다(민 22-24장). 발람이 사주를 받아 이스라엘을 저주하려고 했지만 하나님은 발람이 저주하려 할 때마다 도리어 축복의 말을 하게 하셨다. "이스라엘을 축복하는 자는 축복을 받을 것이지만 저주하는 자는 저주를 받을 것이라." 특히 나중에 한 별이 야곱에게서 나올 것이라는 메시아 탄생의 예언을 말하기도 했다. 이것은 아브라함에게 하신 약속을 반복하는 것으로, 하나님은 이방의 선지자를 통해서도 하나님의 약속은 절대 변하지 않는다는 사실을 다시 한번 확증시켜주신 것이다.

그러나 발람은 이스라엘 백성들을 유인하여 이스라엘 남자들이 모압 여자들과 집단으로 바알브올의 제단에서 음행하게 하는 사건을 벌였

▶ 그림으로 전체 조망하기

민수기 방랑 이야기 (3개편)

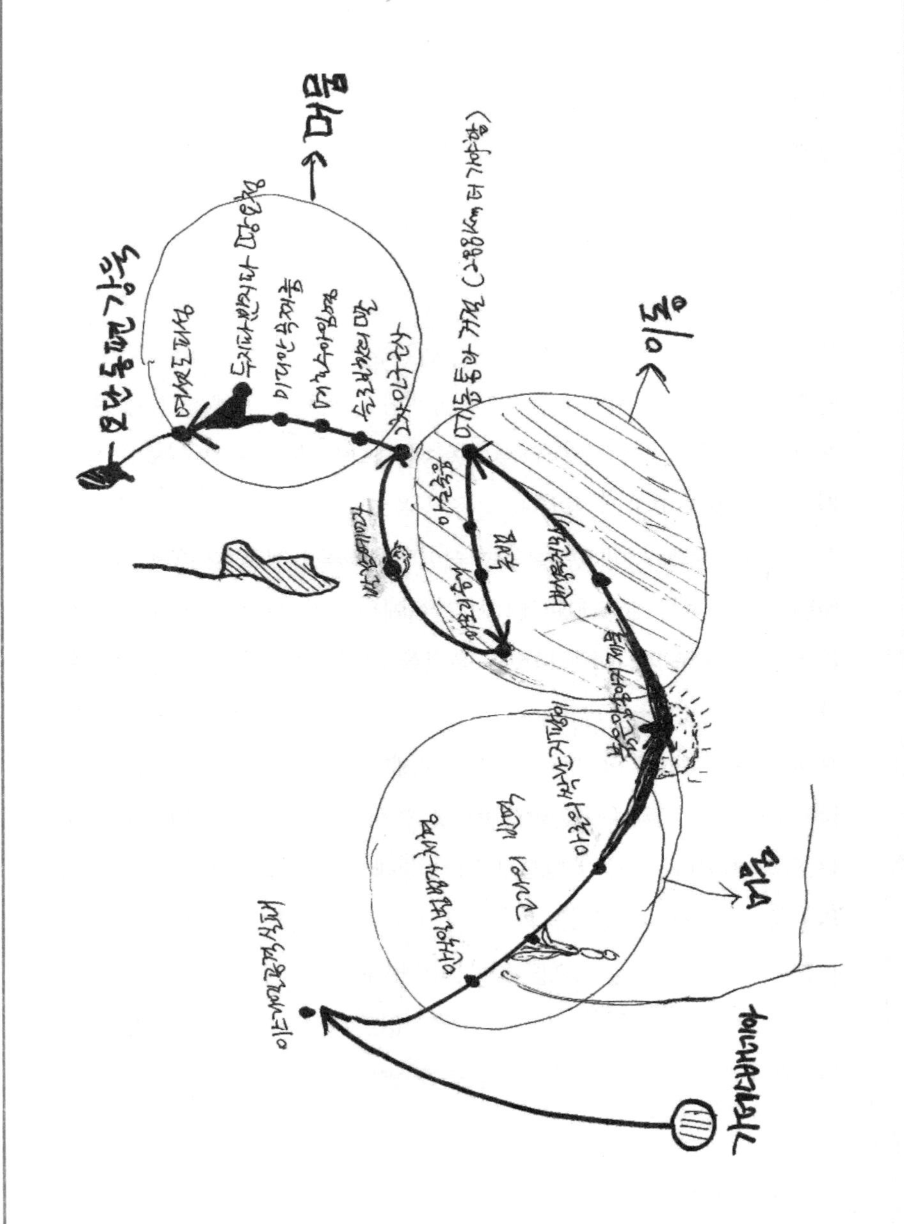

다. 이것에 대한 징계로 하나님은 염병을 보내사 음행에 가담한 24,000명을 모두 죽게 하셨다(민 22-25장).

방황의 끝 보고서

민수기 1장에서는 첫 번째 인구조사, 민수기 26장에서는 두 번째 인구조사에 관한 내용이 나온다. 첫 번째 인구조사는 출애굽 세대로 603,550명이었지만, 두 번째 인구조사는 다음세대로 601,730명으로 1,820명이 적었다. 가데스 바네아 사건으로 인해 반역한 전 세대는 모두 죽었다. 이렇게 해서 광야의 방황은 끝이 나고 새로운 세대가 가나안에 들어가게 되었다.

불평은 끝까지 만족함을 모르는 인간의 욕심에서 나온다. 이것은 하나님을 온전히 신뢰하지 못하는 불신에서 나온 것이다. 한 번의 불평은 또 다른 불평을 낳고, 그것은 인간을 파멸시키는 무서운 죄악이 된다. 민수기 33장은 그동안 40년의 광야 여정을 요약하여 기록하고 있는데, 머무른 지역과 이동한 지역을 자세히 기록하고 있다(민 26장, 33장). 우리는 이스라엘의 광야생활을 보면서 인간이 얼마나 악한지를 새삼 느끼게 된다. 인간의 힘으로 도저히 해결할 수 없는 태생적인 죄악의 모습을 발견하게 된다.

DAY

09 모세의 신명기 설교의 핵심 내용은 무엇인가?

〉〉〉 성경통독 / 신명기 1-34장

다음세대를 위한 설교

광야생활 40년 동안 이스라엘 백성들을 이끌었던 모세는 하나님의 거룩함을 드러내지 못한 죄로 가나안 땅에 들어가지 못했다. 하지만 다음세대를 위해서 하나님의 말씀을 전하는 사명을 끝까지 감당했다. 모세는 이곳에서 죽지만 하나님의 약속은 영원히 계속되어야 했다. 신명기서는 모세가 모압 평지에서 행한 차세대를 위한 유언적 설교이다. '신명'(申命)이란 율법이 반복된다는 뜻으로, 신명기를 '제2의 율법책'이라고 말한다. 신명기는 설교이면서, 또한 철저히 말씀 교육의 내용을 담고 있다. 신명기 12~26장은 신명기 법전이라 불리는 것으로 신명기의 핵심 장들이다. 이 법은 앞으로 가나안 땅에 들어가서 이스라엘 백성들이 지켜야 할 내용을 담고 있다. 이 법의 순종 여부에 따라 앞으로 이스라엘 민족의 축복과 저주가 결정된다. 이것은 오늘날 우리에게도 그대로 적용된다. 말씀을 잘 듣고, 그것을 지켜 행하는 자에게 축복이 주어진다(계 1:3).

신명기 구성의 세 부분

신명기는 크게 세 가지 내용으로 구성되었다.

▶ 과거 : 과거의 일을 되돌아보라(신 1-4장).

모세는 여기서 과거에 시내산에서 처음으로 율법이 주어진 때부터 지금까지 40년간의 광야생활을 다시 회고하고 있다. 신명기서는 출애굽기, 레위기, 민수기를 통해서 자세히 다룬 내용을 차세대가 알기 쉽게 다시 요약, 정리하고 있다. 특히 과거에 이스라엘을 다루신 하나님에 대해서 강조한다. 가데스 바네아 사건은 이스라엘 광야 역사에서 잊을 수 없는 사건이었다. 그곳에서 전 세대의 멸망이 선포되었기 때문이다. 그때 하나님을 거역함으로 전 세대는 광야에서 모두 죽음을 맞았다. 모세와 차세대 역시 하나님의 말씀을 어길 때 어떤 결과가 나타났는지 직접 보았다. 모세는 이 사실을 차세대에게 다시 상기시켜주고 있다. 누구든지 과거 역사에서 교훈을 얻지 못한다면 개인이든 국가든 간에 미래가 없다. 이런 면에서 과거를 다시 회고하는 일은 매우 중요한 의미가 있다. 우리의 미래는 이미 과거 속에 답이 묻혀 있다.

▶ 그림으로 전체 조망하기

신명기 (모세의 1인칭 내러티브 설교) — "이것은 말씀이다"

" 모세가 이스라엘에게 말함 "

(이야기와 해석을 곁들인 모세의 설교)

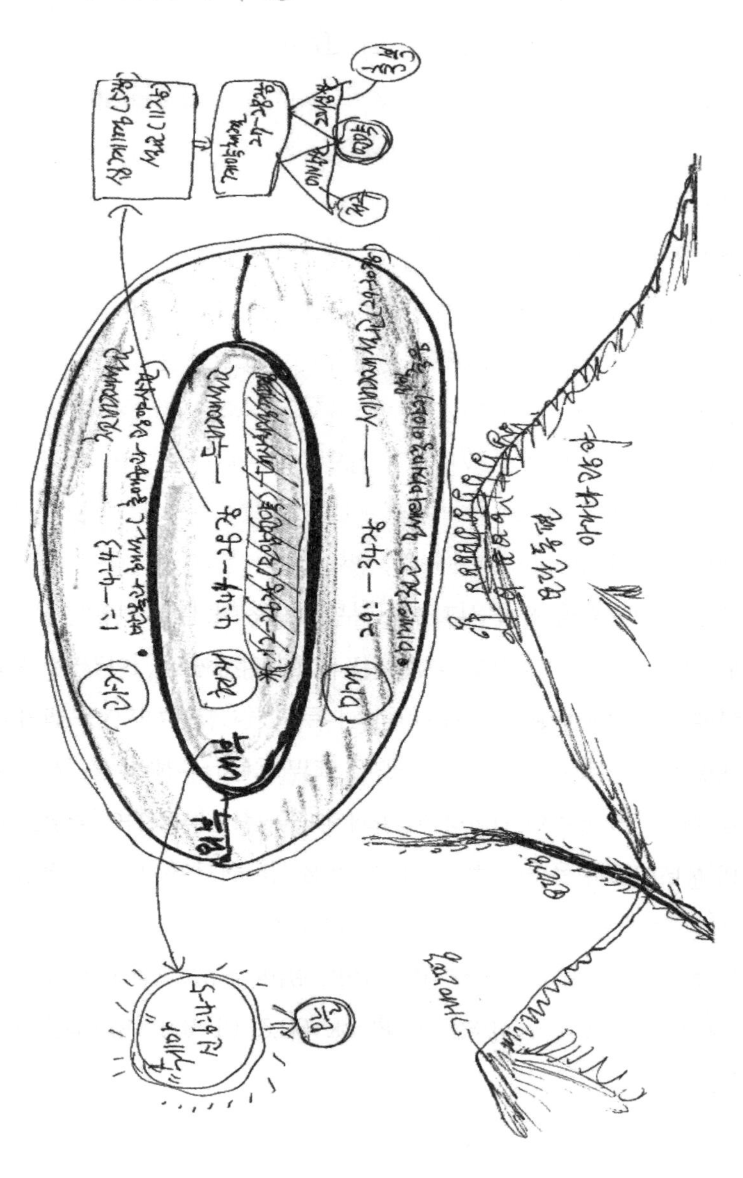

▶ 현재 : 우리에게 주신 것을 다시 쳐다보라(신 5-26장).

모세는 후세들에게 이전 선조들이 범한 죄악을 반복하지 말라는 의미에서, 오늘 하나님이 주신 율법을 다시 반복하여 말한다. 특히 율법 중에서 가장 중요한 십계명을 다시 반복하고 있다. 이것은 십계명의 말씀을 거역했던 과거 전 세대 백성들의 죄악을 다시 상기시키고 있다는 데 의미가 있다. 십계명은 모든 계명의 원리이다. 율법은 모두 십계명 안에 다 들어 있다. 이 중에서 쉐마의 내용은 그 핵심을 이룬다. 구약성경의 핵심인 쉐마(신 6:4-5)의 말씀을 자손들에게 가르치고 전수하는 일을 절대 잊지 말라고 모세는 강조한다.

특히 신명기 12~26장은 신명기 법전으로 알려준 신명기 율법의 핵심 부분이다. 이것은 쉐마와 십계명을 체계적으로 설명해주고 있다. 일종의 원리들을 어떻게 적용해서 법으로 세워나가는지를 다루고 있다. 여기에 나오는 법들은 과거의 법으로만 제한할 수 없고 오늘날 우리에게도 적용될 수 있는 것이 많다. 언약의 규정들은 하나님의 성품을 반영하고 있으므로 이런 차원에서 율법들을 살펴보아야 한다. 여기에는 하나님을 섬기는 일부터 시작하여 나라의 공직자와 민사법, 정결에 관한 규정, 인간 상호관계에 나타나는 규정 등을 다루고 있다. 여기에 소개되는 신명기 법전은 이스라엘의 기틀을 다지는 헌법과도 같은 것으로 앞으로 이스라엘 왕들이 꼭 지켜야 할 내용들이다. 실제로 이스라엘의 운명은 신명기 법전을 얼마나 잘 지켰느냐에 따라 판가름 났다.

▶ 미래 : 하나님이 약속하신 미래를 바라보라(신 27-33장).

약속하신 가나안 정복의 꿈을 바라보며 앞으로 나아가라는 내용이다. 신명기 27~28장은 이스라엘 백성들이 앞으로 들어갈 약속의 땅 가나안에서 행할 일들에 대해서 말한다. 가나안 땅인 세겜에 들어가서 행할 언약식에 대한 지침을 말한다. 저주와 축복을 낭독하기 위해서 백성들을 둘로 나누어 여섯 지파는 그리심산에, 나머지 여섯 지파는 에발산에 서게 했다. 이때 레위인들이 저주를 낭독하면 백성들은 아멘으로 외치면서 동의를 표해야 했다.

그 내용은 어떻게 하면 이스라엘 백성들이 축복과 저주를 받는지에 대해서 자세히 언급하고 있다. 축복보다는 저주에 관한 내용이 길게 언급된 것은 아무래도 말씀을 어길 가능성이 크기에 저주에 대해서 더 강조한 것으로 생각할 수 있다. 이것을 잊어버리지 않게 하는 교육방법으로 모세는 그 자리에서 노래를 지어 백성들에게 가르쳤다. 이것을 '모세의 노래' 라고 말한다(신 31:30-32:43).

노래는 자손 대대로 오래 기억하게 하는 교육의 한 방편이다. 이것은 앞으로 이스라엘의 흥망성쇠가 말씀을 순종하느냐에 따라 결정될 것임을 특별히 강조한 것이다. 모세는 죽음을 앞두고 축복한다. 이스라엘 야곱이 그의 아들들을 축복하듯이 이스라엘의 각 지파를 축복한다(신 33장). 이것은 이스라엘이 이전에도 그렇지만 앞으로도 하나님의 말씀에 따라 이루어짐을 예언하고 있다는 점에서 의미가 있다.

모세에 대한 평가

모세는 오직 하나님의 말씀대로 살았던 사람이다. 모세는 이스라엘이 모델로 삼아야 할 모본이다. 그는 약속의 땅을 보는 것으로 만족하고 가나안 땅에는 들어가지 못했다. 120세였지만 그의 힘과 생기는 약해지지 않았다. 모세의 위대함에 대해 성경은 이렇게 평가한다. "그 후에는 이스라엘에 모세와 같은 선지자가 일어나지 못하였나니 모세는 여호와께서 대면하여 아시던 자요"(신 34:10). 모세는 앞으로 오실 그리스도에 대한 모형이다. 그렇기에 모세의 가나안 땅 입성 실패는 앞으로 오실 완전하신 그리스도의 필요성을 암시하는 상징이다.

31일 · 성 · 경 · 통 · 독 5막

하나님 나라의 부분 성취
: 정복시대, 사사시대, 통일왕국시대

아브라함으로부터 시작된 하나님의 약속은 출애굽시대, 광야시대를 거쳐서 가나안 정복으로 성취된다. 이스라엘 백성들이 약속의 땅 가나안에 들어간 것은 아브라함의 약속을 이룬 것이라 할 수 있다. 더 나아가 하나님 나라가 부분적으로 성취된 것이다. 나라가 없는 상황에서 한 사람 아브라함을 통하여 거대한 민족이 이루어졌고, 그런 민족에게 하나님은 준비된 땅을 주셨다. 그것도 거저 주신 것이 아니라 믿음으로 가나안 민족을 정복하여 땅을 얻게 하셨다. 생각하면 인간의 힘으로는 도저히 이룰 수 없는 기적적인 하나님의 은혜였다. 하지만 가나안을 정복하고 땅을 분배하여 하나님의 꿈이 이루어지는 듯했지만 사사시대를 거치면서 실패의 길로 들어서게 된다. 하나님을 버리고 인간 왕을 구하는 상황까지 오게 되었다. 하지만 하나님의 은혜로 사울-다윗-솔로몬 왕을 거치면서 이스라엘은 강대국이 된다. 특히 다윗을 통해 영원한 하나님 나라를 약속하신다. 후에 다윗의 자손 예수 그리스도를 주시는 역사가 일어난다. 특히 하나님의 마음에 합한 사람 다윗을 통하여 하나님 나라를 부분적으로 이루는 모습을 성경을 통해 발견할 수 있다. 솔로몬의 성전 건축을 통하여 이것이 구체화되고 하나님이 함께하시는 이스라엘로 발돋움하게 된다.

DAY 10

이스라엘 민족은 가나안 땅을 어떻게 정복했는가?

〉〉〉 성경통독 / 여호수아 1-12장

가나안 정복이야기

이스라엘의 여정은 세상 사람들과 달랐다. 지금까지 이스라엘 민족은 오직 약속을 붙잡고 달려왔다. 이스라엘의 미래는 얼마나 하나님의 약속을 붙잡느냐에 달려 있었다. 이것은 오늘날 그리스도인이 가나안과 같은 세상에서 살아가는 방법과 같다.

모세를 대신한 여호수아는 가나안 땅 정복의 사명을 부여받았다. 이 일은 인간의 힘으로는 도저히 불가능한, 오직 하나님의 힘으로만 가능한 일이었다. 이때 하나님께서 여호수아에게 주신 약속의 말씀은 "오직 강하고 담대하라. 내 평생에 너를 능히 대적할 자가 없으리니 모세와 함께 있었던 것같이 너와 함께할 것이라"는 약속이었다. 또한 이

▶ 그림으로 전체 조망하기

정복시대 – 여호수아 ① 정복
(25년)

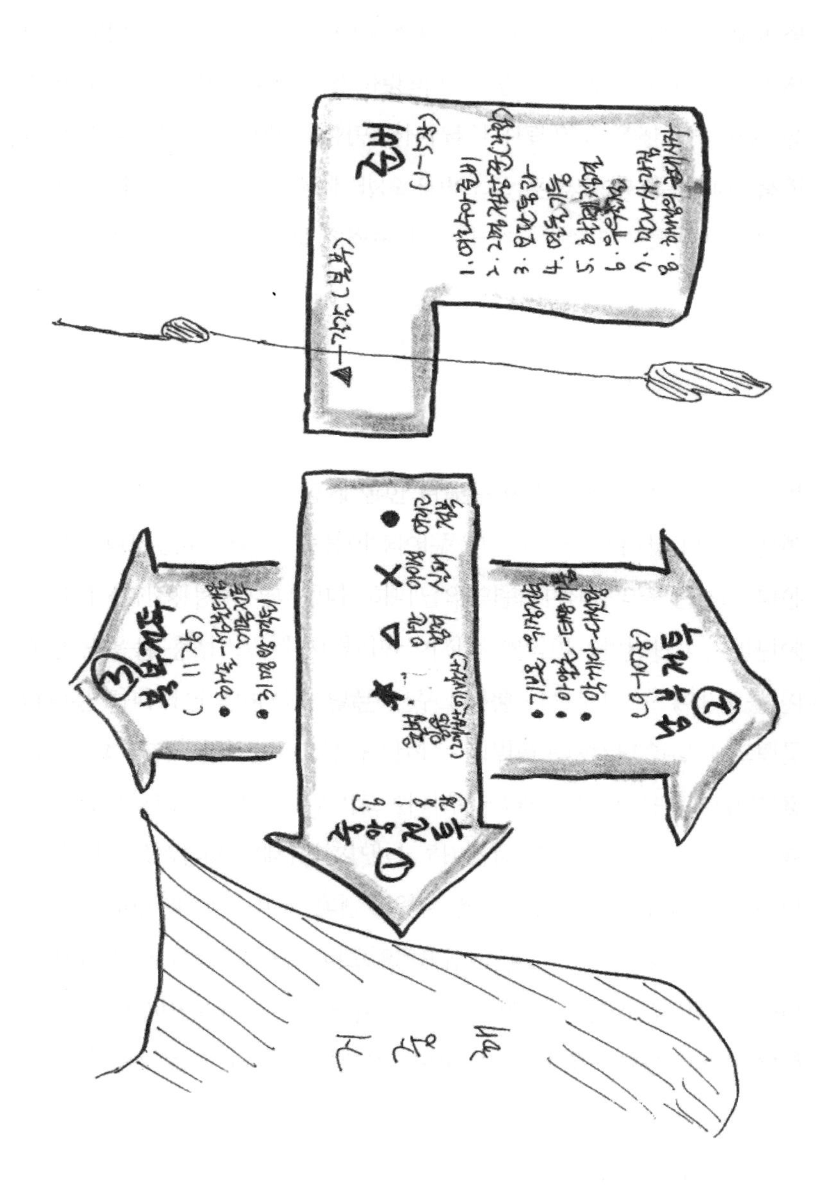

것을 위해서 "율법책을 네 입에서 떠나지 말게 하며 주야로 그것을 묵상하여 그 안에 기록된 대로 다 지켜 행하라"고 하셨다. 그동안 40년의 광야생활도 힘들었지만, 이제는 직접 눈에 보이는 실제적인 대적을 이겨야 하는 과제가 놓여 있었다. 여호수아와 이스라엘 백성들은 눈에 보이는 것들에 대해 놀라거나 두려워하지 않고, 담대하게 하나님께서 함께하심을 믿고 나아가는 믿음이 필요한 시점에 온 것이다(수 1:5-9). 그것은 하나님의 말씀을 얼마나 믿고 순종하느냐에 달려 있었다.

준비 : 요단강

하나님의 역사는 반복된다. 그런 점에서 성경의 역사이야기는 우리에게 의미가 있다. 성경의 이야기는 사람과 시대, 상황과 환경은 다르지만 원리는 같다. 출애굽 세대는 애굽을 떠나서 홍해를 건넜다. 마찬가지로 광야를 통과한 차세대도 이제 요단강을 건너야 했다. 먼저 언약궤를 매고 제사장과 레위인들이 건너면서 그들의 인도함을 받아 다른 백성들도 요단강을 건넜다. 이것은 광야에서 하나님의 인도하심으로 40년을 보냈듯이 이스라엘의 가나안 삶 역시 하나님의 인도하심 가운데 있음을 보여준다. 요단강을 건너는 기적의 체험은 앞으로 이스라엘 백성들이 하나님을 전적으로 신뢰해야 함을 보여준다. 홍해를 건널 때 이스라엘 백성들이 다 건너자마자 바닷물이 다시 흐르게 된 것처럼 요단 강물도 이스라엘 백성들이 강에서 나오자 다시 거세게 흘러넘쳤다(수 3-4장). 차세대 역시 이전 세대가 경험한 것을 같이 보고 있다.

중앙전투 : 여리고성과 아이성

가나안전투에 앞서 여리고성을 정탐하는 일이 생겼다. 이전에 가데스 바네아에서 12명의 정탐꾼이 정탐하다가 그중에 2명인 여호수아와 갈렙이 믿음으로 돌아온 것처럼 여리고를 정탐한 2명 역시 구사일생으로 하나님이 미리 준비하신 라합을 통해 건짐을 받는다. 그 과정에서 후에 예수님의 족보에 들어가는 라합을 만나게 된다. 도움을 준 라합은 온 가족이 구원을 받았다. 전투에 앞서 준비된 믿음의 사람을 미리 구원하시는 하나님의 사랑을 여기서 엿볼 수 있다(수 2장). 또한 하나님은 이 싸움이 하나님께서 함께하시는 하나님의 전쟁임을 알려주기 위해 여호수아에게 하나님의 군대장관을 보내셨다. 여기서 여호수아는 모세가 호렙산에서 거룩한 하나님을 만난 체험처럼 발에서 신을 벗어 하나님의 거룩함을 경험하게 된다(수 5:13-15). 세상과의 싸움에 승리하려면 먼저 하나님을 만나는 거룩한 경험이 중요하다. 이런 경험을 통해 우리는 혼자가 아니며 하나님이 동행하신다는 사실을 확신하게 된다. 세상 끝날까지 함께하시는 임마누엘을 경험하는 것이 중요하다.

이스라엘은 중앙전투에서 세 가지 장애물을 통과해야 했다. 요단강을 건넌 이스라엘 백성들은 이제 본격적인 장애물인 여리고성을 정복해야 했다. 이것 역시 만만치 않은 일이었다. 여리고성은 인간의 힘으로는 도저히 무너뜨릴 수 없는 난공불락의 성이었다. 이스라엘 백성들은 전투에 앞서 길갈에서 할례를 행하고 유월절을 지켰다. 이것은 출애굽할 때, 그리고 시내산에서 출발할 때 지킨 절기로 이스라엘의 자기 정체성을 다시 확인하는 시간이었다. 현재 자신의 존재가 하나님에 의해서 되었음을 유월절 절기를 지키면서 확인한 것이다. 그러면서 할례를 통해 이스라엘의 거룩함을 다시 한번 하나님 앞에 보인 것이다.

자신들을 거룩하게 한 뒤에 언약궤를 메고 여리고성을 엿새 동안 돌고, 일곱째 날에 큰소리를 지르자 믿기 힘든 일이 벌어졌다. 견고한 여리고성이 믿음으로 무너지는 기적을 경험하게 된 것이다. 모두 하나님의 언약궤를 메고 그 뒤를 따른 결과였다. 이것은 가나안 땅을 정복하는 일은 칼과 힘이 아닌 하나님을 믿는 믿음에 있음을 가르쳐주는 상징이었다. 그러나 작은 아이성을 인간적인 생각으로 하찮게 보다가 전투에 실패한다. 후에 다시 믿음을 회복하고(죄인 아간을 잡아 처리하고) 아이성을 정복하긴 하지만 이스라엘 백성들의 불신앙을 다시 엿볼 수 있는 사건이었다. 여리고성과 아이성이 정복되자 그다음 차례인 기브온 거민이 거짓으로 이스라엘과 화친조약을 맺는다(수 6-9장).

중앙전투에서 엿볼 수 있는 것처럼 세상에서 그리스도인의 삶은 내 힘으로 사는 것이 아니다. 나와 함께하시는 하나님을 얼마나 신뢰하느냐에 따라 승패가 달라진다. 환경과 크기의 문제가 아니라 얼마나 하나님의 약속을 믿고, 그 말씀에 순종하느냐가 인생의 성패를 결정한다.

남부전투 : 아얄론 골짜기에 태양이 머물다

이스라엘의 가나안 정복 소식을 들은 남부의 가나안 민족들은 미리 겁을 먹었다. 그들은 아모리 족속의 통치자들과 연합전선을 펴는 게 살길이라 생각하고 헤브론왕, 아르못왕, 라기스왕, 에글론왕을 소집하여 이스라엘과 동맹한 배반자 기브온을 공격한다. 위기에 처한 기브온이 이스라엘에게 도움을 요청하면서 아모리 족속과 이스라엘 간의 전투가 시작된다. 하나님의 도우심으로 이스라엘은 아모리 군대를 물리쳤다. 이때 하나님은 우박을 내려 사람들을 죽게 하고, 또 낮의 길이를 두 배로 길게 하여 이스라엘이 전투를 마칠 때까지 시간을 벌게 해주셨다. 여기서 우리는 하나님이 자연을 움직여서 선택한 백성을 보호하시는 놀라운 능력을 보게 된다. 이스라엘 군대가 동굴에 숨은 다섯 왕을 처형하면서 남부전투는 이스라엘의 승리로 끝이 난다(수 10장).

북부전투 : 하솔왕 싸움

남부전투 소식을 들은 북부 가나안 족속들은 가장 큰 성인 하솔왕을 중심으로 모여 이스라엘에 대항한다. 메롬 해변 물가에 모래알처럼 많은 군대가 모여서 이스라엘을 대적하지만 이스라엘을 이기지는 못한다. 이 싸움은 하나님이 함께하신 전투이기에 당연히 이스라엘이 승리하게 되었다. 북쪽 큰 도성의 하솔왕을 잡아 죽이면서 북부전투는 끝이 난다. 당시 정복된 땅의 지역과 31명의 왕이 여호수아 11장 16~23절에 기록되어 있다. 이스라엘의 가나안 정복은 이스라엘 백성들의 힘으로는 이길 수 없는 싸움이었다. 오직 하나님의 능력으로만 가능한, 하나님이 주도하신 거룩한 전쟁이었다(수 11장). 아무리 많은 사람의 힘을 합쳐도 나와 함께하시는 하나님보다 더 많을 수 없고 더 클 수는 없다. 그러니 하나님이 나를 선택하신 게 얼마나 놀라운 은혜인가! 하나님 한 분만 있으면 더는 두렵지 않은 것이 그리스도인의 삶이다.

정복한 가나안 땅을 각 지파에게 어떻게 분배했는가?

〉〉〉 성경통독 / 여호수아 13-24장

땅의 분배와 각 지파의 임무

여호수아는 하나님의 도움으로 이스라엘 백성들을 이끌고 가나안에 있는 여러 족속을 무찔러 가나안을 정복했다. 그리고 제비뽑기를 통해 가나안 땅을 각 지파에게 분배했다. 여기서 제비를 뽑아 지파별로 땅을 분배한 것은, 땅은 전적으로 하나님이 주시는 선물임을 알게 하기 위함이었다. 세상 사람들과 달리 땅은 하나님이 주시는 유업이며 선물임을 강조하기 위함이었다. 가나안 땅을 정복하여 지파별로 땅을 분배하는 일은 이스라엘에게 아브라함 언약이 실제로 성취된 것을 증명하는 감격스러운 순간이었다. 작든지 크든지 간에 그것이 하나님에게서 온 것임을 믿는다면 문제 될 일이 없다. 물론 아직 남아 있는 가나안 땅을 정복하는 임무는 각 지파의 몫으로 남겨져 있기는 하지만 말이다. 이것은 전체적으로 이스라엘이 가나안 땅을 정복했지만 부분적으로는 각자의 믿음으로 땅을 정복해야 하는 것을 의미한다(수 13:1-7).

제비뽑기로 땅을 분배하다

정복한 땅을 분배하는 일은 정복하는 일만큼 쉽지 않았다. 사람에게는 욕심이란 게 있었기에 만족함이 없었다. 그런 이유로 제비뽑기를 통해 각 지파에게 하나님이 맡겨주신 땅을 분배한 것이다. 이것은 창세기 마지막에 나오는 야곱의 아들들에 대한 예언을 성취한다는 의미도 있었다. 제비뽑기로 땅을 분배하는 것을 그냥 우연한 일로 여길 수도 있지만 결과적으로 보면 야곱이 아들들에게 행한 예언이 그대로 성취됨을 확인할 수 있다(수 13-19장, 22장). 세상의 모든 일은 사람이 한 것 같지만 알고 보면 모두가 하나님의 섭리 속에서 이루어진다. 이것을 안다면 여기저기 방황하지 말고 하루빨리 하나님의 말씀에 순종하는 것이 지혜로운 방법이다.

갈렙의 믿음

땅을 정복하는 데 모범을 보인 사람이 갈렙이다. 그는 이전에 약속했던 말씀을 기억하고, 85세의 나이임에도 이 산지를 내게

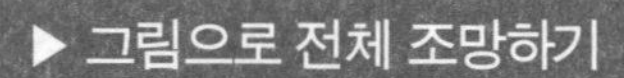

정복시대 -② 땅 분배

(13-24장)

< 제비 뽑아 여호수아와 대제사장에 의해 분배함 >

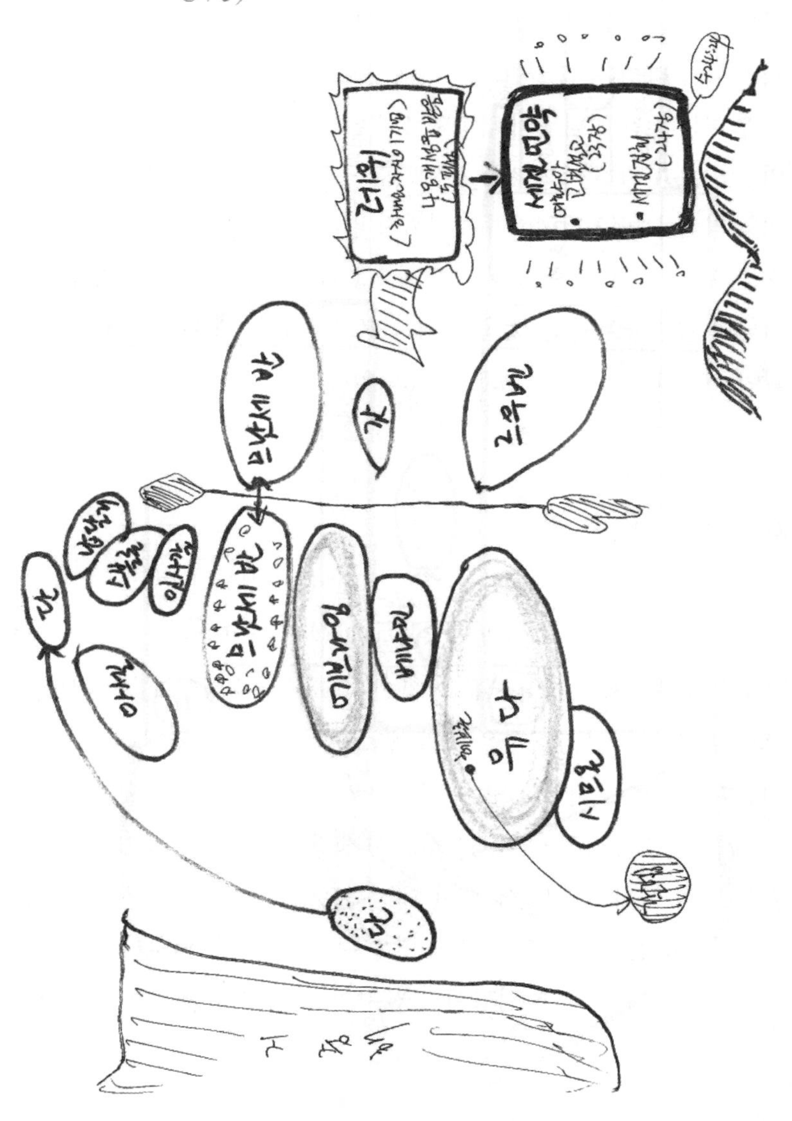

달라며 여호수아에게 요구했다. 이것은 다른 지파들에게 어떻게 나머지 땅을 정복해야 하는지를 보여주는 믿음의 모델이었다. 갈렙과 여호수아는 40년 전 가나안 땅을 정탐하러 갔던 사람들이다. 그때 믿음의 편에서 백성들을 설득했다. 그 후 갈렙은 여호수아를 섬기면서 2인자의 역할을 다했다. 그렇기에 자기에게 주리라고 약속한 땅을 내게 달라고 말하는 것은 하나님의 약속이 성취된다는 의미가 들어 있고, 당연한 일이었다(수 14:6-12). 지금까지 갈렙이 살아온 삶은 사람이 아닌 하나님의 약속을 믿고 인내하며 여기까지 달려온 것이다. 그리고 그 믿음은 오늘 "이 산지를 내게 달라"고 말함으로써 그의 위대함이 드러났다. 하나님의 말씀을 이루는 것을 인생 목표로 삼은 갈렙은 오늘 이 시대를 살아가는 그리스도인의 표본이 되고 있다.

여섯 개의 도피성

열두 지파에게 땅을 분배하면서 부지중에 실수한 사람을 보호하기 위해서 특별히 세운 여섯 개의 도피성이 있었다. 도피성은 앞으로 일어날 수 있는 상황을 미리 예견하여 하나님의 구원과 자비를 드러낸다는 의미를 지니고 있다. 하나님은 가난한 자와 소외된 자와 억울한 자를 항상 배려하셨다. 억울하게 희생당하는 상황이 생길 수 있다는 것을 미리 아시고, 그것에 대한 대비책으로 도피성 제도를 두신 것을 보면서 우리는 하나님의 성품을 엿볼 수 있다. 법은 아무리 잘 만든다 해도 완전하지 못하다. 사랑이 빠진 법은 하나님의 법이 아니다. 사랑보다 더 큰 법은 없다. 도피성은 하나님의 크신 사랑을 보여주는 법 위의 법이다(수 20장).

분깃 없는 레위 지파

레위 지파에게는 기업을 주지 않고 하나님의 일만 감당하게 했다. 분깃을 주지 않는 대신 전국에 흩어져 있는 48개의 성읍에서 살게 했다. 도피성 6개는 그 가운데 있는 것이다. 이것은 이스라엘의 핵심은 레위 지파에 있음을 의미한다. 비록 열한 지파는 땅을 분배받았지만 그 땅은 하나님의 것이지 자신들의 것은 아니었다. 그것을 상징적으로 보여주는 것이 레위인의 성읍이다. 하나님이 모든 것을 책임져주시는 레위인의 모습은 곧 이스라엘 백성의 정체성을 상기시켜준다는 의미가 있다. 마치 십일조를 통해 모든 물질이 하나님의 것임을 우리에게 상기시켜주듯이 말이다(수 21장). 비록 우리가 가진 모든 것을 하나님께서 우리에게 맡겼다고 할지라도 그것은 주님의 것이라는 확실한 생각을 하는 것이 중요하다. 이것을 잊어버리는 순간 또다시 선악과를 먹는 죄를 짓게 된다.

세겜 언약

땅을 정복하고 분배하는 것만큼이나 중요한 것은 그 땅을 잘 지켜내는 일이었다. 하나님이 주신 약속을 영원히 소유하기 위해서는 하나님의 말씀을 지키고 순종하는 일이 중요했다. 여호수아는 이스라엘 자손들에게 땅을 지키기 위해서는 하나님의 말씀에 순종할 것을 당부했다. 승리를 경험한 여호수아와 이스라엘 백성들은 세겜에 있는 그리심산과 에발산에 이르러 축복과 저주에 해당하는 모세가 전한 신명기 말씀(신 28장)을 낭독했다. 이것은 이전에 모압 평지에서 모세가 명한 말씀을 다시 상기하며 그 말씀에 순종한다는 의미였다(수 8:30-35). 모세가 신명기를 통해 유언한 것처럼 여호수아도 세겜 설교를 통해 다음세대에게 부탁했다. 이처럼 이스라엘의 성공 방법은 오직 하나뿐이었다. 그것은 하나님만 섬기며 하나님의 뜻에 따라 행하는 것이었다. 이것은 인간의 생각대로 사는 게 잠시 성공할 수 있을지 모르지만 결국은 실패할 수밖에 없다는 사실을 현대를 사는 우리에게 일깨워준다(수 24:1,14-18).

DAY 12

이스라엘이 가나안 땅을 정복했음에도 실패한 이유는?

〉〉〉 성경통독 / 사사기 1-21장, 룻기 1-4장
사무엘상 1-8장

자기 생각대로 사는 사사시대

드디어 이스라엘 백성들은 400여 년의 노예생활과 40여 년의 광야생활을 모두 청산하고 이제 가나안 땅을 믿음으로 정복했다. 하나님이 오래전 믿음의 조상 아브라함에게 주셨던 약속의 땅에 하늘의 별과 땅의 모래처럼 많은 떼를 이루어 하나의 국가로서 정착하게 되었다. 그동안 아브라함이라는 한 족장으로 시작하여 250만 명이 넘는 거대한 나라를 이루게 된 것은 실로 대단한 역경의 드라마였다. 나라 없이 떠돌던 이스라엘 백성들은 이제 땅을 차지함으로써 어엿한 국가의 모습을 갖추게 되었다.

사사기는 바로 이때의 300여 년간의 역사를 기록한 책이다. 하지만 사사기는 이스라엘의 가나안 땅 정착이 실패한 것이라고 결론을 맺는다. 사사기는 이스라엘 백성들이 가나안 땅에서 하나님의 은혜를 망각하고 약속을 불신하는 과정을 그리고 있다. 사사기의 이야기가 진행될수록 그 정도는 더욱 심각해진다. 축복받은 이스라엘 민족이 하나님을 저버리는 그 과정을 중심으로 읽어나가면 쉽게 이해할 수 있다.

이스라엘이 가나안 땅에서 실패한 가장 큰 이유는 가나안 족속을 완전히 멸하지 않은 데 있다. 여호수아를 통해 하나님의 승리를 경험한 이스라엘 백성들은 각 지파가 힘을 모아 남아 있던 가나안 족속들을 몰아냈어야 했다. 그러나 그들 속에 하나님보다 세상을 더 사랑하고자 하는 자기 욕심으로 인해 가나안 족속을 쫓아내는 데 실패했다. 여전히 하나님보다 자기를 사랑하는 인간의 욕심을 보여주는 대목이다(삿 1:19-21).

죄란 하나님 없이 인간의 소견대로 행하는 것이다. 사사기는 하나님 중심으로 살지 못하고 각각 자기 소견대로 행하는 인간의 죄악 된 모습을 그리고 있다. 이스라엘은 보이지 않는 하나님의 통치를 받고 살아야 하는데, 그들은 이방인처럼 보이는 인간의 왕이나 지도자를 더 의지했다. 사사시대는 하나님의 왕 되심을 거부하고 인간 스스로 왕이 되는 시대였다. 그 결과 이스라엘은 점점 실패의 길로 들어서게 되었다(삿 2:6-7).

이스라엘의 가장 큰 문제는 당시 가나안의 신이었던 바알을 숭배한 일이었다. 이스라엘이 광야에서 훈련받은 것은 거룩한 하나님 백성의 삶이었다. 보이는 물질이 아닌 보이지 않는 하나님을 의지하면서 살아가는 것이 이스라엘의 정체성이었다. 그것이 광야에서 배운 이스라엘

▶ 그림으로 전체 조망하기

사사시대 (하향나선형 곡선)

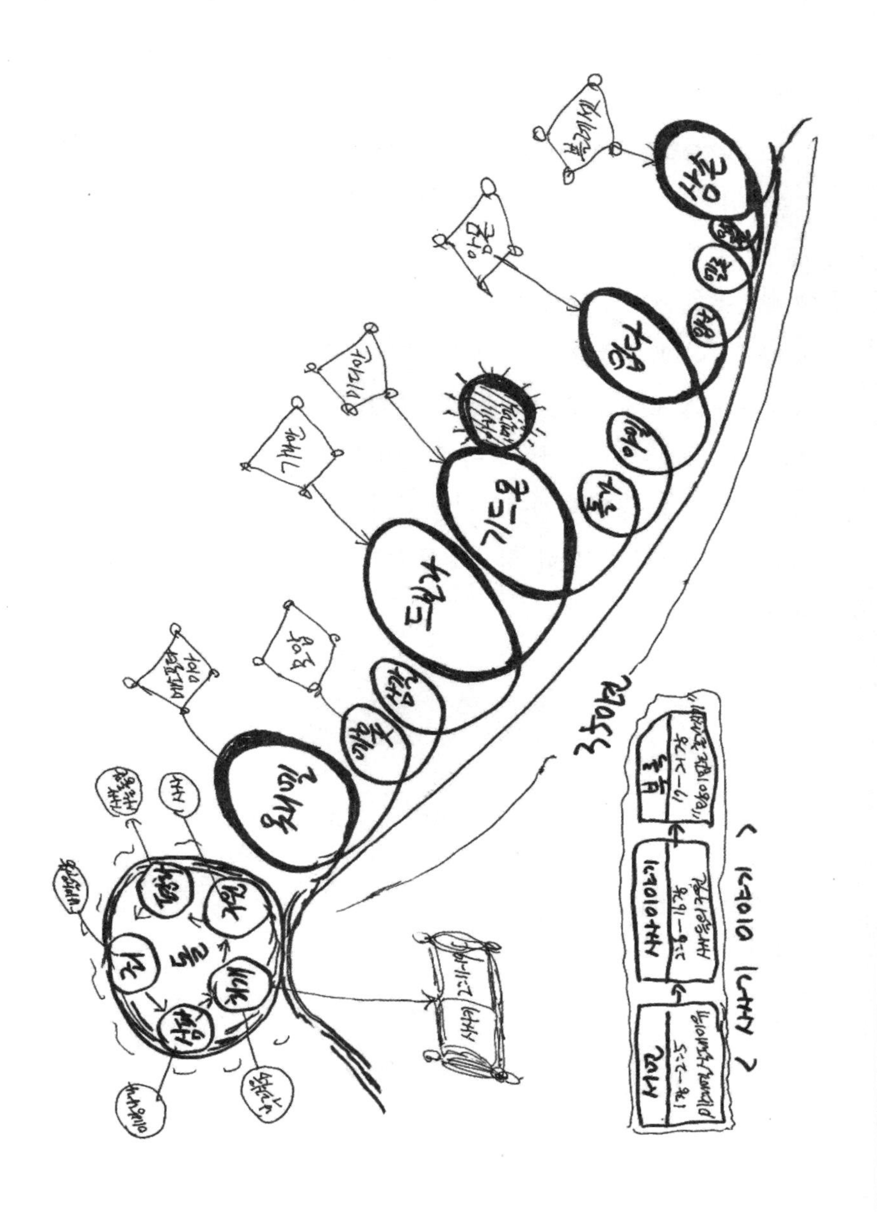

백성들의 삶이었다. 그런데 가나안에 들어와서 농사의 수확을 풍성하게 해준다는 농경신인 바알 우상이 눈앞에 보이자 이스라엘 백성들은 하나님보다 바알을 더 의지하게 되었다. 결국 하나님은 이런 이스라엘의 우상 숭배에 진노하셨다.

그 방법으로 주변 이방족속들을 들어서 이스라엘을 징계하셨다. 그때마다 이스라엘 백성들은 하나님의 징계에 고통스러워하며 다시 하나님께 부르짖었다. 하나님은 자비로우신 분이다! 하나님은 이스라엘 백성들의 기도를 들으시고 사사를 보내 구원해주셨다. 그런데 인간의 나약함이라 해야 할까? 사사를 통해 구원받고 평화를 누리다가 사사가 죽으면 또다시 우상을 숭배하여 하나님께 반역하는 일이 반복되었다. 사시기는 이런 사이클이 300여 년 넘게 계속된다. 사사기는 죄-징계-회개-구원의 사이클이 반복되지만 이 사이클은 비단 사사시대뿐만 아니라 모든 인류 역사에 똑같이 적용되는 과정이라 할 수 있다(삿 2:11-19).

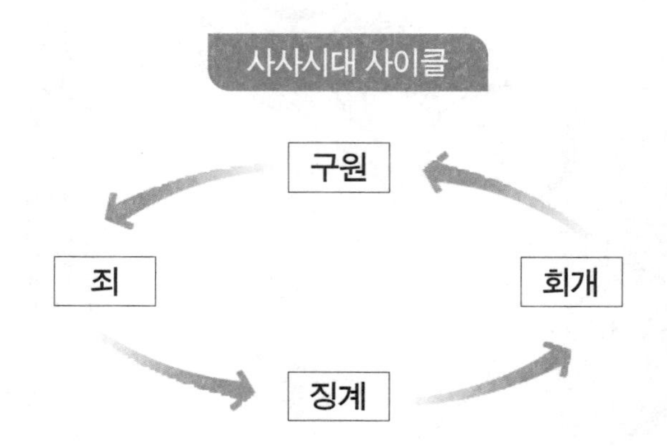

일곱 번에 걸친 반역과 열두 명의 사사들

이스라엘 백성들은 일곱 번이나 하나님을 저버리는 반역을 했다. 그럴 때마다 하나님은 이방 민족들을 도구로 사용하셔서 이스라엘을 압박하셨고, 다시 회개하면 사사들을 보내 일곱 번에 걸친 구원을 주셨다. 하나님께 부름받은 사사들은 다섯 명의 대사사인 옷니엘, 드보라, 기드온, 입다, 삼손과 소사사인 에훗, 삼갈, 돌라, 야일, 입산, 엘론, 압돈 등이었다. 처음 사사인 옷니엘에서 마지막 삼손까지 이르는 300여 년의 과정은 점점 이스라엘의 타락이 심각해지는 과정을 그리고 있다.

여기서 우리가 주목할 부분은 삼손에 관한 이야기이다. 사사기를 읽다 보면 다른 사사들에 관해서는 핵심 내용만 기록되어 있는데, 마지막으로 소개되는 삼손에 관해서는 출생부터 죽음까지 일대기를 그리고 있다. 왜냐하면 삼손의 타락이야기는 나실인과 같은 이스라엘 민족의 타락을 상징적으로 보여주고 있기 때문이다. 삼손의 영웅담이 아닌 하나님으로부터 힘을 부여받은 이스라엘처럼 나실인인 삼손이 블레셋의 들릴라를 사랑하는 것 자체가 이스라엘이 바알을 섬기면서 타락해가는 모습을 여실히 보여주는 것이다. 마지막에 삼손이 구원받는 부분에는 이스라엘을 끝까지 저버리지 않는 하나님의 사랑이 담겨 있다(삿 3:7-16:31).

무정부 타락의 시대

하나님의 계속된 용서와 구원에도 이스라엘 백성들은 하나님께 반역하는 죄를 계속 저질렀다. 사사기의 마지막은 이스라엘의 타락한 모습이 얼마나 악한 상황이었는지 여실히 보여준다. 그것은 종교와 도덕과 정치 등 모든 면에서 타락한 모습이었다. 심지어 베냐민 지파가 사라질 위기를 맞이하면서 아브라함의 약속이 파기될 아슬아슬한 순간까지 있었다. 이것은 당시 이스라엘 타락의 끝을 보여주는 대목이다(삿 17:6-8, 19:1-3, 21:1-6,25). 사사기의 마지막 장 마지막 구절이 사사기의 결론을 말한다. "그때에 이스라엘에 왕이 없으므로 사람이 각자 자기의 소견에 옳은 대로 행하였더라"(삿 21:25).

사사기를 통해 우리가 깨닫는 것은 인간의 생각대로 하는 죄의 모습은 끊임없이 반복해서 다시 나타난다는 점이다. 에덴동산에서 아담과 하와가 선악과를 먹고 죄를 범한 그 모습이 이스라엘 공동체에서 그대로 재현되고 있다. 죄는 하나님의 말씀보다 자기 소견에 좋은 대로 행하는 것을 말한다. 선악과를 먹음으로 인간에게 들어온 선악을 판단하는 자기 생각이 결국 하나님을 떠나는 결과를 가져온 것처럼 사사시대 역시 결국은 자기 소견대로 살아가는 인간의 죄악상을 보게 된다. 이스라엘 백성들이 가나안에 들어와 그 땅을 정복하게 된 것은 전적으로 하나님의 은혜였다. 그런데 그것을 잊어버리고 하나님이 보시기에 좋은 것이 아닌 자기가 보기에 좋은 대로, 자기의 생각대로 살아가기를 결정하는 인간의 악함이 다시 반복하여 나타나고 있다.

룻기의 역설적인 이야기

룻기 1장 1절의 "사사들이 치리하던 때"란 구절에서 보듯이 룻기는 사사시대를 배경으로 삼고 있다. 룻기는 암흑과 같은 사사시대에 이방 모압 땅에 살았던 한 여인 룻의 믿음을 그린 이야기이다. 분량은 짧지만 내용상으로 보면 룻의 이야기는 앞으로 나타날 다윗의 등장을 알려주는 중요한 이야기이다. 왜냐하면 룻의 족보에서 이새의 아들 다윗이 나오기 때문이다. 다윗의 증조모가 이방 여인으로 당시 이스라엘 사람들이 혐오스럽게 여기던 모압 여인이었다는 점은 가히 충격적이긴 하지만 말이다.

룻기는 4장밖에 안 되는 짧은 내용이지만 아름다운 믿음을 증거하는 단편 복음서나 다름없다. 룻은 잠시 기근을 피하여 모압 땅으로 온 시어머니 나오미를 만나게 되고, 나중에는 조국을 버리고 나오미를 따라 하나님만 섬기는 삶을 살게 된다. 선택받은 이스라엘 백성에게서 하나님만 섬기는 자를 찾아보기 힘든 시기에, 역설적으로 이방의 한 여인이 모든 것을 버리고 하나님을 섬기기로 결단하는 내용은 우리에게 큰 감동을 준다. 또한 룻의 이야기는 내용 면에서 오래전 아브라함이 갈대아 우르를 떠나 하나님이 지시하신 약속의 땅으로 무작정 떠난 것과 매우 비슷하다. 어쨌든 룻은 유대 베들레헴으로 돌아와 하나님의 은혜로 보아스를 만나 결혼하게 되고, 결국 다윗의 조상이자 그리스도의 조상으로 기록되는 놀라운 축복을 받는다(룻 1-4장).

룻기이야기는 사사시대의 암흑 속에서 하나님의 사명을 잃어버리고 제 갈 길로 가는 이스라엘을 대신하는 한 줄기의 빛이 이방에서 시작될 것을 예고하는 내용이다. 앞으로 메시아를 통한 열방 구원이라는 하나님의 복선이 시작되고 있다는 점에서 의미가 있다. 이전에 가나안 여리고성의 라합이 믿음을 가진 것과 연관 지어 볼 때 룻기는 좀 더 구체적인 이야기로 전개되고 있다는 점에서 놓치지 말아야 할 중요한 내용이다.

먼저 된 자가 나중 되고 나중 된 자가 먼저 된다는 주님의 말씀이 생각난다. 누구나 하나님의 은혜에 붙잡히면 민족과 인종과 배경, 성별과 나이에 상관없이 하나님 나라에 사용될 수 있다는 복음이야기를 잘 드러내주고 있다. 우리에게 희망의 메시지를 전해준다는 측면에서 룻기를 구약의 복음서라 말할 수 있다.

왕을 요구하는 이스라엘

하나님은 당신이 선택한 이스라엘만큼은 이방 나라들과는 구별된 방식으로 국가가 형성되어 나가길 원하셨다. 하나님이 원하시는 나라의 통치 방식은 인간이 왕이 아닌 하나님이 왕이 되는 하나님 나라였다. 하지만 이스라엘 백성들은 인간이 통치하는 왕의 제도를 하나님께 요구하기에 이르렀다. 결국 하나님은 사무엘을 통해 왕의 제도에 관한 문제점을 말하지만 이스라엘 백성들이 끝까지 요구하자 그대로 허락하신다. 이제 사사시대부터 이스라엘 백성들은 하나님을 왕으로 섬기는 것을 거부하고 스스로 왕이 되는 불행한 길을 가게 되는 것이다(삼상 8:4-22).

죄는 다른 것이 아니다. 하나님의 왕 됨을 거부하고 자기 스스로가 왕 됨을 주장하는 것이다. 인생의 주인이 '나'라고 생각하거나, 모든 것을 자기중심으로 생각하고 판단하는 그것이 죄다. 모든 죄악은 자기중심에서 나타나는 현상들이다. 회개는 '나' 중심에서 '하나님' 중심으로 방향을 바꾸는 것이다. 매 순간 하나님이 다스릴 수 있도록 마음의 자리를 내드려야 한다. 우리의 육신은 연약하여 언제든지 다시 죄를 지을 수 있고, 또 마음의 자리에 다시 내가 주인이 될 수 있다. 그렇기에 우리는 매일 매 순간 왕의 자리를 하나님께 내드리고 성령 하나님을 의지하는 삶을 살아야 한다.

DAY 13

통일왕국의 사울왕이 주는 역사적 교훈은 무엇인가?

〉〉〉 성경통독 / 사무엘상 9-31장

겸손한 사울

이스라엘은 하나님의 구별된 백성으로서의 특권을 포기했다. 하나님의 거룩한 백성은 하나님을 왕으로 섬기는 그런 나라였다. 하지만 이스라엘은 이방 나라의 왕정 시스템을 원했다. 백성들은 끈질기게 왕을 요구함으로써 하나님의 허락을 얻어냈지만 그것은 하나님의 뜻이 아니었다. 결국 이스라엘이 선택한 왕은 사울이었다. 초대 왕인 사울은 백성들의 눈에 딱 맞는 외모를 갖춘 왕이었다. 사울은 처음에 하나님의 신이 크게 감동한 사람으로, 암몬 족속을 물리쳐 백성들의 신뢰를 얻었다. 사울의 시작은 아주 좋았다. 자기가 연약한 자라는 사실을 알았고 겸손한 모습을 보였다. 하지만 그 겸손은 오래가지 못했다

(삼상 9:1-2,21, 11:6-11).

겸손이 힘든 것은 한 번의 겸손은 가능하지 몰라도 계속해서 겸손하기가 참으로 쉽지 않기 때문이다. 이것은 날마다 자기를 죽는 삶을 통해서만 이루어지는 일이다. 자기가 높아질수록 겸손은 더 어려워진다. 그러나 사람들은 더 높은 자리를 구하고 그것을 향해 속도를 낸다. 그것이 교만의 길인 줄 모른 채.

불순종하는 사울

사울은 하나님께 불순종하는 죄를 범했다. 블레셋 전투에서 사무엘을 기다리지 못하고 사무엘을 대신하여 자기가 제사를 지낸 것이다. 또한 아말렉 전투에서 하나님께 불순종했다. 하나님은 아말렉을 진멸하라고 명하셨지만 사울은 자신의 판단으로 일부분만 순종했다. 이것은 이스라엘이 가나안 족속을 완전히 쫓아내지 않고 살려둔 것과 같은 불순종이었다.

여기서 특히 중요한 것은 사울은 자기의 잘못을 회개하기보다는 오히려 이런저런 변명으로 끝까지 정직하지 못한 태도를 보였다는 점이다. 사울은 40세 때 이스라엘의 초대 왕으로 즉위하여 40년간 이스라엘을 통치했다. 하지만 차츰 시간이 지나면서 그는 하나님보다는 인간을 의지하는 모습을 보임으로써 결국 하나님으로부터 버림받게 되었다(삼상 13:8-15, 15:1-9,20-23).

이스라엘의 왕은 다른 이방 민족들의 왕들과는 구별된 왕이다. 이스라엘 왕의 정체성은 만왕이신 하나님을 드러내는 자리다. 하나님이 사울을 왕으로 세우신 뜻은 하나님의 말씀을 듣는 데 있다. 그것을 거부한 사울은 더는 이스라엘의 왕이 될 수 없었다. 명목상의 왕이 될 수 있을지는 몰라도 실제적인 왕은 아니었다. 당신은 여전히 나의 왕을 주님으로 고백하고 살고 있는가? 혹시 자신을 주인으로 착각하고 있지는 않은지 돌아보는 지혜가 필요하다.

버림받은 사울

사울이 하나님께 버림받자 악신이 들어왔다. 그러자 세상의 권력을 탐하기 시작했다. 그는 자신을 시중들던, 백성들로부터 칭찬을 듣던, 하나님으로부터 기름 부음을 받은 다음 왕인 다윗을 시기하여 죽이려 했다. 심지어 다윗 때문에 무고한 85명의 제사장을 죽였다. 결국 이방 무당에게 찾아가는 죄까지 범하고 말았다. 후에 사울은 길보아 전투에서 블레셋의 추격을 받고 더는 피할 곳이 없게 되자 자결함으로써 비참한 최후를 맞는다. 사울은 세상 왕들의 모델이었다. 자기만족에 사로잡혀 하나님을 생각하지 않는 교만한 왕의 모습이 어떤지, 그 모습을 낱낱이 보여주는 전형적인 인물이었다. 또한 이스라엘의 고집스러운 모습을 보여주는 반면교사였다. 하나님은 백성들이 선택한 사울왕을 통해 그들이 그렇게도 흠모하던 왕의 제도가 얼마나 어리석은지 여실히 보여주셨다. 이것을 통해 이스라엘의 숨어 있던 죄악 된 모습이 드러났다(삼상 18:6-9, 19:8-10, 22:16-19, 28:8-14, 31:1-6).

누구든지 하나님을 떠나면 그때부터 어리석게 된다. 여호와를 경외하는 것이 지혜의 근본인데, 이것을 망각하고 하나님을 마음에 두기를 싫어하면 그때부터 하나님의 영이 다스리지 않는 육신의 사람이 된다.

다윗을 훈련하는 도구로 사용된 사울

비록 이스라엘 백성들이 잘못된 왕의 제도를 선택하여 사울과 같은 왕의 모습에 실망하지만 하나님은 그들에게 대안으로 새로운 왕의 모델을 제시하신다. 그 사람이 바로 다윗이다. 다윗은 미래의 왕으로 부름을 받았다. 사울에게서 하나님의 영이 떠나면서 다윗은 하나님 성령의 인도하심을 받았다. 쫓기는 다윗과 쫓는 사울의 이야기가 사무엘상 후반부에 등장한다. 미래의 왕 다윗은 현재의 왕인 사울에게 쫓김을 당했다. 다윗이 왕좌를 빼앗을 것을 두려워한 사울은 다윗을 죽이기 위해 온갖 노력을 다했지만 오히려 자신이 죽을 고비를 두 번이나 넘겼다. 결과적으로 사울은 원하지 않았지만 사울의 행위는 다윗에게 좋은 왕이 될 수 있는 훈련과정이 되었다. 사울의 악함을 통하여 다윗은 하나님을 신뢰하는 법을 배웠다. 사울은 준비와 고난 없이 왕이 되었지만 다윗은 사울의 시기와 미움을 통하여 고난을 겪으며 스스로 연단할 기회가 되었다. 특히 아비가일 사건 때 자신의 감정을 자제하는 다윗의 모습은 그가 얼마나 준비된 자인지 여실히 보여준다(삼상 24-26장).

인간 왕의 종말

하나님께는 관심 없고 오직 백성들의 눈치와 체면만 생각하면서 왕의 지위를 유지하려 했던 사울왕의 이야기는 세상 왕들의 이야기를 그대로 대변해주었다. 왕의 지위가 하나님에게서 온 것임을 망각한 채 권력만 탐했던 교만한 사울왕은 이방 왕들의 모습을 그대로 닮고 있었다. 이런 왕을 따랐던 이스라엘 백성들 역시 비참함을 경험했다. 또한 블레셋과의 전투에서 패하고 스스로 목숨을 끊는 사울의 모습은 인간 왕의 한계를 여실히 보여주었다. 이것은 오늘날 하나님보다 사람을 더 의지할 때 나타나는 결과가 무엇인지 잘 보여주는 사례이다(삼상 31:7-13, 시 146편).

DAY

14 다윗왕 이야기가 우리에게 주는 교훈은 무엇인가?

〉〉〉 성경통독 / 사무엘상 16-31장, 사무엘하 1-24장

왕의 수업을 받는 다윗

이스라엘 2대 왕으로 부름받은 다윗은 사울을 시중드는 사람으로 천거되어 궁전에서 지내게 되었다. 다윗은 하나님을 향한 담대한 믿음과 용기가 대단했다. 모두가 겁을 내는 골리앗에게 당당히 대항했다. 그는 오직 하나님만을 믿고 물맷돌 하나로 골리앗에게 맞섰다. "나는 만군의 여호와의 이름 곧 네가 모욕하는 이스라엘 군대의 하나님의 이름으로 네게 나아가노라"(삼상 17:45). 이런 다윗은 사울에게 시기를 받아 쫓기는 삶을 살 수밖에 없었다(삼상 16:6-23, 17:41-19장).

다윗은 사울왕으로부터 여덟 번에 걸쳐 죽음의 위협을 받았다(삼상 18:10-11,17-29, 19:9-10,15,20-24, 20:31, 23:13-14,24-28). 그러나

하나님은 당신의 종 다윗을 매 순간 다양한 방법으로 위험에서 구해주셨다. 아무리 사울이 다윗을 찾아 죽이려 해도 하나님이 다윗을 보호하시니 그를 죽일 수가 없었다(삼상 23:14). 다윗에게 이런 위험은 오히려 왕이 되기 위한 훈련이자 왕의 수업을 받는 학교였다. 다윗은 수없이 많은 어려움을 잘 견뎌냈다. 사울을 죽일 기회도 두 번이나 있었지만 하나님께 모든 것을 맡기고 사울을 살려주었다. 결국 밀고 당기는 둘의 대립은 사울이 죽으면서 다윗의 승리로 막을 내렸다. 하나님이 함께하시면 누구도 나를 위협할 수 없다. 세상은 인간의 힘과 계략으로 승리하는 것이 아니다. 누가 하나님과 함께하느냐가 관건이다(삼상 24:1-7, 26:6-12).

하나님의 마음에 합한 다윗

다윗은 하나님께 왕으로 기름 부름을 받았지만 즉시 왕이 된 것은 아니었다. 사울의 끊임없는 시기와 질투, 죽이려는 위협으로 인해 오랫동안 방황의 시간을 보냈다. 다윗은 대적 사울을 미워하지 않고 오히려 자비를 베풀면서 하나님의 때를 기다리며 왕으로서의 자질을 갖추는 과정으로 삼았다. 다윗은 하나님의 마음에 합한 사람으로 왕의 모델이었다. 자격을 갖춘 왕 다윗은 이스라엘을 그의 수준까지 끌어올렸다.

우리는 이 시기를 '이스라엘의 황금시대' 라고 말한다. 다윗이 통치하던 시대는 우상이나 산당이 없었다. 세속적인 생각 또한 왕궁에 자리

▶ 그림으로 전체 조망하기

다윗의 생애

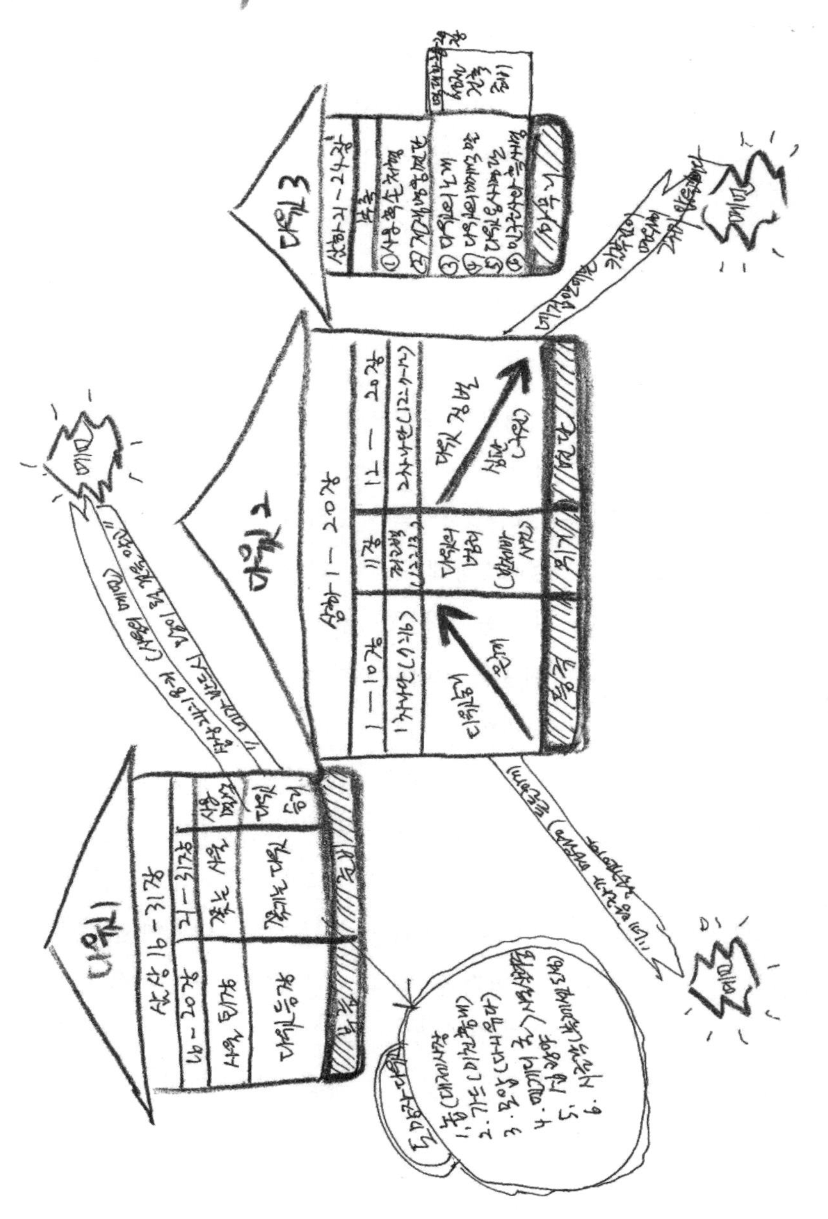

잡지 못했다. 무역도 가장 번창하여 경제적으로도 부강한 나라가 되었다. 전쟁에서 승리를 거듭함으로써 외세의 침략에도 불안하지 않은 태평성대를 누렸다(대상 11:9). 진정한 축복과 평화는 하나님에게서 온다. 그것은 하나님의 마음에 합한 사람에게 주시는 축복이다. 이것은 사람의 힘으로 이룰 수 있는 것이 아니다. 전적인 하나님의 은혜이다.

다윗과 맺은 영원한 언약

다윗의 위대함은 무엇보다 하나님의 언약을 사랑하여 언약궤 앞에서 춤추며 하나님을 찬양한 것이며, 하나님을 위해 성전을 건축하고자 한 것이다. 그러자 하나님은 오히려 다윗을 위해 영원한 언약을 세워주셨다. 사무엘하 7장에 나오는 다윗의 언약은 다윗왕의 이야기 중에서 가장 중요한 내용이다. 하나님이 다윗과 직접 언약을 맺었다는 사실은 하나님이 다윗을 얼마나 사랑하시는지를 보여주는 대목이다. 이것은 이전에 아브라함, 야곱과 언약을 맺은 것과 같은 모습이다.

다윗이 간절히 구한 성전 건축은 아들 솔로몬에게 위임되었다. 이미 다윗은 하나님의 마음에 합한 왕으로 인정받았기에 성전 건축을 안 한다고 해도 크게 문제 될 일이 없었다. 그리고 다윗의 가문을 통해 영원한 왕이신 예수 그리스도께서 태어난다는 것은 더없이 큰 축복이었다. 이것은 우리도 다윗처럼 살 때 하나님께서 영원한 복을 주신다는 사실을 분명히 보여준다(삼하 6:12-15,21-22, 7:1-3,8-16). 최고의 복은 하나님의 약속이 임하는 것이다. 세상의 다른 것이 주어진다 해도 하나님의 약속이 없다면 그것은 진정한 복이 아니다. 우리가 구원을 받은 것도 약속을 통해 이루어졌다.

죄를 지었지만 회개하는 다윗

다윗도 죄성을 갖고 태어난 인간이기에 잘못은 있었다. 그가 왕이 되자 인간적인 교만함이 찾아왔다. 결국 밧세바를 범하고 그의 남편 우리야를 죽이는 죄악을 저질렀다. 죽음 앞에서도 끝까지 충성을 다한 이방인 우리야와 다르게 다윗은 성적 범죄와 살인을 행함으로써 씻을 수 없는 잘못을 저질렀다. 사무엘하 11장은 밧세바와 범죄사건을 다루는, 다윗 인생의 전후가 나누어지는 중요한 장이다. 다윗은 밧세바와 정을 통한 뒤 그녀의 남편 우리야를 감쪽같이 죽였다. 인간이 보기에는 완전 범죄인 것처럼 보였다. 그러나 하나님이 보시기에는 이보다 더한 죄악은 없었다.

하지만 다윗은 나단 선지자를 통해 하나님의 경고를 들은 즉시 회개했다. 하나님은 이런 다윗의 통회함을 받으시고 용서하셨다. 사울이 사무엘 선지자의 책망을 듣고도 끝까지 회개하지 않고 비참한 종말을 맞이한 것과는 사뭇 비교가 된다(삼하 5:1-5, 11:27, 10-12장, 시 51편). 이처럼 죄를 짓는 것보다 더 중요한 것은 지은 죄를 회개하는 일이다. 선한 사람과 악한 사람의 차이는 그가 자신의 죄를 깨닫고, 회개하여 하나님께 돌아오느냐에 따라 결정된다. 왜냐하면 인간은 태어날 때부터 모두 죄인이기에, 그리고 연약한 육체를 지녔기에 늘 죄를 지을 수

밖에 없는 불의한 존재이다. 그래서 우리에게는 항상 예수님이 필요하다. 우리는 스스로 죄를 해결할 수 없기에 이것을 대신 해결해주실 예수님을 의지하는 것만이 우리가 사는 유일한 길이다.

고난을 겪는 다윗

다윗은 회개함으로써 하나님께 용서는 받지만 죄에 대한 징계는 평생을 통해 받았다. 그의 인생 후반기는 죄의 대가로 고난의 삶이 지속되었다. 그것은 앞으로 더는 죄를 짓지 않게 하기 위한 하나님의 선한 방비책으로 이해할 수 있다. 죄는 용서를 받아도 죄로 인한 고난의 대가는 피하지 못함을 우리에게 잘 보여준다. 이것은 우리가 죄를 짓지 말아야 하는 이유이다. 다윗이 죄의 대가로 부정하게 낳은 아들이 죽었다. 또한 아들 암논이 이복누이 다말을 범하였다. 그것으로 인하여 다말의 오빠인 압살롬이 암논을 죽였다. 그것은 결국 압살롬이 다윗을 피해 도망하게 하고, 나중에는 아들 압살롬이 반역을 일으켜 다윗을 왕에서 쫓아내고 자신이 등극하는 불행한 역사를 낳았다. 이에 더하여 압살롬은 아버지 다윗의 후궁들과 백주에 동침하는 치욕스러운 일도 벌였다. 후에 압살롬이 죽임을 당하여 다윗이 왕에 다시 복귀하지만 다윗은 자신이 지은 죄에 대해서 철저히 징계를 받았다. 이런 징계는 오히려 다윗을 더욱 연단하여 죄를 이기는 힘이 되었다. 그리고 오직 하나님만 의지하는 이스라엘 최고의 왕이 되게 하였다(삼하 12:18, 13:1-2,10-14,30, 15:10,13-15, 18:9-18).

회개하였어도 죄의 대가로 인한 징계가 필요한 이유는 하나님의 사람으로 온전하게 서게 하기 위해서다. 죄를 통하여 자신의 부족함을 깨닫고, 죄에서 벗어나 하나님에게로 나아가게 하는 것이 하나님께서 징계하시는 목적이다. 하나님의 사랑의 마음을 더 잘 알고 하나님이 주시는 징계를 감사하게 받아들이면 하나님의 사람으로 온전하게 서는 유익이 있다. 하나님의 비전에 맞는 사람으로 훈련되어 세워진다. 오직 하나님만 높이는 사람으로 성장하게 된다.

다윗의 등불이신 하나님

하나님의 마음에 합한 다윗은 이스라엘의 등불이었다. 아울러 하나님은 다윗에게 등불이 되어주셨다. 다윗을 다윗 되게 한 것은 다윗의 선한 행동이 아니었다. 하나님의 약속이었다. 다윗은 하나님에 대한 믿음을 충성스럽게 지켰지만 여전히 연약한 인간이었다. 말년에 다윗은 하나님이 원하시지 않는 인구조사를 함으로써 또다시 죄를 지었다. 그 결과 백성들이 고통을 당하는 징벌을 받았다. 언제나 그랬듯이 다윗은 자신의 죄를 뉘우치고 아라우나 타작마당을 사서 제단을 쌓고 하나님을 위해서 제사를 지냈다. 하나님은 그것을 받으시고 이스라엘에게 내린 재앙을 거두셨다. 다윗은 잘못하지만 즉시 회개하고 하나님께로 돌아서는 강점을 지니고 있었다.

제사를 지낸 아라우나 타작마당은 나중에 솔로몬이 성전을 건축하는 장소가 되었다. 다윗은 성전을 건축하지 못했지만 성전 건축을 위한 모든 것을 준비했다. 다윗은 때때로 하나님을 배반하는 일을 저지르지만 하나님은 다윗과 맺은 영원한 언약을 신실하게 지키셨다. 그렇기에 다윗의 이야기는 연약한 인간을 향한 하나님의 신실하신 약속이 어떻게 지켜지는지를 보여주는 좋은 사례이다. 또한 다윗과 맺은 하나님의 언약은 다윗시대에만 적용되는 것이 아니라 다윗의 자손 예수 그리스도를 믿는 우리에게까지 계속 이어지고 있다(삼하 21:7, 22:29, 24장).

다윗은 여전히 죄를 짓는다. 그것이 인간의 연약함이다. 하지만 그는 그때마다 제사를 지내면서 하나님 앞에 회개하는 모습을 보인다. 우리도 늘 이런 모습을 지녀야 한다. 하나님은 그런 다윗에게 더 큰 은혜를 주시어 그 제사 자리에 성전을 건축하게 하셨고, 후에는 인류의 죄를 해결하기 위하여 예수님이 십자가에서 죽으시는 현장이 되었다. 이 얼마나 놀라운 은혜인가! 이것은 우리가 늘 회개와 겸손의 자리에 있어야 함을 가르쳐주고 있다. 하나님은 그런 사람에게 복 주시고, 그런 사람을 통하여 언약을 이루어가신다.

DAY 15

솔로몬왕이 우리에게 주는 교훈은 무엇인가?

〉〉〉 성경통독 / 열왕기상 1-11장

솔로몬, 언약에 따라 왕이 되다

19세인 솔로몬은 맏아들이 아님에도 다윗의 계승자로 인정받아 왕이 되기 위한 준비를 했다. 마침내 솔로몬은 다윗의 언약 계승자로 이스라엘의 제3대 왕이 되었다. 다윗은 죽으면서 솔로몬에게 유언을 남겼다. 그것은 하나님의 명령과 법도를 기록된 대로 잘 지키라는 것이었다. 그리하면 네가 무엇을 하든지 어디로 가든지 형통할 것이며, 왕위가 끊어지지 않을 것이라는 약속이었다. 솔로몬왕의 미래는 얼마나 하나님의 언약을 잘 지키느냐에 달려 있었다(왕상 1:46–48, 2:1–4,45).

지혜의 왕 솔로몬

솔로몬은 하나님을 경외하며 총명한 지혜를 갖춘 아주 훌륭한 왕이었다. 열왕기상 3장에는 솔로몬이 현명하게 처신한 이야기가 소개된다. 해결하기 어려운 재판을 슬기롭게 판결하면서 하나님의 지혜가 그 속에 있음을 만방에 증명했다. 그의 지혜는 동쪽과 애굽의 모든 사람보다 뛰어났다. 잠언 3천 개를 말하고 1,005편의 노래를 지었다. 모든 자연에 대해서 모르는 것이 없을 정도로 식견이 깊었고, 탁월한 그의 지혜를 들으려고 천하 만민들이 몰려 왔다. 그 결과 그의 생애는 다윗의 든든한 기반 위에서 찬란한 왕좌를 누릴 수 있었다.

6만 평방마일이나 되는 영토는 아버지 다윗 때보다 열 배나 더 넓은 것이었다. 이는 솔로몬의 통치와 더불어 이스라엘이 큰 민족을 이루겠다고 하는 아브라함 언약이 성취된 것이다(왕상 3:16-28, 4:20,29-34, 10:23-25, 창 22:17, 32:12). 사실 솔로몬이 이렇게 번영을 누릴 수 있었던 이유는 전적으로 하나님의 은혜였다. 성공은 은혜를 잊지 않고 하나님의 말씀에 충실하게 순종하는 데 있다. 그렇지 않고 은혜를 잊어버리면 더 이상 성공은 지속되지 않는다. 성공은 은혜에서 비롯되지 내가 스스로 이루는 것이 아니다.

성전 건축과 팍스 이스라엘

솔로몬에게 맡겨진 가장 중요한 일은 성전을 건축하는 일이었다. 물론 이 일은 이미 다윗의 약속에 근거한 것이었다. 솔로몬은 선악을 분별하는 지혜를 하나님으로부터 받음으로써 위대한 사업인 성전 건축을 마무리했다. 솔로몬이 성전을 건축한 것은 역사적인 일이었다. 이는 이스라엘이 애굽 땅에서 나온 지 480년 만에 이룬 성과였다. 이스라엘이 출애굽한 것은 약속의 땅에서 하나님이 자신의 영원한 거처를 정하신다는 의미가 있었다. 그런데 솔로몬이 성전을 건축하면서 하나님의 약속이 드디어 성취되었다. 이것은 하나님의 약속이 한 사람 아브라함부터 시작하여 솔로몬왕까지 어떻게 성취되었는지를 잘 보여준다. 솔로몬왕의 시대는 이스라엘이 최고의 영광을 누리던 시대였다. 이때 이스라엘은 주변 나라들과 분쟁도 없이 가장 넓은 영토를 누비며 평화의 시대(팍스 이스라엘)를 누리고 있었다. 모두가 하나님이 하신 일이었다(삼하 7:12-16, 왕상 5:1-6, 6:1-2).

성전을 건축하고 언약궤를 지성소에 두는 장면은 너무나 감동적이었다. 성전의 중심은 건물이 아닌 언약궤였다. 언약궤는 하나님의 약속을 상징한다. 성전을 건축하는 이유는 하나님께서 이곳에 마음을 두고 하나님의 이름을 드러내기 위해서였다. 성전에서 하나님의 언약을 따르고 순종하게 하기 위함이었다. 이제 솔로몬은 성전 건축을 통하여 다윗과 같은 마음을 가지고 하나님의 언약에 충실하고 말씀을 지키면서 살아가야 했다. 그렇게 하면 이스라엘의 왕위는 영원히 견고하게 될 것이었다. 그러나 다른 신들을 섬기고 경배하면 성전은 오히려 비웃음거리가 될 뿐이었다(대상 22:6-16, 왕상 8:11, 9:1-9).

성전의 의미는 하나님께서 이스라엘에 함께하신다는 가시적인 표시다. 하지만 나타난 표시에 집중하고 숨은 뜻을 망각한다면 그 표시는 더 이상 의미가 없어진다. 성전을 화려하게 건축하게 하신 이유는 하나님의 영광이 위대하다는 사실을 보여주기 위함이다. 그러나 그 아름다움은 언약궤가 있을 때만이 언약궤를 통해 나타나는 것이다, 우리의 신앙도 이와 같다. 처음에는 그리스도를 믿는 것으로 시작했다가 나중에는 외적인 육신의 행위에 미혹 당하지 않도록 주의해야 한다.

말씀을 어기고 타락한 솔로몬

솔로몬의 통치 전반부는 성공적이었지만 통치 후반부는 부패와 타락으로 장식됐다. 그 결과 통일왕국은 분열되고 이스라엘에 불행이 찾아왔다. 솔로몬이 이렇게 부패와 타락에 빠지게 된 것은 물질적인 풍요와 안락한 생활로 인하여 하나님을 경시한 결과였다. 하나님을 의지하기보다는 많은 말을 둠으로써 군대에 더 의지했고, 하나님을 사랑하기보다는 여인들을 많이 거느림으로써 그들을 더 사랑했다. 심지어 그 여인들 속에는 하나님이 금하신 이방인들까지 있었고, 그들이 가져온 우상들로 인하여 하나님보다는 우상 숭배가 더 성행했다.

솔로몬은 이미 오래전 모세를 통하여 주신 왕으로서 들어야 할 하나님의 말씀을 거부했다. 오히려 자기가 벌여 놓은 여러 사업을 성취하기 위해서 백성들에게 과중한 세금을 물리고 징병제도와 노예노동정책을 펼쳤다. 결혼도 진정한 사랑이 아닌 왕국을 넓혀가기 위한 수단으로 정략결혼을 일삼았다. 그러다 보니 솔로몬은 인간적인 방향으로 갈 수 밖에 없었다. 결국 솔로몬의 죄의 대가는 나라가 남북으로 분열되는 치욕으로 나타났다(왕상 11:4-13).

솔로몬의 타락은 인간의 연약함을 그대로 보여준다. 얼마나 성공하고 업적을 남겼느냐보다 얼마나 하나님 중심으로 말씀을 지켜 행했느냐에 따라 인생은 평가된다. 왜냐하면 솔로몬의 부귀영화는 한순간에 사라질 세상 것에 지나지 않았기 때문이다. 우리가 붙잡아야 할 가치는 세상 것이 아니라 영원히 사라지지 않는 하나님의 말씀이다.

다윗의 언약 때문에

죄를 지은 솔로몬이 죽은 이후에 이스라엘은 남과 북으로 분열되는 불행을 초래했다. 주변 국가들과의 외교적인 면에서는 성공을 거두었지만 정작 내부 정치에서는 성공을 거두지 못하고 나라가 붕괴되고 만 것이다. 하지만 솔로몬 자신은 폐위되지 않고 왕위를 그대로 유지했다. 이는 하나님이 다윗과 맺은 언약 덕분이었다. 인간적으로 보면 솔로몬은 왕위에서 폐위당해야 마땅했다. 하지만 그렇게 하지 않은 것은 하나님이 다윗에게 하신 약속 때문이었다. 이것은 비록 인간은 언약을 어길지라도 하나님은 언약을 이루시고, 그것을 분명히 성취하는 신실하신 분임을 보여준다(신 18:14-20, 삼하 7:1-17, 왕하 11:11-14).

인간은 실패하지만 하나님은 실패하지 않으신다. 비록 솔로몬은 실패했지만 다윗을 통해 주신 솔로몬의 언약은 폐기하지 않는다. 그런 이유로 솔로몬에게 은혜를 주셨다. 우리도 마찬가지다. 우리는 여전히 하나님을 거역하고 살지만 하나님의 언약은 영원하다. 한 번 선택하신 은혜는 측량할 수 없다. 이것을 믿고 사는 것이 그리스도인의 삶이다.

통일왕국의 분열

솔로몬은 자신의 목적을 위해서 백성들에게 과중한 세금을 부담시켰고, 사치와 부도덕과 우상 숭배로 나라를 부패하게 만들었다. 인간의 욕망이 들어가면 그다음부터는 영혼이 혼미해져 분별력을 상실한다. 그렇게 지혜가 충만했던 솔로몬왕이 후반기에는 어리석은 행동을 서슴없이 행하는 것을 보게 된다. 이것은 인간의 지혜는 하나님을 섬길 때만이 온전해진다는 사실을 분명히 보여주는 대목이다.

솔로몬의 잘못된 정치로 인해 백성들의 불평불만과 각 지파 간의 이기심이 다시 일어났다. 그것은 곧 나라를 분열시키는 이유가 되었다. 오랫동안 앙금이 남아 있던 북방왕국과 남방왕국은 이것을 계기로 대립하기 시작하여, 결국 두 개의 나라로 분열되었다. 솔로몬의 인간적인 욕심이 통일왕국을 파국으로 몰고 간 것이다. 하나님이 솔로몬에게 두 번이나 나타나셨음에도 그는 회개하지 않고 하나님을 배반했다. 그렇기에 솔로몬은 하나님의 영광과 인간의 죄악을 동시에 경험한 이스라엘의 성공과 실패의 분기점이 된 왕이었다(왕상 11:9-10,43, 12:6-20).

솔로몬은 선악과를 먹은 아담의 죄악 된 모습을 그대로 보여준다. 말씀을 거역하고 이방의 문화와 짝하면서 욕심에 사로잡힌 솔로몬은 지금 우리들의 모습을 투영한 것 같다. 세상의 성공과 부유함이 잠깐

▶ 그림으로 전체 조망하기

분열 왕국시대

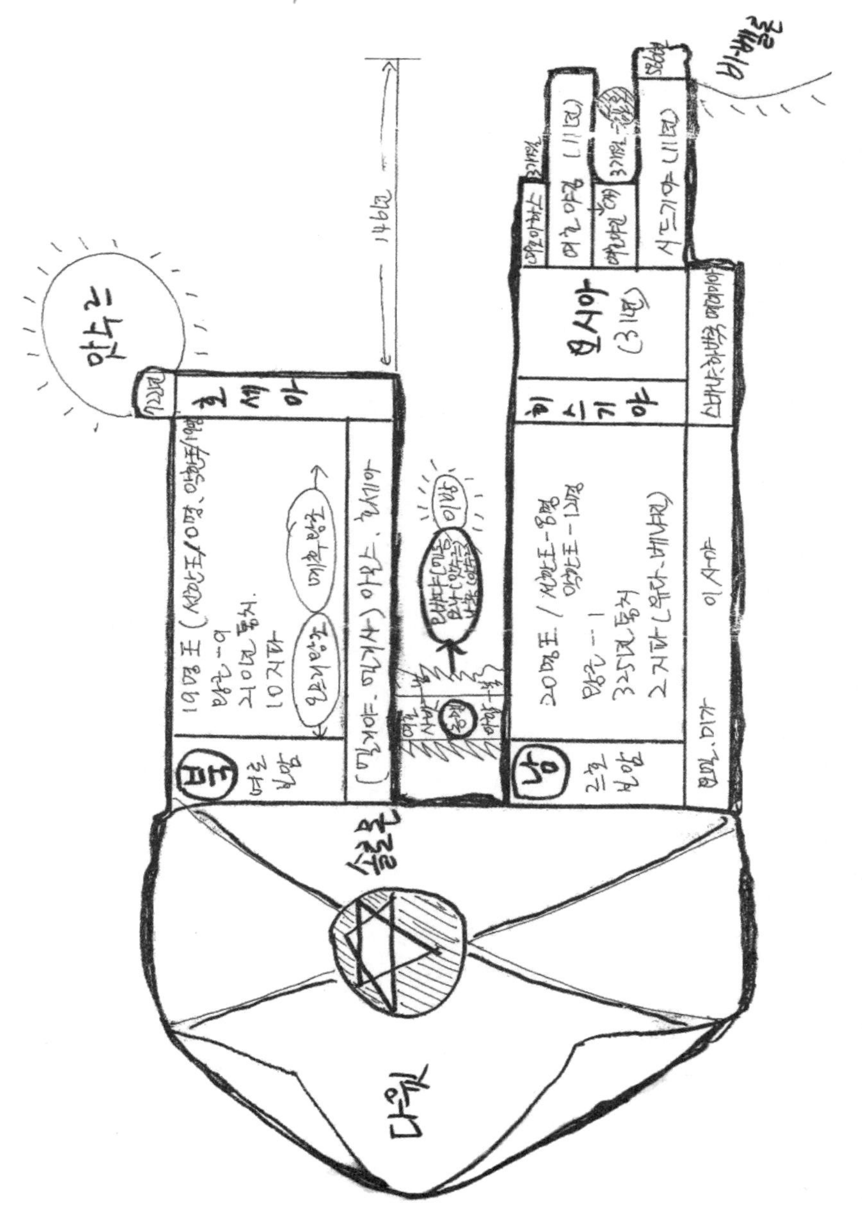

만족을 줄 수 있지만 그것이 우리를 지켜주지는 못한다. 솔로몬의 이야기는 우리가 어떤 길을 가는 것이 지혜로운 삶인지 잘 보여준다. 왜냐하면 아무리 우리가 세상의 부귀영화를 가진다 해도 솔로몬보다 더 갖기 어렵기 때문이다.

31일 · 성 · 경 · 통 · 독 6막

하나님 나라의 모형 실패
: 분열왕국시대, 포로시대, 포로귀환시대

솔로몬의 영광도 잠시뿐이었다. 아름다운 성전 건축의 감동도 얼마 가지 못했다. 그리고 통일왕국은 남북으로 갈라지는 불행을 맞는다. 이것은 하나님의 말씀을 떠난 결과였다. 다윗의 언약을 잃어버렸기 때문이었다. 이후로 이스라엘은 실패의 길로 들어선다. 강성했던 나라는 힘을 잃고 점차 타락의 길로 접어들었다. 먼저 북이스라엘이 앗수르에게 멸망당하여 나라가 흡수되었다. 그리고 남유다도 얼마 가지 못해 바벨론의 침공을 받아 멸망하고 백성들은 포로로 잡혀갔다. 그 후 70년의 포로생활을 하고 다시 귀환하여 나라를 재건하지만 얼마 가지 못해 다시 하나님의 언약을 어기는 삶을 반복하게 된다. 그리고 헬라와 로마의 식민지 지배를 받게 된다. 이후로부터 이스라엘의 실패 이야기는 계속되었다. 잠깐 이스라엘을 통한 하나님 나라의 건설이 이루어지는 것처럼 보였지만 결국 무참히 무너지는 이스라엘을 보게 된다.

DAY

16

남북은 어떻게 분열했으며 분열왕국 왕들의 특징은?

〉〉〉 성경통독 / 열왕기상 12-22장, 열왕기하 1-17장

남북으로 분열되는 통일왕국

남쪽 르호보암왕은 솔로몬의 아들이지만 함께 자란 소년들의 말을 듣고 어리석은 결정을 내렸다. 아버지의 문제점을 보완한 정치를 하기보다는 오히려 더 악한 정치를 시행함으로써 북쪽 백성들에게 반감을 샀다. 반면 북쪽 여로보암은 솔로몬의 부하 장군으로 르호보암이 생각을 바꾸지 않자 북쪽 백성들의 추대를 받아 북쪽 왕이 되었다. 여로보암은 성전이 없는 약점을 보완하기 위해서 자기 마음대로 제사장을 임명하고, 아무 곳이나 성전 장소로 지정했다. 결과적으로 혼자만의 죄로 끝난 것이 아니라 북이스라엘 백성들에게 하나님을 떠나게 하는 죄악을 범하게 된 것이다. 남쪽은 2개의 지파, 즉 유다와 베냐민

지파였다. 반면 북쪽은 나머지 열 개의 지파가 포함되었다. 나라가 분열되면서 열방을 향한 제사장 나라의 꿈은 이룰 수 없는 상황이 되었다(왕상 12:25-33, 13:33-34, 14:21-24).

사탄의 전략은 분열이다. 왜 분열이 생기는가? 그것은 자기 소견대로 행하기 때문이다. 사람의 생각으로는 하나 되기 어렵다. 오직 성령의 생각으로만 하나 됨이 가능하다. 어떤 공동체든지 말씀 중심이 되지 못하면 결국 분열하고 각자 자기 길을 가게 된다.

북이스라엘 왕국

아홉 왕조로 이루어진 북쪽 왕국은 왕이 19명이었고, 평균 통치기간이 11년이었다. 북쪽 왕국의 왕들은 모두 악한 왕이었다. 왕조가 무려 9번 바뀔 만큼. 이것은 북쪽 왕조가 얼마나 음모와 암살과 내란으로 피 범벅된 나라였는지 잘 보여준다. 성경은 분열왕국 왕들의 사적에 대해서 전체적으로 악한 모습이라 평가한다. 344년(BC 930-586년)이란 상당히 긴 기간 지속된 이스라엘의 분열왕국 역사는 39명의 왕이 통치했음에도 하나님이 보시기에 악했다. 하나님보다는 우상을 더 숭배하고, 서로 죽이며 싸우는 암투로 얼룩진 역사였다(왕하 14:23-24, 15:8-9,23-24,28, 17:1-2).

북왕국이야기는 인간의 길로 가는 사람들의 유형을 그대로 보여준다. 사람들의 생각으로 모인 나라와 공동체의 삶은 북왕국이야기 속에 다 들어 있다. 역사를 통해 반면교사로 삼는 것이 지혜로운 삶이다.

오므리와 예후 왕조

북왕조를 이해하기 위해서는 9개의 왕조 중에서 두 개의 큰 왕조를 알아야 한다. 하나는 오므리 왕조(48년간 통치)요, 또 하나는 예후 왕조(102년간 통치)다. 오므리 왕조의 중심인물은 오므리의 아들인 아합이다. 아합왕은 북쪽 왕 중에서 가장 악한 왕이었다. 나봇의 포도원 사건은 아합이 얼마나 악한 사람인지 잘 보여준다. 아합의 아내는 이방 여인 이세벨로 그녀는 자신이 섬기던 바알을 가지고 와 온 이스라엘 백성들을 타락시켰다.

그의 딸 아달랴는 남쪽 여호사밧의 아들 여호람과 결혼하는데, 그녀 역시 남편이 죽자 왕이 될 만한 자손들을 모두 죽이고 자기가 왕이 되어 6년간 남유다를 다스렸다. 아달랴는 남쪽에 바알을 들여와 섬기게 함으로써 백성들을 타락하게 만든 장본인이다. 나중에 예후에 의해 아합 일가는 모두 멸망하고 만다.

아합의 바알 숭배에 대항한 사람이 바로 엘리야 선지자였다. 엘리야 선지자가 바알과 아세라 선지자 850명과 대결하는 장면은 당시 바알 우상들이 얼마나 가득했는지를 잘 보여준다. 그리고 엘리야가 아합과 이세벨을 피하여 도망가 로뎀나무 아래서 하나님께 차라리 자기를 죽여 달라고 한 모습은 아합과 이세벨의 폭정이 어느 정도인지 짐작하게 한다(왕상 16:29-34, 18-19장, 21장).

북왕조의 전성기였던 예후 왕조에서 주목할 만한 사람은 아합 가문을 피로 숙청한 예후와 북이스라엘의 가장 큰 부흥을 누렸던 여로보암 2세이다(41년간 통치). 북이스라엘의 르네상스를 꿈꾸며 등장한 여로보암 2세는 자신의 바람처럼 최고의 번성기를 누렸지만 물질적, 도덕적, 영적으로 가장 타락한 시대였다. 이때 아모스와 호세아 선지자가 나타나서 회개를 촉구했다(왕상 21-22장, 왕하 9-11장).

북이스라엘의 가장 강력했던 두 왕조의 대표적인 모습이다. 하지만 그들의 영광은 잠시였다. 오히려 영적으로는 더 타락하여 멸망을 자초하는 결과를 낳았다. 우리가 바라는 영광은 세상에서 크고 힘을 소유하는 것이 아니다. 결국은 모두 다 버리고 간다. 그렇다면 나중까지 남는 것이 무엇인지? 또 무엇을 다음세대에 물려줄 수 있는지를 고민하며 사는 것이 하나님이 부어주신 아름다운 인생 아닐까?

남유다 왕국

남유다 왕국은 다윗의 왕조를 그대로 이어왔다는 점에서 북이스라엘과는 달랐다. 남유다는 왕이 20명이었고, 평균 통치기간이 17년이었다. 이 중에 히스기야와 요시아왕을 제외하면 남왕국의 왕들도 북왕국의 왕들과 마찬가지로 모두 악한 왕들이었다. 남유다 왕국이 가장 큰 위기를 맞이한 것은 여호람왕 때였다. 여호사밧의 뒤를 이어 왕이 된 그는 하나님께 불순종하는 통치를 자행했다.

가장 큰 실수는 북이스라엘 왕 아합의 딸 아달랴와 결혼한 일이었다. 아달랴는 바알 우상을 남유다로 들여와 백성들을 타락하게 만들었다. 남편이 죽자 그녀는 왕손들을 다 죽이고 왕위를 찬탈하는 악한 일을 저질렀다. 자칫 다윗의 대가 끊어질 뻔한 위기의 순간이었다. 이때 하나님은 어린 요아스를 고모를 통해 보호하시고, 후에 남유다 왕국의 왕으로 삼으셨다. 이것은 하나님이 다윗과 그의 자손들에게 등불이 되어 주시겠다고 말씀하신 약속을 성실히 지키시는 분임을 또 한 번 보여주는 대목이다(왕하 8:9, 11-12장).

남유다를 하나님이 유지하신 것은 오직 하나, 약속의 말씀을 붙잡았기 때문이다. 다윗의 길로 간 것을 좋게 보신 것이다. 하나님은 약속을 붙잡고 가는 사람에게 은혜를 베푸신다. 남유다도 죄를 지은 면에서는 북이스라엘과 큰 차이가 없다. 그러나 행위가 아닌 믿음이 중요하다. 약속을 붙잡고 가는 삶을 하나님은 기뻐하신다.

북이스라엘의 멸망

분열된 남쪽과 북쪽은 결국 하나님의 심판을 받아 모두 멸망하고 만다. 먼저 열 지파를 다스렸던 북이스라엘은 BC 721년 호세아왕 때 앗수르에 의해 포로가 되었다. 북왕국은 나중에 귀환하지 못하고 이방나라에 흡수되어 결국 나라가 사라지고 말았다. 북왕국은 210년간 19명의 왕이 통치했다. 성경은 북이스라엘 멸망의 이유에 대해서 열왕기하 17장에 자세히 설명하고 있다.

성경 기자는 북이스라엘과 남유다 왕국의 평가를 신명기의 언약 규정을 얼마나 잘 따랐는지를 기준으로 평가한다. 북이스라엘이 멸망한 가장 큰 이유는 하나님을 섬기지 않고 이방 우상을 따른 데 있다. 북이스라엘은 계속되는 선지자들의 경고를 무시하고 하나님의 언약을 거역했다. 하나님의 약속으로 거룩한 나라를 건설해야 함에도 그것을 거부하고 바알 우상과 혼합정책을 펴면서 마지막에는 하나님의 심판을 자초한 것이다(왕하 17장). 이 세상은 하나님께서 운행하신다. 하나님의 질서대로 움직인다. 그것이 하나님의 공의이다. 그렇기에 하나님의 정해진 법칙대로 사는 것이 하나님의 복을 받는 비결이다.

DAY 17

단일왕국 남유다의 번성과 말기 모습의 특징은?

〉〉〉 성경통독 / 열왕기하 18-25장

단일왕국, 남유다

사울, 다윗, 솔로몬으로 이어지는 120년의 이스라엘 통일 왕국은 분열되었다. 그 뒤 남과 북으로 갈라져 지내다가 먼저 북이스라엘이 앗수르에게 멸망 당하고 만다. 이런 북이스라엘의 멸망은 곧 남유다의 이야기이기도 했다. 비록 남유다는 아직 멸망하기 전이지만 형제였던 북이스라엘이 멸망 당한 것처럼 하나님을 거역하면 같은 처지가 될 것이기 때문이다. 역사를 통해서 하나님의 뜻을 발견해야 하는데, 그것이 쉽지 않은 모양이다. 남유다는 형제가 멸망 당했음에도 그 역사 속에서 주시는 하나님의 메시지를 듣지 못했다. 안타깝게도 100여 년이 지난 뒤에 남유다는 바벨론에게 멸망하고 만다.

히스기야와 요시야왕

남유다에는 북이스라엘이 멸망한 뒤에(열왕기하 18장) 나타난 두 명의 선한 왕이 있었다. 이들은 나라를 위기 속에서 구해낸 믿음의 인물들이었다. 그들이 없었다면 남유다는 북이스라엘처럼 당장 멸망 당했을 것이다. 그들은 한결같이 모세의 율법에 따라 유월절을 지키고 하나님의 언약에 순종했다. 히스기야는 당시 만연했던 이방종교와 우상들을 모두 제거하고 하나님만 섬기도록 백성들을 이끌었다. 히스기야는 죽을병이 걸렸으나 하나님께 기도해서 목숨을 15년 더 연장받은 사건으로 잘 알려진 인물이다.

그러나 나중에 자기 병이 나은 것을 자랑하기 위해 외국의 사신들에게 왕궁을 모두 보여주는 실수를 범하고 만다. 그 결과 바벨론의 사신들이 궁전에 있는 각종 보물을 보고서 남유다를 침공할 생각을 하게 했다. 결과적으로 히스기야의 교만은 이스라엘이 바벨론에게 멸망하는 단초를 제공한 셈이다. 하나님의 응답으로 생명을 연장받아 15년 더 산 것은 중요하지 않았다. 비록 예수님처럼 짧은 생을 살았어도 얼마나 하나님의 뜻에 순종하는 삶을 살았는지가 더 중요했다(왕하 18:3-6, 20:16-21).

남유다의 훌륭한 왕은 히스기야 다음으로 요시야가 있다. 그의 아버지 아몬은 그의 할아버지 므낫세와 같이 대대로 악한 왕이었다. 아버지가 암살당하자 여덟 살의 어린 나이에 왕이 된 요시야는 다윗의 모든 길로 행하여 좌우로 치우치지 않았다. 요시야가 열여덟 살이 되었을 때 백성들의 마음을 하나님께로 돌이키기 위해서 전심전력을 다했다. 요시야는 성전을 수리하다가 발견한 율법책을 읽고 그 말씀대로 예루살렘과 그 주변에 있는 이방 신당과 우상들을 모두 제거했다.

요시야가 행한 일 중에 가장 개혁적인 일은 대규모 유월절을 지킨 일이다. 사사시대 이후 500년이 지났지만 요시야가 지킨 유월절과 같은 것이 없었을 정도였다. 그가 유월절을 지킨 것은 율법책에 기록된 대로 유월절을 지키라는 말씀에 순종한 것이었다. 성경은 이런 요시야를 하나님이 보시기에 정직하게 행한 왕으로 평가한다. 특히 요시야처럼 마음과 뜻과 힘을 다해 모세의 율법에 따라 하나님을 섬긴 왕은 요시야 전에도 없었고 후에도 없었다는 최고의 칭찬을 듣는다.

그러나 요시야는 뜨깃도 전투에서 갑자기 전사하고 만다. 요시야도 마지막에는 하나님을 의지하기보다는 이방나라를 의존하는 연약함을 보였다. 그 결과 죽음을 맞았다. 칭송을 받은 요시야도 결국은 인간의 연약함을 보여줌으로써 오직 믿음으로만 가능하다는 사실을 미리 보여주는 역사적인 교훈이다. 요시야는 너무 일찍 죽었지만 앞으로 닥칠 남유다의 멸망을 보지 않고 죽은 것은 오히려 축복이었다. 요시야의 죽음으로 남유다는 패망의 길로 들어선다. 하나님 나라의 건설은 불순종한 많은 무리가 아닌 순종하는 한 사람을 통해 이루어진다. 지금도 하나님은 경건한 한 사람을 찾고 계신다(왕하 22-23장).

요시야왕 아들들의 통치

아버지 요시야왕은 남유다의 마지막 시기에 말씀을 통한

개혁을 촉구했지만 그 자녀들은 그 정신을 계속 이어가지 못하고 멸망에 이르고 말았다. 예루살렘이 바벨론에게 멸망할 때까지 네 명의 왕이 통치했지만 모두 잠깐 왕위에 있었을 뿐이다. 애굽이 왕으로 세운 여호아하스와 여호야김, 그리고 바벨론이 세운 여호야긴과 시드기야가 그들이다. 그중 남유다를 3개월 동안 다스렸던 여호야긴은 바벨론으로 잡혀갔다. 마지막 왕으로 여호야긴의 삼촌이었던 시드기야는 바벨론에 저항하다가 눈앞에서 아들들이 죽임을 당하는 처참한 모습을 보게 되었고, 자신 또한 눈이 뽑힌 채 바벨론에 끌려가는 수모를 당했다(왕하 24:1-25:7).

남유다 왕국의 말기 모습은 비참하다. 바벨론에 의해 무참히 살해되는 이야기는 하나님의 심판을 그리고 있다. 하지만 하나님의 심판 속에는 하나님의 구원이 숨겨져 있다. 잠시는 아프게 매를 치시지만 다시 회복하시려는 하나님의 마음이 담겨 있다. 어쩔 수 없이 아들에게 회초리를 대는 부모의 마음처럼 말이다.

남유다 왕국의 멸망

남쪽 유다는 북쪽 이스라엘보다는 약 100여 년 넘게 역사를 이어갔다. 그 기간에 잠시 하나님께 돌아오는 듯했지만 남유다는 하나님보다 애굽을 더 의지했다. 결국 20명의 왕이 통치했던 남유다도 북이스라엘과 마찬가지로 하나님의 심판을 받아 BC 606년에 바벨론에 포로로 잡혀감으로써 막을 내렸다. 거룩한 예루살렘 성전이 붕괴되고, 성물이 파괴되고 탈취당하는 비참함을 겪었다. 백성 중 많은 사람이 죽임을 당하고, 일부는 사로잡혀 포로로 끌려갔으며, 나머지 백성들은 폐허 위에 남게 되었다.

하나님의 마음을 읽지 못하고 끝까지 죄를 회개하지 않는 이스라엘의 비극적인 종말은 하나님의 심판이 어떻게 임하는지 우리에게 생생히 보여준다. 영원히 존재할 것 같은 시온성 예루살렘과 남유다는 이렇게 역사에서 사라져갔다. 이것은 하나님이 선택한 백성이라 할지라도 회개하지 않고 계속해서 하나님을 떠나 악을 행할 때는 하나님의 무서운 징계가 내려진다는 사실을 우리에게 산역사로 분명히 가르쳐준다(왕하 25:8-17).

그렇다면 이렇게 긴 이스라엘의 역사가 왜 우리에게 필요할까? 우리는 구약을 읽으면서 지루해한다. 구약성경이야기는 이스라엘의 역사를 중심으로 진행되기 때문에 거리감이 느껴진다. 하지만 성경은 다른 나라의 이야기지만 그곳에서 역사하시는 분은 모두 동일한 한 분 하나님이시다. 탕자처럼 세상에서 방황하는 아들의 이야기를 이스라엘 역사를 통해 구약 전체 속에 그리고 있다. 우리는 남유다의 멸망을 보면서 하나님이 선택하신 사람이라도 무너질 수 있고, 하나님의 심판이 임한다는 사실을 보게 된다. 다만 그 심판은 그렇게 끝나는 게 아니라 언약 속에 더 크신 하나님의 사랑이 존재하기에, 심판을 당장 눈으로 보지 않고 구원을 향한 심판으로 보는 안목이 필요하다. 하나님의 심판과 그 가르침이 주는 특별한 은혜를 안다면 우리는 하나님의 말씀에 더욱 순종하는 삶을 살게 된다.

DAY

18 분열왕국시대의 선지자들은 누구이며 그들이 선포한 내용은?

〉〉〉 성경통독 / 열왕기상 17-20장, 열왕기하 1-18장

선지서의 중요성

구약에는 17권의 선지서가 나오는데, 구약성경의 40%를, 전체 성경의 20%를 차지하는 아주 중요한 부분이다. 그런데도 선지서는 많은 사람에게 외면당하고 있다. 그것은 선지서를 이해하기가 그리 쉽지 않기 때문이다. 역사적 배경을 설명하지 않고 일방적인 선포로 구성되었기에 성경의 배경을 잘 모르는 사람은 읽기가 어렵다.

선지서는 하나님의 성품을 이해하고 약속에 대한 믿음을 주는 데 유익하다. 선지서를 읽으면 하나님의 마음을 잘 알 수 있다. 특히 악한 시대 속에서 하나님의 뜻을 찾는 데 중요한 통찰력을 준다. 물론 모든 선지서 속에는 그리스도에 대한 예언이 담겨 있다. 그래서 선지서를 알

아야 신약성경을 잘 이해할 수 있다.

선지서를 읽기 위해서는 당시 이스라엘의 상황과 왕들의 통치 역사를 잘 알아야 한다. 이것은 열왕기와 역대기를 읽으면 이해할 수 있다. 선지서는 시대나 지역적인 배열이 아닌 분량에 의해 순서가 정해졌기에 시대와 역사적 배경을 모르면 이해하기 어려운 책이다. 그렇기에 여기에서는 시대와 지역을 중심으로 읽기 쉽게 다시 정리했다.

하나님의 사랑과 공의를 외친 선지자들

이스라엘은 340여 년 동안 39명의 왕이 분열왕국을 통치했으나 대부분은 하나님을 저버리고 악한 일을 자행했다. 왕 한 사람의 현명하지 못한 모습 때문에 백성들까지 죄악에 빠지는 결과를 가져왔다. 그때마다 죄의 대가로 하나님의 심판을 외친 사람들이 바로 선지자들이었다. 악을 행하면서도 무감각한 그들에게 외치는 선지자들의 외침은 날카로웠으나 사람들의 마음은 좀처럼 돌아서지 않았다. 오히려 선지자들을 핍박하고 외면했다. 하지만 선지자들의 끝없는 회개의 외침은 이스라엘 백성들을 사랑하시는 하나님의 뜨거운 사랑의 표현이었다. 이스라엘 백성들은 하나님과 맺은 언약을 어기고, 이방 나라를 의지하며, 바알을 섬겼다. 선지자들은 그것에 관한 회개를 촉구하고 하나님의 사랑을 끝까지 전했다. 이런 면에서 선지자들은 하나님의 통찰을 얻은 사람들이다. 목숨보다 더 소중한 일을 위해.

선지자는 하나님의 마음을 품은 사람이다. 어떤 의미에서 보면 모

BC 9세기	
1. 오바댜	에돔
2. 요엘	남유다
BC 8세기	
3. 요나	니느웨
4. 아모스	북이스라엘
5. 호세아	북이스라엘
6. 이사야	남유다
7. 미가	남유다
BC 7세기	
8. 나훔	니느웨(앗수르)
9. 스바냐	남유다
10. 하박국	남유다
11. 예레미야, 예레미야 애가	남유다

든 그리스도인은 선지자의 마음을 갖고 하나님의 뜻을 전하는 사람들이다. 이런 점에서 선지자는 하나님의 마음을 가장 잘 드러내주는 사람이다. 그렇기에 하나님의 마음을 깊이 알고 싶다면 선지서를 읽고 묵상하는 시간이 꼭 필요하다.

구술 선지자

열왕기서에서 많은 분량을 차지하는 두 선지자가 있다. 바로 엘리야(왕상 17-20장)와 엘리사(왕하 1-8장)이다. 엘리야 선지자는 하나님을 대신하는 입이었다. 당시 바알의 우상 숭배에 빠져 있던 아합왕에게 엘리야는 분명 걸림돌이었다. 그런 이유로 엘리야를 죽이려 했고, 엘리야는 많은 고난을 겪어야 했다. 엘리야와 엘리사는 문서로 남기기보다는 직접 입으로 전하는 사역을 한 구술 선지자였다. 그들은 누구보다도 기적을 많이 베푼 선지자들이었다. 이는 인간이 행할 수 없는 기적을 통해 하나님의 살아계심과 하나님이 참 신임을 보여주려는 의도였다. 마치 예수님이 기적을 행한 것처럼 말이다(엘리야. 왕상 17:1-7, 18:46, 왕하 1:1-12, 2:11 / 엘리사. 왕하 2:14-24, 3:16-17, 4:1-44, 5:1-14, 6:8-23, 13:20-21).

우리는 문서 선지자만 기억하는데 그렇지 않다. 말로 전하는 선지자들도 많았다. 그중에서 대표적인 사람이 엘리야와 엘리사이다. 성경 속에 포함되었기에 우리가 잘 모르지만 이들의 이야기는 열왕기서에서 많은 분량을 차지하고 있다. 우리는 많은 말을 하고 산다. 말로 전하는 것은 구술 선지자의 역할이다. 언어가 힘이다. 언어를 잘 사용하면 사람을 살리지만 그렇지 못하면 사람을 죽일 수도 있다. 매일 우리가 하나님의 말씀을 전한다면, 하나님의 말씀을 나누어준다면 그것이 구약시대 구술 선지자의 역할을 감당하는 것일 것이다.

문서 선지자

문서 선지자는 문서를 통해 하나님의 말씀을 전하며, 후대에까지 하나님의 말씀을 남긴 선지자들이다. 요엘, 이사야, 미가, 요나, 아모스, 호세아, 하박국, 예레미야 등이 여기에 해당한다. 하나님은 시대를 움직이고 죄악을 심판하고 구원하실 때 언제나 하나님의 선지자들을 사용하셨다. 사사시대에는 사사를, 왕정시대에는 왕과 선지자들을 사용하셨다. 그들은 하나님의 입이 되어 하나님의 말씀을 선포하고 회개를 촉구했다. 선지자들의 메시지를 들으면 당시 이스라엘의 상황이 어떠했는지 잘 알 수 있다. 그리고 그 속에 하나님의 마음 상태를 잘 드러내고 있다. 우리는 선지서를 읽으면서 이런 하나님의 마음과 뜻을 파악하는 게 중요하다.

우리는 하나님의 뜻을 어떻게 전하는가? 문서나 글을 통해 전할 수 있다. 기록은 오래 남는 특징이 있다. 마치 성경을 기록한 것처럼. 그런 점에서 성경은 지금 우리에게 문자로 전하는 예언의 말씀이다. 우리가 복음을 전하는 방식도 이와 같다. 글과 책과 인터넷 매체 등을 통하여 다양한 방법으로 하나님의 말씀을 전할 수 있다. 우리가 가진 모든 매체를 통하여 하나님의 말씀을 전하는 사명을 감당하는 게 오늘날 우리가 적용할 수 있는 선지자 사명의 의미다.

DAY 19

분열왕국에 해당되는 대표적인 선지서의 내용은 무엇인가?

〉〉〉 성경통독 / 아모스, 호세아, 이사야, 미가, 오바댜
요엘, 요나, 나훔, 스바냐, 하박국, 예레미야

아모스 : 북이스라엘

아모스는 이스라엘의 북왕조가 군사적, 경제적으로 번성했던 시기, 즉 여로보암 2세 때 사역한 선지자이다. 여로보암 2세는 40년을 통치했고 안정과 번영을 이루었다. 하지만 반대로 탐욕과 부도덕과 우상 숭배가 가득 찬 시기이기도 했다. 이때 하나님은 평범한 목자였던 아모스를 부르사 강력한 메시지를 전하셨다. 아모스의 핵심 메시지는 하나님의 의에 관한 내용이었다. "오직 정의를 물같이, 공의를 마르지 않는 강같이 흐르게 할지어다"(암 5:24).

아모스서의 구성을 보면 전반부에서는 열방에 대한 심판을 전한다. 예를 들면 다메섹, 블레셋, 두로, 에돔, 암몬, 모압 등에 관한 경고이다.

그리고 두 번째로 이스라엘에 대한 하나님 심판의 의를 말한다. 아모스 선지자는 이방민족을 심판하시는 하나님을 보면서 더는 그들을 의지하지 말 것을 강조했다. 그리고 힘을 가진 사람들이 약한 자들(고아, 과부, 가난한 사람)을 짓밟는 것은 하나님의 언약을 어기는 행위라고 설파했다. 특히 바알 숭배에 빠져 있는 이스라엘은 더는 거룩한 백성이 아니므로, 돌이켜 하나님께로 속히 돌아오라고 하나님의 공의를 담대히 외쳤다. 물론 아모스가 외친 공의 속에는 하나님의 자비와 사랑이 함께 포함되어 있었다(암 5:4-20).

하나님은 무명의 농부인 아모스를 부르신 것처럼 삶의 현장에서 우리를 하나님의 사람으로 사용하신다. 아모스의 메시지를 보면 철저히 토라에 기초를 두고 있다. 이것은 아모스가 평소에 얼마나 말씀을 사모하고 준비된 사람인가를 잘 보여준다. 우리도 아모스처럼 쓰임받기 위해서는 매일 말씀을 읽고 마음에 새겨두는 일이 필요하다. 그렇게 하면 어느 날 나도 하나님의 말씀의 도구가 될 수 있다. 지금 있는 자리에서 말씀으로 충만한 삶을 사는 것이 중요하다.

호세아 : 북이스라엘

호세아가 사역하던 시기는 여로보암 2세가 죽고 난 후 나라가 패망의 시기로 접어든 때였다. 여로보암 2세는 혼자서 40년을 통치했지만 그 후 30년은 6명의 왕이 이스라엘을 다스렸다. 그들 중 4명은 암살당했다. 그리고 이스라엘은 앗수르의 속국으로 전락해 가고 있었다. 그런 중에도 이스라엘의 지도자들은 하나님의 언약을 어기고 타락해갔다. 강도와 살인과 간음 등 온갖 악을 행하던 자들이 지도자라 말하는 제사장들이었다. 아모스서가 하나님의 공의를 통한 심판의 메시지였다면, 호세아서는 하나님의 사랑을 전했다. "나는 인애를 원하고 제사를 원하지 아니하며 번제보다 하나님을 아는 것을 원하노라"(호 6:6). 호세아서의 핵심은 사랑이다. 그 사랑은 변함없는 신실한 사랑이다. 하나님의 사랑은 신실하지만 이스라엘의 사랑은 변하는 사랑이었다.

특히 호세아는 결혼관계를 통해 하나님의 사랑을 표현했다. 하나님과 계약관계를 어긴 이스라엘을 결혼의 비유를 통하여 설명하고 있다. 이것을 알려주기 위해서 하나님은 호세아에게 결혼하라고 말씀하셨다. 그것도 음란한 고멜을 아내로 맞아들이라고 하셨다. 하지만 그녀는 다시 부정을 저지르고 호세아를 떠났다. 하나님은 이런 고멜을 다시 받아들이라고 명하셨다. 이것은 이스라엘이 하나님을 떠난 상황을 그려주고 있다. 호세아는 이스라엘을 향해 하나님께 돌아오라고 외쳤지만 결국 이스라엘은 그것을 거부하고 패망하고 만다. 왜 사람들이 죄를 범할까? 하나님에 대한 사랑이 없어서다. 하나님의 사랑을 회복하면 세상을 이길 수 있고 죄를 극복할 수 있다(호 3:1-3, 6:1-6,24, 14:1-9).

자기의 삶으로 말씀을 전한 호세아는 오늘 우리의 복음 전파방식을 보여준다. 자기의 모든 삶이 하나님의 메신저 역할을 한 호세아의 삶은 예수님의 삶과 같았다. 오늘날 우리도 주님의 말씀을 전하는 일을 말로만이 아닌 모든 삶으로 한다면 이보다 아름다운 삶은 없을 것이다.

이사야 : 남유다

이사야는 남유다 4명의 왕, 즉 웃시야, 요담, 아하스, 히스기야에 걸쳐서 사역한 선지자이다. 이사야의 메시지는 주로 남유다와 예루살렘에 맞추어져 있다. 하지만 때에 따라 북이스라엘 백성들에게도 전하기도 했다. 또한 이사야서 12~23장은 이웃 나라에 대한 심판을 전하기도 했다. 이사야서에는 구속받은 거룩한 백성인 이스라엘이 불순종하고 완악하게 거부하지만 계속해서 하나님의 사랑을 받는 내용이 전체에 담겨 있다. 죄를 지은 이스라엘을 심판하시지만 완전히 멸하시지 않고 "남은 자"들을 통하여 하나님의 구원은 이어진다. 이것은 앞으로 예수 그리스도께서 오심으로써 십자가에서 성취된다. 이사야는 "고난받는 종" 예수 그리스도를 예시하면서 전체의 주인공이 예수 그리스도임을 강조한다.

이사야서는 크게 두 부분으로 구성되었다. 전반부 1~39장은 앗수르의 위협을 받는 동안의 예루살렘을 그리고 있다. 후반부 40~66장은 바벨론 포로와 그 이후 이스라엘과 예루살렘의 미래에 초점을 맞추고 있다. 그리고 절정으로 새 하늘과 새 땅의 종말론적 신앙, 시온의 내용을 담고 있다. 이사야서는 구약 전체를 요약하면서 신약의 예수 그리스도를 만나게 해주는 가교 역할을 한다(사 53:1-6, 55:1-3, 58:6-9).

선지자 이사야의 메시지는 앞으로 오실 예수 그리스도를 예언한 것이 특징을 이루고 있다. 그의 온 인생은 예수님을 전하는 데 맞춰져 있었다. 이것은 오늘날 우리의 삶이 그리스도 예수를 드러내는 삶이 되어야 함을 보여준다. 예수님을 믿고 구원받은 사람은 그리스도를 존귀하게 하는 데 초점을 둔 삶을 살아야 한다.

예레미야 : 남유다

예레미야는 남유다 말기에 사역한 선지자이다. 그는 요시야왕 때 부름을 받았지만 대부분의 예언은 그의 두 아들과 시드기야왕 때 이루어졌다. 이 시기는 예루살렘이 멸망해가는 혼란스러울 때였다. 당시 남유다는 독립을 위해 애굽과 바벨론 사이에서 줄타기하고 있었다. 이런 상황 속에서 예레미야는 예루살렘의 멸망을 예언하고, 정말 미래의 소망을 원한다면 이 순간에 바벨론 포로 상황을 받아들여야 한다고 강변했다. 그것이 하나님의 뜻이라고 말하지만 백성들은 듣지 않았다. 잘못된 신앙으로 끝까지 버텼다. 그 이유는 성전은 멸망하지 않는다는 잘못된 시온사상 때문이었다. 죄를 지은 남유다를 향해 바벨론을 통하여 심판하시는 하나님을 왕과 백성들은 도무지 이해하지 못했다. 같은 형제였던 북이스라엘의 교훈을 보고서도 믿지 않았다.

예레미야서도 이사야서와 마찬가지로 2~45장은 남유다를 향한 선포이고, 46~51장은 이방민족들을 대한 하나님의 심판에 초점을 맞추고 있다. 남유다가 멸망한 가장 큰 이유는 신명기의 약속을 어겼기 때문이다. 그래서 하나님은 바벨론을 통해 심판하시지만 70년 후에는 다시 회복될 것을 말씀하셨다. 궁극적인 회복은 새 언약인 다윗의 '의로운 가지', 즉 우리 주 예수 그리스도를 통해 성취된다(렘 4:1-4, 23:5, 31:31-34).

예레미야는 원하지 않는 일을 전하는 사명을 감당해야 했다. 백성들이 듣고 싶어 하지 않는 심판의 메시지를 전하는 것이 그가 받은 사명이었다. 오늘날 그리스도인도 마찬가지다. 세상은 내가 하고 싶은 일을 하지만 그리스도인은 내가 하고 싶은 일을 하는 사람이 아니라 하나님이 원하는 일을 하는 사람이다. 왜냐하면 우리는 사나 죽으나 주의 것이기 때문이다.

미가 : 남유다

미가는 호세아와 아모스보다 한 세대 이후 사람이면서 이사야와는 동시대 선지자이다. 당시 사회는 우상 숭배와 사회적인 불의가 점점 심화되는 상황이었다. 이때 미가는 하나님의 심판과 구원을 외쳤다. 미가서에는 이스라엘이 하나님과 맺은 언약을 파기한 것에 대한 신적인 심판과 하나님의 백성을 끝까지 사랑하시는 하나님의 성품이 잘 나타나 있다. 특히 그리스도에 대한 예언이 나온다. 장차 올 메시아인 그리스도가 태어날 장소까지 구체적으로 예언되어 있다. 하나님의 심판 속에 담긴 메시아 소망은 이스라엘이 품어야 할 비전이었다. 물론 이것은 신약에서 그대로 이루어졌다. 이것은 하나님의 선택하심에는 후회가 없음을 잘 보여준다. 미가서 7장 1~7절은 미가의 애곡으로 예루살렘의 멸망을 예고하지만 결국은 소망으로 마무리된다(미 5:2, 7:1-7,18-20).

하나님의 심판은 늘 소망이 함께한다. 하나님은 우리를 심판하시는 게 목적이 아니다. 결국은 우리를 구원하시고 소망을 주시는 게 하나님의 뜻이다. 심판은 목적이 우리에게 더 큰 믿음을 갖게 하는 데 있음을 믿는다면 우리는 인내하며 소망을 품고 하나님의 징계를 겸허히 감당해야 한다.

오바댜, 요나, 나훔, 하박국, 스바냐

오바댜는 에돔의 멸망과 여호와 날에 있을 남유다의 회복과 구원을 선포한다. 여기서 에돔은 넓은 의미로 하나님의 뜻을 거역하고 도전하며, 하나님의 백성들을 핍박하는 주변의 모든 나라를 상징한다고 할 수 있다.

요나는 이방인을 향한 하나님의 사랑을 말한다. 요나가 회개를 선포하자 니느웨가 회개하는 역사가 일어난다. 이것을 통해 이스라엘에게는 이방인들에게 하나님의 축복을 전달하는 사명이 있음을 보여주려는 의도였다.

나훔은 니느웨를 멸망시키는 하나님의 메시지를 전한다. 요나서에는 니느웨가 회개한 것으로 나오지만 얼마 가지 못해서 악한 행동을 다시 자행한다. 그 결과 하나님의 심판을 당하게 된다. 니느웨의 멸망은 남유다에게 많은 위로가 되었을 것이다.

하박국은 고난 속에서의 믿음의 삶을 말하고 있다. 어려울 때일수록 의인은 믿음으로 인하여 산다. 이 내용은 로마서에서 믿음의 메시지의 인용 구절로 사용된다(합 2:4, 롬 1:18).

스바냐는 예루살렘을 위한 주의 날을 선포한다. 스바냐는 남유다 왕조가 끝나갈 무렵 남유다와 예루살렘 백성들을 대상으로 기록한 것으로 므낫세의 악한 통치로 인해 남유다의 멸망이 확실해졌음을 선포한다. 남유다에 여호와의 날인 하나님의 심판이 다가옴을 전한다.

하나님의 백성을 괴롭히는 이방나라를 심판하는 메시지는 세상 사람들의 힘과 핍박에 굴하지 말고 믿음으로 승리하라는 의미가 담겨 있다. 원수를 심판하시는 분은 하나님이시다. 그것을 믿는다면 끝까지 믿음의 길을 가는 것이 그리스도인의 자세이다. 하나님의 때가 되면 한순간에 그들은 멸망하게 된다. 그들의 힘과 명예, 일시적인 승리에 시험 들지 말고, 그들의 결말을 안다면 그들의 번영을 부러워하지 않게 된다.

DAY

20 바벨론 포로시대에 사역한 선지자들의 특징은 무엇인가?

〉〉〉 성경통독 / 예레미야 애가, 에스겔, 다니엘

3차에 걸친 바벨론 포로

하나님께 죄를 범한 이스라엘 백성들은 심판을 받는데, 그것은 바벨론에 포로로 잡혀가는 것이었다. 여기서 우리가 알아야 할 것은 바벨론이 강해서 이스라엘이 포로로 잡혀간 것이 아니라는 사실이다. 그것은 하나님이 바벨론을 심판의 도구로 사용하셨기 때문에 그런 것이다. 나중에 바벨론도 멸망한다.

바벨론 포로는 세 차례에 걸쳐서 이루어졌다. 1차는 다니엘과 그의 세 친구와 귀족 출신의 몇몇 사람들이었고(BC 605년, 단 1:3-4), 2차는 여호야긴왕과 에스겔 선지자 등 많은 사람이었다. 3차는 나머지 백성들과 시드기야왕이 잡혀가고 예루살렘 성벽이 무너지면서 성전과 성읍이 불타버렸다(왕하 25:1-7). 이것은 하나님의 말씀을 어긴 결과가 얼마나 비참한지를 잘 보여준다.

하나님은 죄를 그대로 두지 않고 심판하신다. 그 결과 이스라엘은 바벨론에 포로로 잡혀가 70년간 나라 없는 생활을 해야 했다. 그러나 하나님은 이스라엘을 버리지 않으셨다. 하나님은 한 번 선택한 백성은 끝까지 책임지고 돌보신다. 남유다의 이스라엘 백성들은 바벨론 포로 생활을 하는 비운을 맞이했지만 그들의 생활은 생각보다 그렇게 힘들지 않았다. 학대를 당하거나 핍박받는 그런 심한 고통은 없었다. 그들은 하나님이 일찍이 주신 약속의 땅을 생각하며 그 땅이 회복되기를 고대하고 있었다. 지금은 비록 바벨론의 포로생활을 하고 있지만 70년 후에는 다시 고향으로 돌아갈 것이라는 하나님의 약속을 믿고 기다렸다(렘 25:11-12).

우리는 때때로 하나님의 징계를 두려워한다. 그러다 보니 늘 평안과 축복을 구하면서 산다. 하지만 신앙생활은 그렇지 않다. 우리가 잘못하여 당하는 어려움이 있다. 그런 고난을 겪을 때 우리는 하나님의 신실하심을 바라보고 회개하며, 소망의 말씀을 붙잡고 순종하는 신앙을 보여야 한다.

예레미야 애가

예레미야는 이스라엘의 패망한 모습을 기록으로 남겨 역사적인 교훈으로 삼으려고 애가를 기록했는데, 그것이 예레미야 애가이다. 두 번 다시 실패를 반복하지 않기 위함이었다. 모두 5편으로 구성된 예레미야 애가서는 모든 내용이 바벨론에게 예루살렘이 멸망 당하는 모습을 비통해하는 것이다. 문장 형태는 기억하기 좋게 알파벳 순서로 되어 있다. “슬프다. 이 성이여”로 시작하는 예레미야 애가는 눈물과 슬픔으로 가득 차 있지만 다시 회복할 희망을 내포하고 있다(애 1:1, 2:1, 4:1).

때로는 눈물이 기쁨이 된다. 회개의 눈물이 있을 때 구원의 즐거움은 배가 된다. 그럴 때 진정한 구원의 즐거움을 경험하게 된다. 슬픔이 닥칠 때 우리는 그것을 받아들이고, 신실하신 하나님의 약속을 붙잡고, 소망 가운데 이겨내는 신앙이 필요하다.

위기 속에 피어난 세 명의 지도자

▶ 예레미야

가장 나이 많은 예레미야는 남겨둔 이스라엘 사람들과 함께했다. 예레미야는 이것이 끝이 아니라 70년 후에는 다시 하나님이 회복하실 것을 예언하고 믿었다. 예레미야는 눈물의 선지자였다. 그는 패망한 본토 이스라엘을 끝까지 지키면서 민족과 함께 죽어갔다. 본토에 남겨둔 사람들은 힘없는 사람들이었다. 그는 황폐한 이스라엘에 남아 희망을 선포하면서 하나님의 뜻을 전했다. 그러면서 포로로 잡혀간 사람들에게도 희망을 선포하면서 그날을 기다리라고 말했다. 회복되는 그날을 바라보면서 하나님을 끝까지 의지하며 살라고 부탁했다. 마지막에는 애굽으로 도망간 백성들과 함께하면서 거기서 죽음을 맞았다. 예레미야는 끝까지 고난받는 백성과 함께한 참 지도자였다(렘 29:1-14).

진정한 지도자는 다른 사람의 어려움에 동참하는 사람이다. 그리스도인은 세상의 아픔을 같이하고 죄악 가운데 있는 그들 속에서 그들의 죄를 담당하는 사람이다. 왜냐하면 이미 그리스도를 통하여 같은 은혜를 받았기에 이제는 그 힘으로 중보의 사명을 감당해야 한다.

▶ 다니엘과 세 친구

예루살렘이 처음 포위되었을 때 1차 포로로 잡혀간 소년들이 있었다. 다니엘과 그의 세 친구다. 비록 포로생활이지만 신앙을 타협하지 않고 끝까지 하나님과의 신의를 저버리지 않았다. 그들의 신앙은 고난 속에서 더욱 빛났다. 이방의 바벨론 문화와 짝하지 않고 신앙의 순수성을 지켰다. 그런 그들을 하나님은 풀무불에서, 사자굴에서 구해내 하나님의 도구로 사용하셨다. 특히 다니엘서에는 이방민족들의 미래에 대한 예언이 기록되어 있는데, 바벨론, 바사, 헬라, 로마의 고대국가들이다. 결국 다니엘서의 예언대로 4개 민족은 모두 멸망하고 만다. 반면 식민지였던 이스라엘은 지금까지 살아남았다. 다니엘과 세 친구의 이야기는 사회생활을 하면서 쉽게 타협하고, 작은 손해와 어려움에도 두려워하여 하나님을 저버리는 우리와 비교할 때 큰 도전을 준다(단 1:8-20, 3:13-23, 6:10,16-23).

다니엘과 세 친구는 상황과 관계없이 믿음을 가장 우선에 두고 인생을 살아가는 모습을 우리에게 보여준다. 하나님에 대한 믿음은 영원하다. 그런 믿음은 세상의 어떤 것으로도 막을 수 없다. 하나님은 그런 사람을 들어 쓰셔서 하늘나라의 비밀을 전하게 하신다.

▶ 에스겔

에스겔은 포로로 잡혀간 백성들과 함께하면서 지도자 역할을 했다. 하나님이 주신 미래의 환상을 통하여 이스라엘을 격려하고 위로하면서 포로생활을 잘 감당하도록 도와주었다. 민족과 함께 고난을 겪으면서 하나님의 사명을 감당한 에스겔은 하나님의 영광을 강조하면서 하나님의 공의와 사랑을 전했다. 에스겔서에는 마른 뼈가 다시 소생하는 이스라엘 미래의 환상과 분열되었던 남과 북이 하나 되는 이야기 등이 나온다. 마지막은 파괴된 성전에 비교하여 미래에 나타날 성전의 영광을 말하고 있다(겔 14:1-5, 37:15-17, 39:21-22).

에스겔은 환상과 예언을 포로 중에서 선포한 사람이다. 고난을 이기는 길은 하나다. 환상과 비전이다. 편안할 때는 환상이 그렇게 필요하지 않다. 하지만 고난과 절망 속에서는 하나님의 비전을 품고 사는 것이 큰 힘이 된다. 왜냐하면 고난을 이기는 길은 소망이기 때문이다. 고난이 닥칠수록 하나님의 약속 말씀으로 소망을 품고 살아가자.

DAY 21

이스라엘 역사를 새롭게 다지는 방법은 무엇인가?

〉〉〉 성경통독 / 역대상, 역대하

정체성을 확립하기 위해

이스라엘 백성들은 바벨론 70년 포로생활 후에 다시 고국으로 돌아오면서 다음과 같은 문제에 직면하게 되었다.

"하나님의 이스라엘 선택은 정말 실패한 것인가?"

"바벨론과 바사 신이 하나님을 이긴 것인가?"

"다시 돌아온 이스라엘 백성들의 역사는 어떻게 정리해야 하는가?"

"아직도 이스라엘은 하나님의 백성인가?"

"아브라함 때부터 맺은 하나님의 언약은 지금도 유효한가?"

"다시 이스라엘을 회복한다면 어떻게 역사를 정리해야 하는가?"

"다윗의 언약은 지금 이 순간에 어떤 의미가 있는가?"

"이스라엘의 정체성은 무엇인가?"

이것에 분명히 대답할 수 있어야 이스라엘은 다시 실패하지 않을 것이다. 이런 면에서 역대기 저자는 포로생활에서 돌아오는 이스라엘 백성들에게 하나님의 뜻을 명확히 답해주어야 했다. 신앙은 정체성이다. 그것이 흔들리면 그때부터 타락의 길로 가게 된다. 우리는 날마다 우리 자신을 갱신하며 새로움을 경험해야 한다. 그것은 새로운 것이 아닌 근원으로 돌아갈 때 이루어진다. 모든 문제는 처음에 이미 답이 있다. 2천 년 전의 십자가에 답이 있는 이유도 바로 여기에 있다.

긍정의 역사

고국 이스라엘로 돌아온 포로기의 사람들은 예루살렘의 모습을 보고 당황했을 것이다. 70년 동안 폐허로 있던 시온성 예루살렘의 모습은 여전히 비참했다. 약속의 땅으로 다시 돌아온 소수의 사람은 솔로몬의 영광을 찾을 수 없었고, 스룹바벨 성전의 위엄도 볼 수 없었다. 돌아온 유대인은 오랫동안 이방인의 삶에 익숙해져 이방인과의 통혼이 쉽게 이루어졌고, 민족의 정체성마저 점점 사라지고 있었다. 어느 정도 시간이 지난 후에도 제사장 여호수아와 총독 스룹바벨을 통한 성전 재건이 제대로 이루어지지 않자 학개와 스가랴 선지자가 나타나 바른 개혁을 촉구했다. 이후에 에스라와 느헤미야가 나타나 말씀의 개혁운동을 전개했다.

이런 상황에서 역대기 기자는 현재의 이스라엘 역사를 과거의 역사와 연결하여 새롭게 의미를 부여할 필요성을 느꼈다. 이런 점에서 역대기 기자는 자연스럽게 성전을 강조하고, 성전과 관련된 솔로몬을 긍정적으로 평가했다. 아울러 다윗과 남유다 중심의 역사에 관심을 가지면서 이스라엘의 회복을 소망했다. 역대기 기자는 열왕기 기자와 다르게 이스라엘 역사를 긍정적인 관점에서 기록하고, 다윗과 솔로몬의 부정적인 내용은 삭제했다. 이것은 미래지향적인 의미에서 이스라엘의 역사를 재조명하려는 의도로 보인다.

통합적으로 성경 읽기

역대기는 사무엘서와 열왕기서를 하나로 묶어서 통합하여 기록하고 있다. 사무엘서와 열왕기서에 나타난 통일왕국과 분열왕국의 이야기를 남유다 중심으로 재전개하고 있다. 사무엘서와 열왕기서를 읽은 후에 역대기를 믿음의 관점에서 읽으면 지금까지의 역사를 새롭게 정리하는 시간이 된다. 하나님의 눈으로 이스라엘의 역사를 다시 정리하며 읽는 것은 큰 의미가 있고 즐거운 일이다.

역대기의 내용

▶ 족보 (대상 1-9장)

역대기를 읽기에 어렵게 만드는 부분이다. 족보가 무려 9장에 걸쳐 나온다. 여기에 나오는 족보는 자신의 세대를 아담까지 연결하면서 이스라엘은 아담에서부터 내려온 선택된 백성임을 강조한다. 특이한 점은 족보에 남유다만 있는 것이 아니라 멸망한 북이스라엘 족보도 들어있다는 점이다. 이것은 분열왕국에 남유다만 포함되는 것이 아니라 온 이스라엘 공동체가 같이한다는 사실을 강조한 것이다. 족보를 통하여 이스라엘의 과거와 현재를 연결하는 소중한 자료이다. 하나님 나라는 사람의 역사이다. 그것이 족보가 주는 의미다. 모든 것은 사라진다. 하지만 말씀을 붙잡은 사람은 영원하다. 설령 사람은 사라진다 해도 그 사람이 전한 말씀은 영원하기 때문이다.

▶ 통일왕국 (대상 10-29장, 대하 1-9장)

다윗과 솔로몬에 대해서 긍정적인 부분만 기록했다. 다윗의 밧세바 사건도 언급하지 않았다. 솔로몬에 대한 부분도 열왕기서와 다르게 왕국 분열의 책임 부분을 말하지 않았다. 솔로몬왕의 등극에서도 열왕기서는 어렵게 왕이 된 것으로 표현하지만 역대기는 순조롭게 된 것으로 기록했다. 이처럼 다윗과 솔로몬을 이상화한 것은 이들이 단순히 역사의 실존 인물로서가 아니라 메시아 통치와 연관된 미래의 소망과 관련이 있기 때문이었다. 또한 다윗과 솔로몬의 통치를 주로 성전 건설과 관련지어 기록하고 있는데, 이것은 제2의 스룹바벨 성전과 연관되어 있었다.

▶ 분열왕국 (대하 10-36장)

분열왕국에 대한 내용 중에서 다윗 왕조를 중심으로 기록되었다.

▶ 그림으로 전체 조망하기

선지자들 (BC 9~7세기)

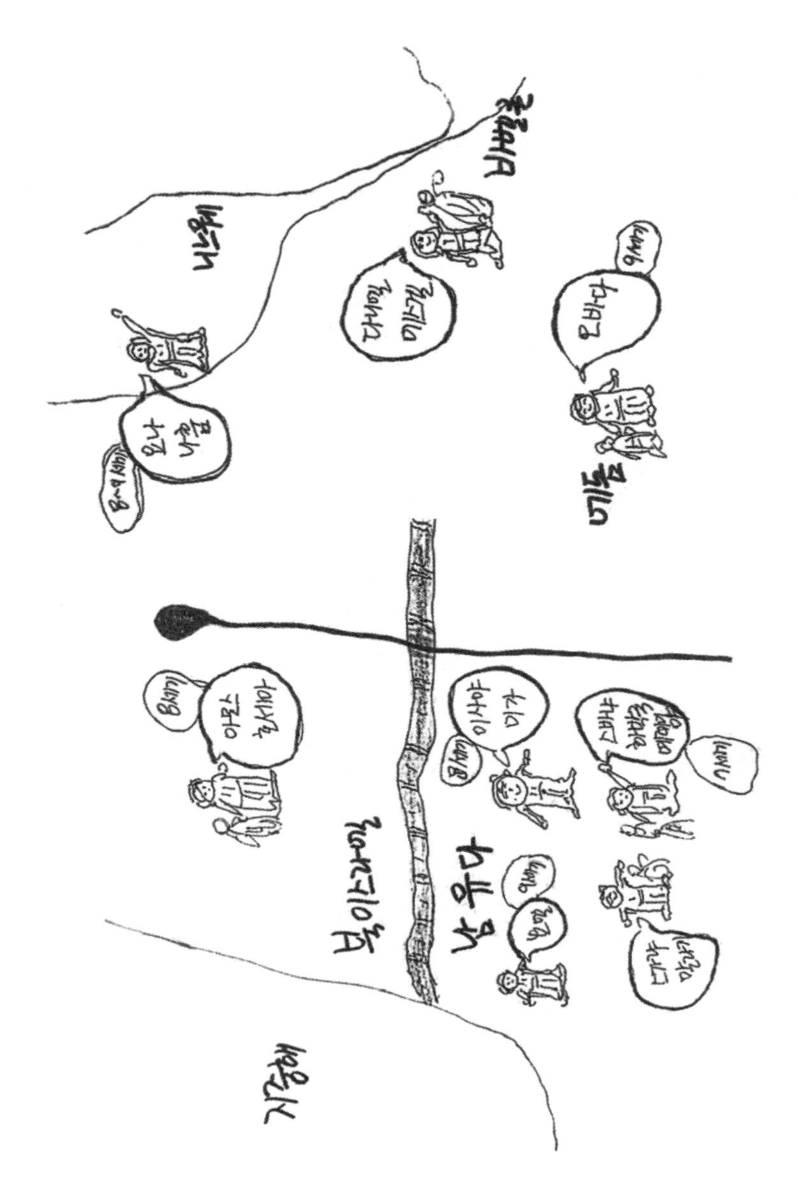

분열왕국 기록에서 강조하는 내용은 하나님은 순종하는 자들을 축복하시고, 순종하지 않는 자들을 심판하신다는 것이다. 이것은 이미 신명기에서 강조했던 내용이다. 역대기 기자는 이 원리가 모든 왕에게 적용된다고 말한다.

역대기에는 열왕기서에 나오지 않는 내용이 많이 소개된다. 또한 역대기는 사건에 대한 하나님의 반응을 추가로 기록하고 있다. 예를 들면 솔로몬의 기도에 대한 반응에 대해서 열왕기서 기자의 내용에 추가로 기록했다(대하 6:1–7:22). 행복과 불행의 시금석이 되는 것은 회개와 겸손과 기도와 하나님을 찾는 일이다. 이런 내용은 저자가 신학적인 타당성을 증명하고자 할 때마다 반복적으로 언급하는 내용이었다.

마지막으로 역대기 기록의 특징은 열국에 관한 내용이다. 이스라엘만의 이야기가 아니라 열국(애굽 왕 시삭, 바사의 고레스)의 이야기를 통해 하나님은 이스라엘뿐만 아니라 온 세계의 하나님이심을 말한다. 이것은 오래전에 아브라함에게 약속하신 축복이 열방에까지 하나님의 이름이 선포됨으로써 이루어졌다는 의미를 강조한 것이다.

하나님 나라는 약속을 붙잡은 사람을 통해 움직이는 역사이다. 세상적으로 아무리 훌륭해도 그것은 결국 다 사라지고 만다. 마지막까지 남는 것은 오직 하나님의 말씀뿐이다. 영원한 삶을 살고 싶다면 지금 변하지 않는 말씀을 붙잡고 사는 것이 가장 지혜로운 모습이다. 지금도 하나님은 말씀에 순종하는 자를 축복하신다. 그 말씀이 바로 하나님 자신이시기에….

DAY 22

이스라엘을 새롭게 부흥시킬 방법은 무엇인가?

〉〉〉 성경통독 / 에스라, 느헤미야, 에스더
학개, 스가랴, 말라기

예언의 성취

다니엘은 이미 선지자 예레미아에게 하신 하나님의 예언을 깨달았는데, 그것은 70년이 지나면 이스라엘로 돌아온다는 사실이었다. 아울러 이스라엘을 힘들게 했던 바벨론은 멸망한다는 말씀이었다. 하나님은 한 번 하신 말씀은 분명히 지키는 신실하신 분이다. 성경의 역사는 말씀의 예언과 성취의 관계에서 이루어지는 역사이다. 하나님이 약속하신 말씀은 언제나 하나님의 정한 때에 분명히 이루어진다(렘 25:11-12, 29:10, 단 9:2,24-27).

그렇기에 하나님의 역사는 곧 계시다. 세상의 역사는 인간 삶의 기록이지만 하나님의 역사는 하나님이 이끄시는 섭리 가운데 움직이기에 그것은 계시다. 세상의 역사를 제대로 이해하려면 하나님의 말씀 안에서 해석하고 하나님의 마음으로 바라볼 때 가능하다. 하나님의 약속과 성취 속에서 나의 인생을 바라보면 어려운 문제도 실타래처럼 쉽게 풀린다.

3차에 걸친 고국 귀환

BC 539년 10월 29일, 바벨론은 고레스 대제가 이끄는 메대와 바사의 군대에 의하여 멸망한다. 그리고 당시 바벨론 왕 벨사살은 처형된다. 고레스는 메대 사람 다리오를 바벨론 왕으로 세워서 통치하게 한다. 그리고 유대인들이 예루살렘으로 귀환하여 성전을 짓도록 명령한다. 이 일은 하나님의 영이 이방인 고레스왕에게 임하여 주도적으로 이루신 일이었다. 하나님께서 바사 왕 고레스를 움직여서 이스라엘을 고국으로 돌아가게 하신 일은 인간이 상상할 수 없는 기적이었다. 이것은 세상을 통치하는 분이 곧 하나님이심을 분명하게 보여준다(단 5장, 스 1:1-11, 렘 25:11-12).

유대의 남은 자들이 예루살렘으로 돌아온 것은 3차에 걸쳐서 진행되었다. BC 536년에 스룹바벨의 인도로(성전 건축을 위해서), BC 455년에 에스라의 인도로(백성의 영적 부흥을 위해서), BC 445년에 느헤미아의 인도로(예루살렘 성벽을 쌓기 위해서) 돌아온다. 결국 세 번의 심판은 다시 세 번의 귀환으로 이어졌다. 이스라엘 백성들이 귀환하면서 시작한 일은 그동안 파괴되었던 도시와 성전을 다시 건설하는 일이

▶ 그림으로 전체 조망하기

포로 귀환 시대

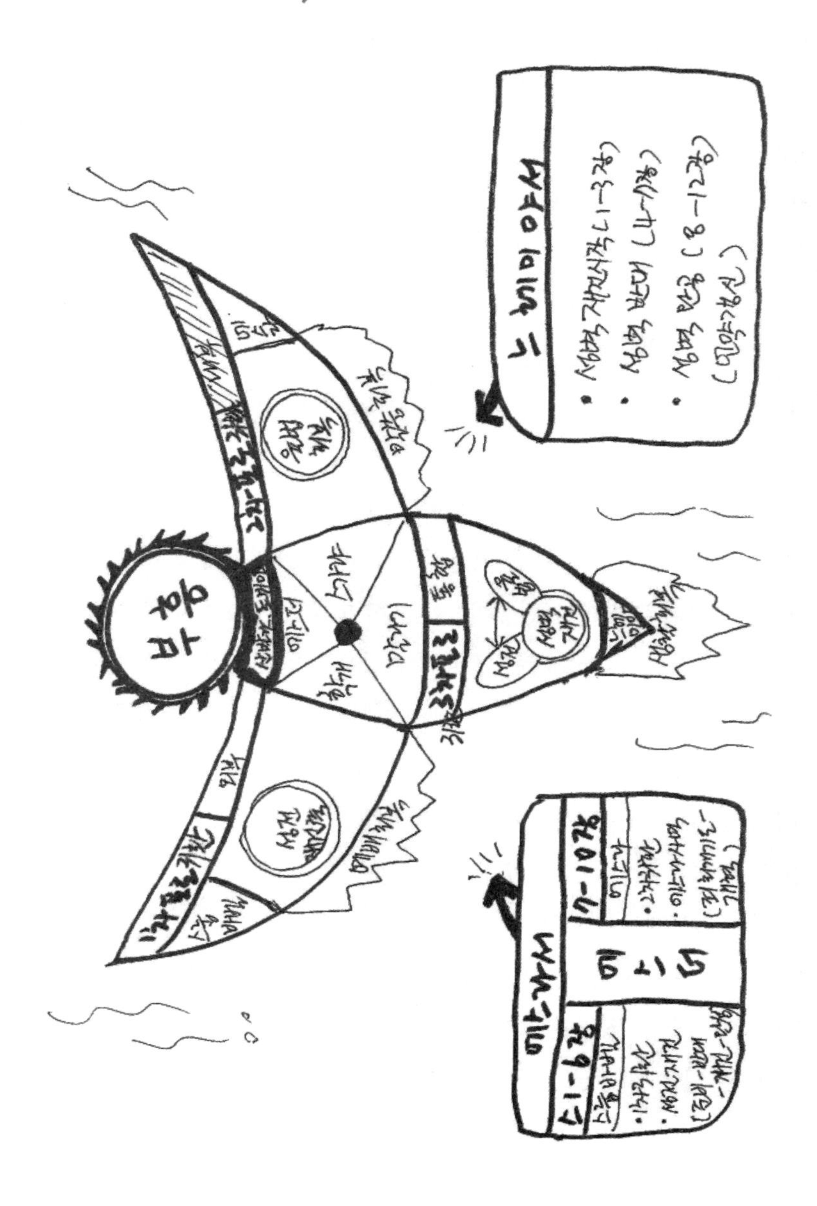

었다. 우리는 이것을 부흥이라고 말한다(에스라서, 느헤미야서).

우리는 부흥을 원한다. 부흥은 하나님에게 돌아가는 것이다. 그런 의미에서 부흥은 늘 회개 속에서 이루어진다. 왜냐하면 회개와 부흥은 같은 의미를 지니고 있기 때문이다. 하나님을 발견하고 하나님을 사모하면 그 속에서 인간은 한없이 작아지면서 하나님을 의지하게 된다. 그런 사람과 공동체에 하나님은 임재하시고 역사하신다. 현재 나의 부흥은 어떻게 일어나고 있으며, 나는 부흥을 사모하고 있는가?

에스더서

에스더서는 바사제국의 전역에 흩어져 있는 유대인들을 향한 하나님의 섭리에 관한 이야기이다. 실제 예루살렘으로 돌아온 사람들은 5만여 명밖에 되지 않았다. 오히려 흩어져 있는 유대인의 수가 훨씬 더 많았다. 에스더서는 고국에 돌아오지 않은 사람들이 어떻게 믿음을 지키고 살아야 하는지를 잘 보여주는 이야기이다. 조직적인 유대인 대학살의 음모 속에서 하나님을 신뢰하여 위기를 극복한 에스더와 모르드개처럼 흩어져 있는 유대인들에게 에스더의 이야기는 큰 용기와 믿음을 주었다.

에스더서에는 하나님이라는 단어가 한 번도 나오지 않는다. 그런데도 하나님의 손길을 곳곳에서 느낄 수 있다. 이방나라에서 유대인으로 사는 것이 쉽지 않았을 것이다. 하지만 세상의 모든 역사는 하나님이 통치하신다는 사실을 믿고 살면 어디서든지 하나님에 대한 믿음으로 승리하는 삶을 살 수 있다. 에스더서는 이방인들 속에서 믿음의 사람들이 어떤 삶을 살아야 하는지를 잘 보여준다. 하나님은 어떤 한 장소나 한 시기에만 머물러 계신 분이 아니다. 하나님은 우주적이고 무엇이든지 할 수 있는 전능하신 분이다. 에스더서는 이런 하나님을 우리에게 선포하고 있다.

하나님이 역사를 진행하신다. 하지만 이것을 모르는 사람들이 많다. 그런 사람은 하만처럼 자기의 욕망을 구하면서 자기 힘으로 목적을 이루려고 한다. 하지만 실패하고 만다. 거기에는 하나님이 없기 때문이다. 반면에 하나님의 사람들은 하나님의 손길과 때를 구하면서 하나님의 역사를 기대한다. 하나님은 그런 사람들에게 놀라운 구원으로 친히 역전의 드라마를 이루신다.

세 가지 부흥

부흥에는 세 가지 요소가 균형 있게 포함되어야 한다. 이것은 오늘날 영적 부흥과 교회 부흥을 꿈꾸는 사람들에게도 적용되는 부흥 모델이다.

▶ 첫째, 성전 회복

귀환한 사람들이 총독이었던 스룹바벨을 중심으로 성전을 재건한다. 성전을 짓는 것에 대한 중상모략이 주위에서 있었지만 다시 건설하여 결국 BC 516년 2월 18일에 성전을 완공했다. 성전을 가장 먼저 건축한 것은 모든 삶의 중심이 성전이라는 의미가 있다. 이스라엘 백성들은 포로 귀환 후에, 아직 성전을 건축할 때가 아니라면서 자신의 집을 짓는 일에 열중했다. 그러나 그것은 하나님의 축복을 저버리는 행위였다. 결국 그들에게는 하늘의 복이 멈추었고, 아무것도 이루지 못하는 헛된 노동만 했을 뿐이었다. 그러나 하나님의 성전을 먼저 건축했을 때 비로소 그쳤던 하늘의 복이 다시 임하게 되었다. 먼저 그의 나라와 의를 구할 때 이 모든 것이 더해진다. 참된 성전은 보이는 성전이 아니라 보이지 않는 성전이다. 보이는 성전은 보이지 않는 성전을 새롭게 일깨워주기 위한 모형일 뿐이다(스 3:8-13, 6:19-22, 학 1:1-11, 2:17-19).

▶ 둘째, 말씀을 통한 영적 부흥

이것은 에스라 학사를 통해서 이루어졌다. 에스라는 함께 온 레위인들과 동역하여 말씀을 가르치는 일에 전념했다. 과거에 이스라엘이 패망했던 것은 하나님의 말씀을 잊어버렸기 때문이었다. 이를 역사를 통해서 깨달은 에스라는 말씀을 가르치는 일을 최우선으로 했다. 타락한 사람의 마음을 새롭게 하는 비결은 오직 말씀을 통해서다. 죄는 말씀을 떠났을 때 일어난다. 사람들이 악해지는 것은 하나님의 말씀을 잊어버렸기 때문이다. 하나님의 말씀보다 인간의 말이 가득할 때 죄악은 힘을 발휘한다. 진정한 부흥은 말씀으로 돌아가는 것이다. 이것은 예나 지금이나 동일한 성경의 원리이다(스 10:1-4).

▶ 셋째, 무너진 성벽을 재건하는 일

이 일은 느헤미야 총독을 통해서 이루어졌다. 느헤미야 총독 당시,

예루살렘은 성벽이 무너져 다른 외부의 침입에 무방비 상태였다. 느헤미야는 52일 동안 빠르게 성벽 건축을 끝냈다. 성벽을 재건하는 것은 성전의 외적 보호를 위해, 또 내부에 있는 사람들과 외부에 있는 사람들을 분리하기 위해 꼭 필요한 우선 사업이었다. 이방인들과 자유롭게 사귀어 온 그들에게 이런 조치는 매우 중요했다. 성벽을 재건하는 데 산발랏과 도비야의 끈질긴 방해가 있었지만(느 4:1-3), 느헤미야는 그것을 이겨내고 52일 만에 드디어 성벽을 완성했다. 그리고 완성된 성전과 성벽에 에스라를 초청해서 하나님의 말씀을 새기는 말씀사경회를 개최했다. 영과 몸이 함께 통합하여 전인적인 부흥이 일어날 때 온전한 하나님의 백성이 된다. 이 일을 마친 후에 이스라엘 백성들은 하나님의 놀라운 축복을 경험하게 된다(느 4:1-3, 6:15-16, 8:1-12).

진정한 부흥은 전인적인 면에서 일어나야 온전한 하나님의 부흥이 된다. 이것은 인간의 힘으로는 불가능하다. 영과 육을 함께 구원하듯 부흥 역시 영혼과 마음뿐 아니라 일상에까지 변화가 일어나야 한다. 이것이 우리가 꿈꾸는 부흥의 참모습이다.

반복된 타락

이스라엘 백성들은 70년의 포로생활을 청산하고 고국으로 돌아와 성전을 재건하고 다시 영적생활을 시작하지만 포로생활을 통해서 얻은 하나님의 교훈도 잠시뿐 포로 이전의 죄악 된 생활을 여전히 반복한다. 이런 이스라엘의 타락한 모습을 보고 구약의 마지막 선지자 말라기는 그들의 죄악상을 강하게 외쳤다. 지도자들의 타락과 형식적인 제사, 백성들의 죄악과 십일조 도둑질 등. 이스라엘 백성들은 많은 징계와 긴 고난의 기간을 통해서도 하나님의 교훈을 깨닫지 못하고 다시 죄악 된 생활로 돌아갔다. 이것은 인간의 죄 된 속성이 얼마나 악한지 다시 보여주는 대목이다.

인간의 힘으로는 도저히 본성적인 죄를 청산할 수 없다. 이것을 위해서는 예수 그리스도의 오심이 절실히 필요했다. 결국 구약성경의 마지막 책인 말라기서는 다시 올 하나님의 선지자 엘리야를 기대하면서 마무리된다. 더는 해결할 수 없는 이스라엘의 반복된 죄악을 말하면서 율법으로는 한계가 있음을 여실히 보여준다. 율법은 죄를 깨닫게 하지만 우리를 살리는 일은 하지 못한다. 이제 예수 그리스도께서 오셔야지만 이 일이 해결될 수 있다는 예고이다(말 1:7-8,10,12-14, 2:10-11,13,17, 3:8-9, 4:5-6).

구약성경은 수많은 이야기로 길게 이어져 왔지만 사실은 간단하다. 인간은 죄인이며 그런 인간의 죄는 계속 반복되었다는 것이다. 하나님의 사랑을 그렇게 많이 받았음에도 여전히 인간은 죄악 가운데 거하며 하나님을 마음에 두지 않았다. 이것은 지금 우리의 모습으로 계속 이어지고 있다. 죄를 반복하는 이스라엘의 역사는 바로 오늘 우리의 모습을 그대로 재현하고 있다. “누가 사망의 몸에서 나를 건져내랴.” 이것이 구약의 결론이다. 이 고백을 마음으로 하기까지 주님은 끝까지 사랑을 베푸셨다.

DAY 23 이스라엘 역사를 통해 본 인간의 고백과 응답은?

〉〉〉 성경통독 / 시가서(시편, 아가서, 예레미야 애가)

성문서의 가치

히브리어 성경에 나오는 성문서(시가서, 지혜서)는 성경 제일 끝부분에 있다. 하지만 우리가 가지고 있는 성경은 연대기와 저자의 순서에 따라 배열되었기에 구약성경 중간부분에 나온다. 지금 우리가 가진 성경처럼 연대순으로 읽는 것도 의미가 있지만 오히려 성문서는 구약성경을 마치면서 읽는 것이 더 바람직하다고 할 수 있다. 왜냐하면 구약성경이 주는 교훈은 무엇인지 적용적인 측면에서 살펴볼 수 있기 때문이다.

토라(모세오경)와 역사서와 선지서는 모두 하나의 틀을 가지고 진행된다. 그것은 이스라엘 백성들의 삶의 원리인 율법이다. 역사서는 율법을 이스라엘 백성들이 역사 가운데 어떻게 지켰는지를 보여주며, 그것을 하나님의 눈으로 해석하여 방향을 제시하는 책이 선지서이다. 이런 일련의 과정을 통해서 마지막으로 하나님이 우리에게 하시는 말씀이 무엇인지를 발견하는 것이 중요한데, 그것이 바로 성문서이다. 성문서는 이런 하나님의 말씀과 역사에 대한 인간의 반응을 기록한 책이다.

오늘날을 사는 우리도 하나님의 말씀에 어떻게 반응하며 적용하는가가 중요하다. 이런 점에서 성문서는 좋은 모델이 된다. 우리가 성경을 읽는 이유는 말씀대로 사는 데 있다. 모든 성문서는 하나님을 경외하는 것에 최고의 가치를 두고 기록되었다. 그렇기에 성문서를 읽으면 하나님의 말씀을 사랑하고, 하나님을 경외하는 지혜로운 사람이 될 수 있는 실천적인 지침을 얻을 수 있다.

● 시가서

시가서는 기도와 노래와 시로 하나님이 하신 일에 대한 인간의 반응을 나타낸다. 하나님의 일에 대해 어떻게 삶 속에서 응답해야 하는지를 보여주는 좋은 실례이다. 우리는 말씀을 읽고 배우면서 삶의 자리에서 이와 같은 고백을 할 수 있어야 한다.

시편

시편은 하나님께 드리는 기도이다. 사실 이런 기도문은 토라와 이스라엘 역사를 토대로 드려진 기도문이 전승되어 암송되고 찬송하면서 내려왔다. 그러므로 시편을 읽을 때는 하나님의 언약 말씀과 이스라엘 역사의 배경을 이해하고 읽는 것이 중요하다. 시편의 기도를 보면 하나님의 속성과 성품을 찬양하는 내용이 많이 나온다. 그것은 하나님이 이스라엘 역사 가운데 함께하신 사건들을 보면서 고백됐기 때문이다. 단순히 지식만으로 하나님을 찬양한 것이 아니다. 시편은 다양한 삶의 현장에서 고백 된 삶의 이야기이자 인간의 반응을 그리고 있다.

이러한 시편은 150편이나 된다. 물론 개개의 것들을 모아 편집한 것이다. 그러나 무작위로 편집된 것은 아니다. 모세오경 구조에 따라 5권(1-41편, 42-72편, 73-89편, 90-106편, 107-150편)으로 재편된 것이다. 시편은 인생의 시작과 끝의 구조로 되어 있다. 복 있는 사람은 처음에 하나님의 말씀을 즐거워하고 주야로 묵상하는 삶에서, 끝에는 호흡 있는 자는 하나님을 찬양할지어다로 마무리된다. 이것은 그리스도인의 인생 여정을 묘사하고 있다. 그러므로 시편에 나오는 고백이 오늘날 우리의 고백이 되어야 한다. 그리고 그런 고백을 하나님께 드릴 수 있는 그리스도인의 삶을 살아야 한다.

아가서

아가서는 노래이다. 아울러 하나님의 이름이 단 한 번도 나오지 않는 독특한 책이다. 인간의 성(性)과 결혼의 비유를 통해 하나님의 사랑을 노래하고 있다. 그러나 아가서의 주제를 어느 한쪽으로 국한할 수는 없다. 좀 더 폭넓은 적용이 필요하다. 이스라엘 백성에 대한 하나님의 사랑, 그리스도와 교회의 사랑, 하나님과 인간의 사랑, 남녀(부부)간의 아름다운 사랑 등으로 다양하게 적용해야 한다.

아가서는 호세아서와 마찬가지로 하나님의 사랑을 인간의 경험을 통해서 가르치고 있다. 또한 하나님이 제정하신 결혼제도를 어떻게 적용해서 아름답고 거룩하게 가꾸어야 하는지를 말해준다. 이스라엘 역사를 보면 바알 숭배와 더불어 성적 타락이 이스라엘 멸망의 중요한 원인이었다. 이런 점에서 바람직한 인간의 사랑이 무엇인지를 말해주는 아가서는 의미 있다고 할 수 있다. 특히 아가서는 성적 타락이 심각해지는 오늘날에 그리스도인의 사랑이 세상 사람들의 사랑과 어떻게 다른지를 보여주는 사랑의 모델이다.

예레미야 애가

예레미야 애가는 예루살렘이 바벨론에 멸망하는 마지막 상황을 동영상을 찍듯 다섯 편으로 생생하게 그려낸 책이다. 애가를 제대로 읽기 위해서는 역사적인, 문학적인 배경을 알아야 한다. 애가서는 히브리어 알파벳인 22개의 단어를 앞에 두고 그것을 시작으로 시를 쓴 형식을 취하고 있다. 그렇기에 첫 글자를 중심으로 읽으면 쉽게 이해할 수 있다.

하나님의 선택된 백성이 무너지는 모습은 너무나 참담했다. "슬프다"는 내용이 반복적으로 나오면서 당시의 상황을 묘사하고 있다. 하지만 슬픔과 비탄에만 빠져 있었던 것은 아니다. 후반부는 다시 희망을 품고 예루살렘이 회복될 그날을 소망하는 것으로 마무리된다. 애가서는 하나님은 공의의 하나님이시기에 언약을 어기고 반역한 이스라엘을 분명히 심판하시는 분임을 말해준다. 그것은 단순히 심판의 차원이 아닌 심판을 통해 자신이 한 말씀을 지키신다는 의미가 더 크다. 더불어 구원과 소망으로 마무리하는 내용은 하나님은 한 번 선택한 사람은 절대 포기하지 않는 신실하신 분임을 보여준다(애 3:25-41).

DAY

24 이스라엘 역사를 통해 얻는 인생의 교훈은 무엇인가?

〉〉〉 성경통독 / 지혜서 (욥기, 잠언, 전도서)

● 지혜서

지혜는 하나님이 세우신 원리를 찾아서 삶에 적용하는 것을 말한다. 실천적인 성격이 강하다. 하나님에 관한 지식은 머리로만 이해하면 안 된다. 말씀을 행하는 실천적인 지식으로 나타나야 한다. 이런 점에서 지혜서는 실천적인 지혜를 얻는 데 좋은 지침이 된다. 지혜서는 머리로 읽기보다는 오히려 가슴으로 읽어야 한다. 이것은 말씀을 살아 있는 신앙으로 승화시키는 데 꼭 필요한 과정이다.

욥기

욥기는 의인이 당하는 인간의 고난에 대한 해답을 제시하는 책이다. 욥기는 의인 욥이 당하는 이해할 수 없는 고난에 대해서 친구들의 변론이 이어지고, 나중에 하나님이 해답을 주시는 구조로 전개된다. 큰 핵심은 "지혜는 어디서 오는가?"이다. 인간의 지혜로 욥과 친구들이 변론하며 논쟁한다. 하지만 인간의 생각으로 이 문제를 풀 수 없음을 깨달으면서, 마지막에 하나님께 지혜를 얻게 된다. 욥의 친구들이 말하는 지혜는 전통적인 세상의 지혜였다. 욥은 그들보다 더 나은 지식을 갖고 있었지만 하나님의 뜻을 정확하게 이해하지는 못했다.

마지막에 폭풍 속에서 말씀하시는 하나님의 질문에 욥(인간)은 아무런 대답을 하지 못한다(욥 38-40장). 그것을 통해 인간은 아무것도 알 수 없고, 입을 막고 겸손히 하나님께 나아가야 함을 말해준다. 욥기는 겸손과 회개로 마무리하면서, 이해는 안 되지만 하나님을 신뢰하고, 행하시는 일을 기다리면서 나아가는 것이 최선임을 교훈한다. 잠잠히 참고 하나님을 기다리면 나중에 하나님의 때에 하나님의 뜻이 무엇인지 알게 된다는 것이다.

그런데 우리가 욥기를 읽으면서 주의해야 할 점이 있다. 욥과 친구들의 변론을 하나님이 직접 말씀하신 것으로 생각해서는 안 된다는 사실이다. 단순히 성경에 기록되었다는 이유로 욥 친구들의 말을 하나님의 말씀으로 적용하는 우를 범해서는 안 된다(예를 들면 욥 8:7). 언뜻 보기에 옳아 보여도 그것은 하나님의 말씀이 아니다. 그 속에 위험한 진리가 들어 있기에 함부로 해석해서는 안 된다.

잠언

잠언은 우리가 그리스도인으로서 어떻게 살아야 하는지 그 지혜를 가르쳐주는 실제적인 지침서이다. 잠언서는 격언, 경구와 금언 등 여섯 개로 구성된 모음집이다(솔로몬 잠언(잠 1:1-22:16), 현자들의 격언(잠 22:17-24:22), 현자들의 말씀(잠 24:23-34), 솔로몬의 잠언(잠 25:1-29:27), 아굴의 격언(잠 30:1-33). 루므엘의 격언(잠 31:1-31) 등). 잠언서를 기록한 이유는 잠언 1장 2~4절에 분명히 말하고 있다. 지혜와 훈계를 알게 하고, 명철의 말씀을 깨닫게 하며, 지혜롭게, 의롭게, 공평하게, 정직하게 행한 일에 훈계를 받기 위함이다. 잠언에 나오는 지혜자들은 세상의 지혜자가 아닌 하나님에 대한 믿음을 가진 지혜자들이다.

잠언서에는 인간관계에 관한 내용이 많이 나오지만 그건 하나님과의 관계를 바르게 할 때 주어짐을 강조한다. 세상에서 지혜롭게 살기 위해서는 하나님을 지혜로 삼을 때만이 진정한 지혜가 생김을 반복해서 말하고 있다(잠 1:7, 9:10), 특히 젊은이들에게 주는 실제적인 지혜가 많다는 사실을 유념할 필요가 있다. 그러나 잠언서를 읽을 때는 문자적인 적용보다 그 의미를 찾는 게 더 중요하다. 구절에만 얽매이지 말고, 토라와 역사서를 기초로 정리하면 더 풍성한 유익을 누릴 수 있다.

전도서

전도서는 인생을 사는 젊은이들에게 하나님 앞에서 올바르게 사는 법을 가르치기 위해 기록된 책이다. 어떤 삶이 참된 인생인지를 잘 보여준다. 전도서를 지배하는 중요한 시각은 만물의 창조주이신 하나님을 인정하는 것이다. 그리고 하나님의 방식을 항상 이해할 수 있는 것은 아니며, 이 세상에서 일어나는 일들 또한 쉽게 이해할 수 없는 것임을 말한다. 또한 세상에서 일어나는 일이 모두에게 공평하게 적용되는 것은 아니지만 한 가지 분명한 점은 죽음은 모든 사람에게 공평하다는 사실을 강조한다. 이렇게 보면 인생은 어떻게 살든지 허무할 수밖에 없다는 결론에 이른다.

그래서 전도서에는 인생의 허무에 관한 내용이 37회나 나온다(구약 전체 73회 중 절반). 전도자는 이렇게 수증기처럼 허무하게 지나가는 인생을 어떻게 살아야 하는지, 이것에 대해서 부정적으로 살기보다는 오히려 긍정적으로, 오늘 나에게 주어진 시간을 하나님의 선물로 바라보면서 즐거움으로 살아야 한다고 강조한다. 그리고 사람의 본분으로서 하나님을 경외하고 말씀을 지키는 삶이 인생의 가장 큰 지혜요 기쁨이라고 결론짓는다(전 12:9-14).

구약성경 이야기를 핵심적으로 정리하면

● **이야기 1** : 구약성경은 인간의 죄악의 문제와 그 결과의 과정이 어떠한지를 그리고 있다. 인류 조상인 아담의 타락은 인간을 사망에 이르게 했고, 아담의 죄는 시간이 지나면서 인류 전체에 미쳐 멸망에 이르게 했다. 아담-가인-노아-바벨탑으로 이어지면서 인간의 죄는 점점 악해지는 것을 볼 수 있다. 한 번의 대홍수를 통해 인류가 완전한 심판을 당한 경험이 있음에도 인간은 여전히 죄를 벗어나지 못하고 있다.

● **이야기 2** : 하나님은 사랑이시기에 타락한 인간을 그대로 멸망하게 둘 수는 없었다. 그래서 인류의 구원을 시작하신다. 그것은 아브라함을 선택하신 일이었다. 하나님은 아브라함을 통해 인류의 구원을 이루어가셨다. 그리고 약속의 땅 가나안을 미래의 나라로 주셨다. 이삭-야곱을 통하여 믿음이 전수되면서 이스라엘이라는 민족의 기틀이 세워졌다. 야곱의 열두 아들은 이스라엘의 뿌리가 되었다. 열두 아들은 애굽으로 이주하여 하나의 국가로 번성했다. 그것에 이바지한 사람이 바로 요셉이다. 400여 년이 지난 후에 거대한 민족으로서 하나님이 선택한 이스라엘이 태어났다.

● **이야기 3** : 이스라엘 민족은 번성하여 더는 애굽에 있을 수 없었다. 드디어 하나

님의 때가 이르자 아브라함 때부터 약속하신 가나안 땅에 들어가기 위해 출애굽한다. 그러나 그대로 가나안 땅에 들어가면 가나안 족속과 동화되어 거룩한 백성으로 살 수 없었다. 그래서 시내산으로 이끄시어 율법과 성막을 주심으로 구별된 백성으로 살 수 있도록 40년의 광야생활을 통해 연단하고 훈련하여 성장하게 하셨다. 이스라엘 백성들은 이 과정을 통하여 철저히 하나님만을 신뢰하며 믿음으로 사는 법을 터득했다. 율법을 통해 이스라엘 백성들은 자신을 죽이는 삶을 살게 되었다. 율법을 주신 이유는 인간이 그것을 지킬 수 없는 모습을 보면서 더는 자신을 의지하지 않고 하나님을 바라보게 하기 위함이었다.

● **이야기 4** : 이스라엘은 광야에서 훈련받은 그 믿음으로 약속의 땅 가나안을 정복한다. 이스라엘의 가나안 정복은 칼과 창이 아닌 하나님을 믿음으로 이루어진 일이었다. 요단강과 여리고성 등 인간의 힘으로 넘을 수 없는 장애물을 믿음으로 극복하여 가나안 땅을 정복했다. 그리고 예전에 야곱이 열두 아들에게 축복한 대로 열두 지파에 땅을 분배한다. 하지만 얼마 가지 못해 이스라엘 백성들은 하나님을 저버리고 바알 신을 섬기는 죄를 짓게 된다. 하나님은 사사들을 보내 구원을 반복적으로 행하시지만 오히려 이스라엘 백성들은 더 타락해갔다. 결국은 하나님을 왕으로 섬길 수 없고 인간 왕을 세우겠다고 하나님을 압박한다. 이런 이스라엘의 고집에 하나님은 허락하신다.

● **이야기 5** : 이렇게 시작한 이스라엘 왕정시대는 사울-다윗-솔로몬을 걸쳐서 통일왕국을 형성하지만 솔로몬의 죄악으로 결국 나라는 남북으로 분열되고 만다. 39명의 왕이 통치하지만 하나님을 따르는 왕은 히스기야와 요시야왕뿐이고, 다른 왕들은 모두 바알을 숭배하고 하나님의 약속을 거부했다. 선지자들이 나타나 회개하고 하나님께로 돌아오라고 수없이 촉구하지만 이스라엘은 끝내 거부했다. 그 결과 하

나님의 심판을 받아 이스라엘은 결국 망하게 된다. 북이스라엘은 앗수르에게 완전히 패망하고, 남유다는 70년 동안 바벨론에서 포로생활을 하게 된다. 이런 시간을 통해 아직도 죽이지 못한 이스라엘을 철저히 죽이면서 새로운 부흥을 꿈꾸는 시간을 갖는다.

- **이야기 6** : 70년 후에 이스라엘은 바벨론에서 예루살렘으로 귀환한다. 전적인 하나님의 은혜로 고국에 돌아와 무너진 성전과 성벽을 재건한다. 학개, 에스라, 느헤미야와 같은 지도자들을 통해 이스라엘의 부흥을 꿈꿨다. 말씀을 가르치며 자녀들에게 하나님의 약속이 이어져 내려오기를 원하지만 이스라엘은 더 나아지지 않았다. 말씀을 어기고 형식적인 제사와 패역을 또다시 행하고 만다. 말라기를 통하여 마지막 회개를 촉구하지만 그들은 끝까지 하나님을 거부하면서, 결국 400년 침묵기의 불행을 자초한다.

- **이야기 7** : 이스라엘의 긴 역사를 통해서 결국 인간은 죄인이라는 사실이 판명 났다. 율법을 지키려고 애썼지만 여전히 말씀을 어기는 일이 반복되었다. 인간은 율법을 지킴으로써 구원을 얻는 것이 아니라는 사실이 반복적인 이스라엘의 패역을 통해 분명해졌다. 이제 다른 길이 필요하다. 오직 예수 그리스도만이 답이다. 주님이 이 땅에 오셔야 한다. 구약의 모든 책은 예수 그리스도를 예언하고 있다. 그분이 오셔야 인간의 죄 문제가 해결된다. 구약성경은 예수 그리스도를 드러내기 위한 그림자이다. 구약은 예수님을 만나기 위한 준비과정이다. 구약의 불완전한 것은 예수님을 통해 이루어지고 완성된다. 그런 점에서 예수님은 구약을 이해하는 핵심이며, 구약은 예수님을 이해하는 기초가 된다.

31일 · 성 · 경 · 통 · 독 막간

하나님 나라의 준비 : 중간시대

* * * * *

막간 이야기

하나님께서 이스라엘 백성을 선택하신 이유는 열방 속에서 제사장 나라가 되며 거룩한 백성이 되게 하는 것이었다. 이것을 위해서 아브라함을 선택하여 이스라엘 민족을 이루어 약속의 땅 가나안을 정복하게 하셨다. 그렇지만 이스라엘은 하나님 나라의 백성으로서 사명을 감당하지 못하고 하나님의 언약을 버리고 배신했다. 이방 나라와 짝하며 하나님의 거룩한 백성이 되는 특권을 저버렸다. 하나님 나라를 저버리고 세상의 나라로 돌아가는 이스라엘의 실패는 참담하기까지 했다.

이스라엘은 한 번의 실패를 경험했음에도 열방을 구원하는 사명을 저버린 채 하나님의 침묵시대로 들어선다. 결국 그동안 이스라엘을 통해 장엄한 하나님 나라를 건설하려는 드라마는 이렇게 막을 내리고 만다. 하지만 이것이 끝은 아니다. 인간은 하나님을 포기했지만 하나님은 결코 인간을 포기하지 않으셨다. 다시 하나님 나라의 건설을 시작하신다. 이런 준비기간이 막간이야기이다.

* * * * *

400년 침묵기이야기 : 신구약 중간시대

구약성경이야기에서 신약성경이야기로 넘어가는 중간시대는 약 400년 정도 된다. 성경에는 기록이 없지만 시대적으로 보면 400년의 공백기가 있다. 이 시기에 하나님의 말씀이 나타나지 않았다고 해서 침묵기라고 말한다. 또한 하나님의 계시가 없는 시대였기에 암흑시대라고 말하기도 한다. 신약성경을 읽기 전에 중간시대를 잠깐 이해할 필요가 있다. 이것은 신약성경을 이해하는 배경이 되고, 훨씬 쉽게 신약성경을 이해할 수 있도록 도와준다.

이 시기는 하나님이 없던 시기였다. 세상 사람들이 지배하는 시기였다. 하나님을 믿는 사람들은 많은 핍박을 당하는 시기였다. 빛보다 어둠이 지배하는 시기였다. 이스라엘의 타락은 점점 심해졌다. 특히 지도자들의 부패는 더욱 두드러졌다. 하나님을 대신하여 자기가 왕이 되려는 사람들이 등장하고, 그들이 이스라엘을 좌지우지했다.

태양이 떠오르기 직전의 어둠은 더 짙다. 예수님이 탄생하시기 전의 시대적 상황은 바로 이런 암흑기였다. 역사로 보면 침묵시대는 헬라와 로마시대에 해당한다. 당시 이스라엘은 헬라와 로마에 의해 식민지 통치를 받고 있었다. 바벨론과 바사의 지배를 받았던 때처럼. 또한 정치적으로 결탁한 사두개인과 대제사장, 서기관과 바리새파의 유대교

* * * * *

가 이스라엘을 이끌던 시기였다. 이 시기에 헤롯이 성전을 지어주면서 성전을 지배하고 있었다.

중간시대는 유대교가 형성되는 시기로, 나중에 유대교는 예수님을 거부하고 교회를 핍박하는 주체로 등장한다. 신약성경이야기는 외부적으로는 로마와의 싸움이었고, 내부적으로는 유대교와의 싸움이라는 배경을 지니고 있다. 이런 점에서 신약성경을 읽기 위해 유대교를 이끄는 종파를 이해하는 것은 매우 중요하다.

▶ 그림으로 전체 조망하기

유대교의 종파들 (중간시대)

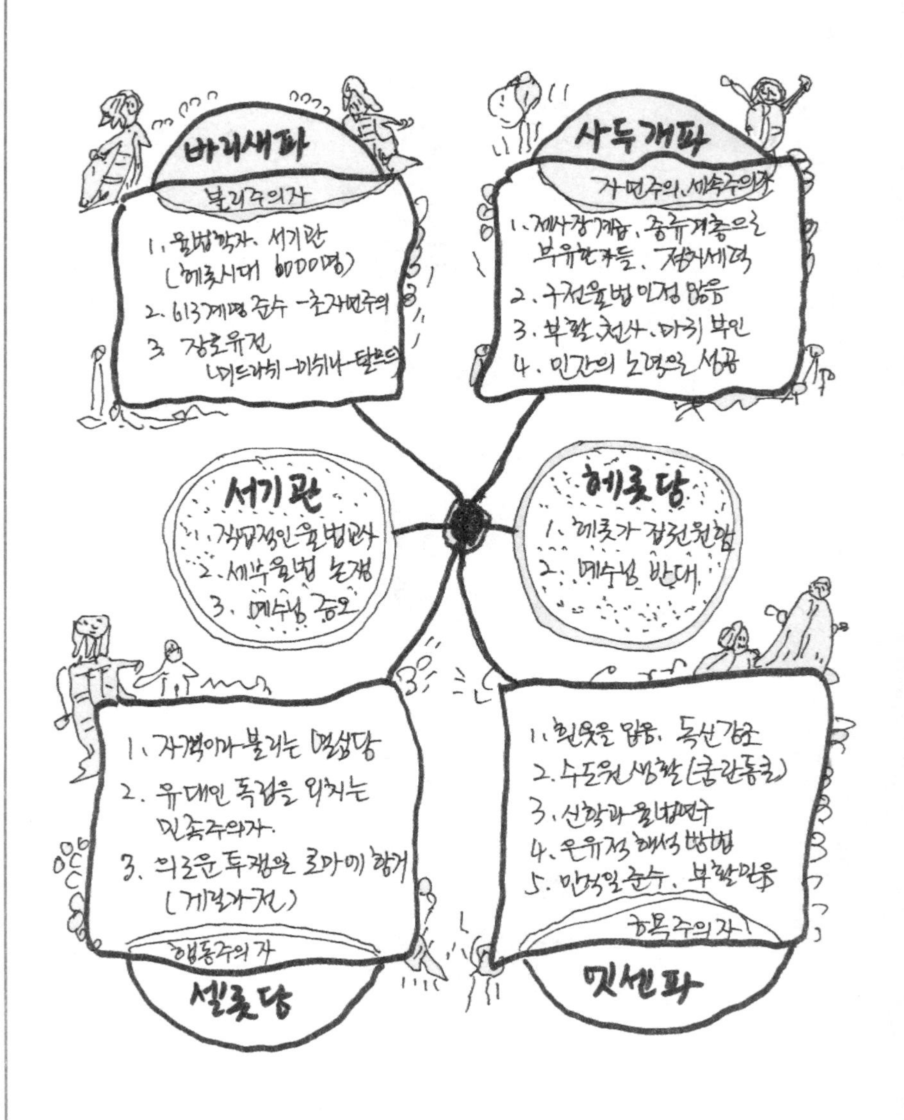

▶ 그림으로 전체 조망하기

교회 태동과 성장의 배경

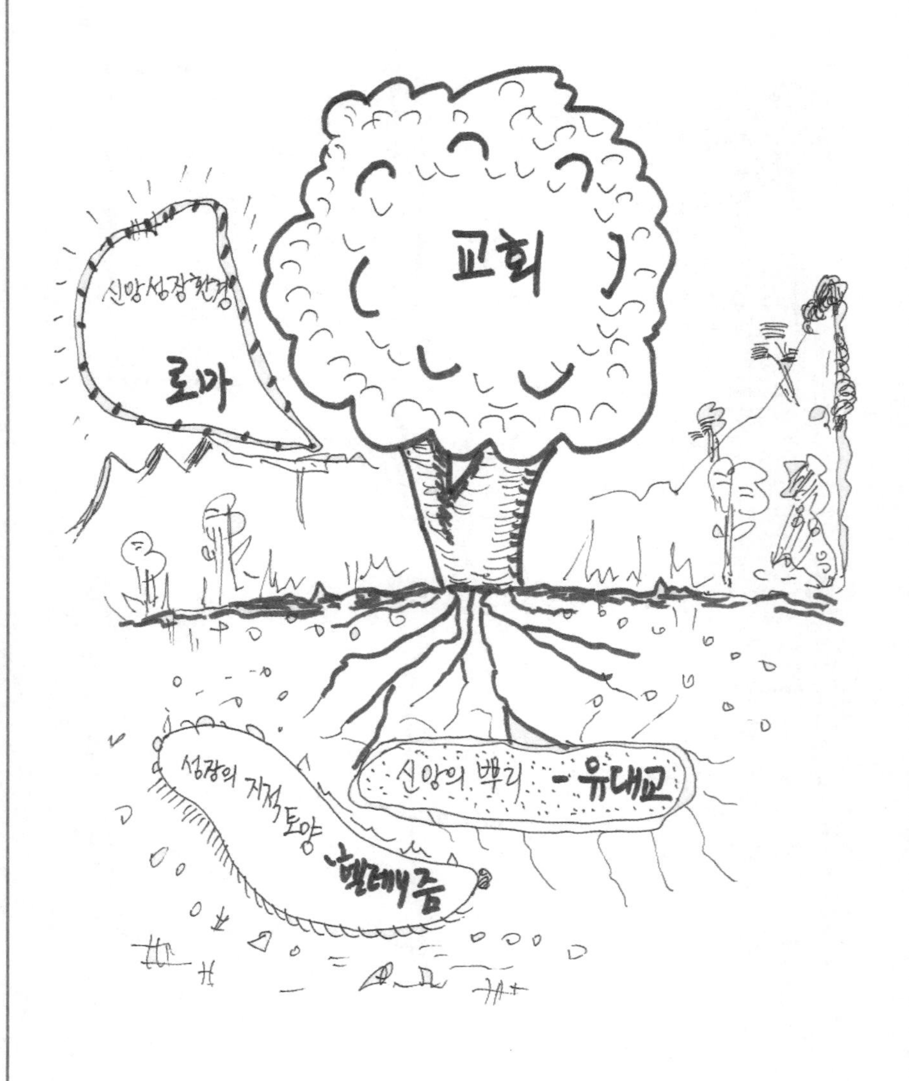

31일 · 성 · 경 · 통 · 독 7막

하나님 나라의 성취 : 복음서시대

* * * * *

예수 그리스도를 통한 새 시대

아브라함부터 시작된 하나님 나라는 이스라엘을 통하여 이루어지는가 했지만 얼마 가지 못해서 이스라엘은 세상 나라의 모습으로 변질되었다. 결국 바벨론과 바사를 통하여 이스라엘이 지배를 당하면서 하나님 나라의 소망이 사라지는 듯했다. 포로귀환을 통하여 하나님 나라의 회복을 꿈꾸었지만 다시 침묵기에 들어서면서 이스라엘에게 소망을 찾기가 힘들어졌다. 이런 반복적인 과정은 인간의 죄가 얼마나 심각한 상황인지를 잘 보여준다.

이제 인간의 노력으로는 불가능한 상황이 되었다. 이스라엘을 통하여 열방을 구원하겠다는 하나님의 꿈도 점점 멀어져만 갔다. 하지만 하나님 나라는 새롭게 움트기 시작했다. 그것은 예수 그리스도께서 이 세상에 오시는 일이었다. 예수님 자신이 곧 하나님 나라였다. 예수님을 영접하는 것이 곧 하나님 나라를 마음에 받아들이는 것과 같았다. 이런 점에서 예수 그리스도께서 세상에 오시는 것은 하나님 나라의 도래를 알리는 것이며, 드디어 구약에서 이루지 못한 하나님 나라가 성취되는 순간이었다. 인간의 힘이 아닌 하나님이 직접 인간이 되셔서 인간 속으로 들어오시는 성육신하신 예수님은 새로운 시대의 시작점이었다. 세상의 모든 역사는 이제 예수님을 통해서 다시 기록된다는 점에서 예수

＊ ＊ ＊ ＊ ＊

님은 역사의 중심이 된다. 복음서는 그런 예수님을 통해 이루어지는 하나님 나라의 성취를 그리고 있다.

우리가 복음서를 네 권으로 통독하는 이유는?

복음서는 역사 속에 오신 예수님의 이야기를 예수님을 만난 증인들이 생생히 기록한 책이다. 복음서의 저자는 네 명의 제자들로 구성되었다. 그렇다면 예수 그리스도의 삶을 네 개의 복음서로 기록한 이유는 어디에 있을까? 그것은 예수님을 제대로 알려주기 위함이었다. 하나의 복음서보다는 네 개의 복음서로 예수님을 만난다면 훨씬 더 잘 이해할 수 있으니까. 저자의 관심사와 다양한 독자들을 보면서 복음서 각각의 특성에 맞게 읽는다면 예수님이 입체적으로 다가오고 더 생동감 있는 만남이 될 것이다.

흔히 복음서를 통독할 때 쉬운 방법을 택하는 경우가 있다. 같은 책이 반복되다 보니 자칫 지루할 수 있다는 생각에서 이렇게 편리한 방법을 사용한다. 연대기로 다시 배열해서 단 권으로 성경을 읽을 때는 예수님의 생애를 한눈으로 정리하면서(이 책에서도 이 부분의 도움을 주기 위해 그림을 제시했다) 성경을 이해하는 방법으론 도움이 될

* * * * *

수 있지만 그것은 성경을 제대로 읽는 것은 아니다. 자칫 성경 원저자의 의도보다는 독자들이 각자의 입맛에 맞춰 각색할 수 있다는 문제가 있다. 오히려 각각의 복음서의 특징을 살려서 다양한 시각을 가지고 예수님을 이해하는 것이 성경 저자의 의도이자 말씀의 맛을 더 풍성하게 누릴 수 있다. 이런 점에서 각각의 복음서의 특징을 살려 네 명의 저자들이 들려주는 예수님의 증언을 통합적으로 읽는 것이 중요하다. 본서의 성경통독 방법도 이런 원칙에 따라 복음서 네 권을 모두 읽도록 구성했다.

▶ 그림으로 전체 조망하기

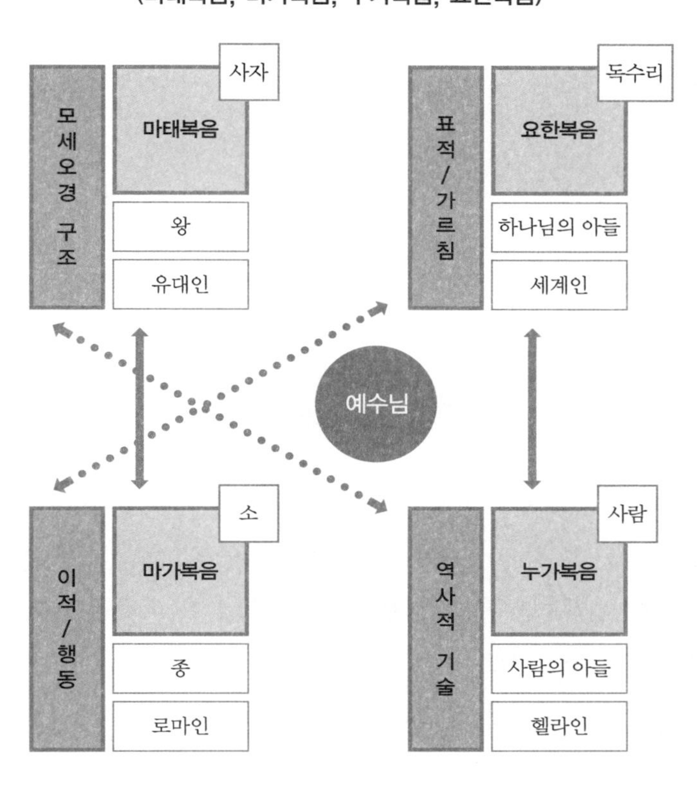

■ 한눈으로 보는 복음서시대
(마태복음, 마가복음, 누가복음, 요한복음)
모세오경 구조
마태복음
사자
왕
유대인
표적/가르침
요한복음
독수리
하나님의 아들
세계인
예수님
이적/행동
마가복음
소
종
로마인
역사적 기술
누가복음
사람
사람의 아들
헬라인

DAY 25

마태복음과 마가복음에 나타난 예수님의 모습은?

〉〉〉 성경통독 / 마태복음, 마가복음

마태복음 : 유대인 / 왕으로 오신 예수님

마태복음은 유대인을 위한 책으로, 신약성경의 맨 처음에 배열되었다. 그 이유는 구약성경과 연결하기 위함이다. 마태복음 1장은 예수님의 족보를 아브라함부터 기록하고 있다. 이것은 예수님이 구약의 핵심이라는 사실을 보여준다. 구약성경은 예수님을 드러내기 위한 준비단계의 책이다. 우리는 마태복음 서두의 족보를 지겨워하지만 유대인에게 있어서 족보야말로 아주 간단하게 구약성경을 한눈에 정리할 수 있는 효과적인 방법이다. 또한 마태복음은 예수님의 가르침을 체계적으로 배열하고 있으며, 유대인들에게 익숙한 토라의 5권에 따라 다섯 단락의 가르침으로 구성하고 있다. 이것은 유대인들에게 예수님

▶ 그림으로 전체 조망하기

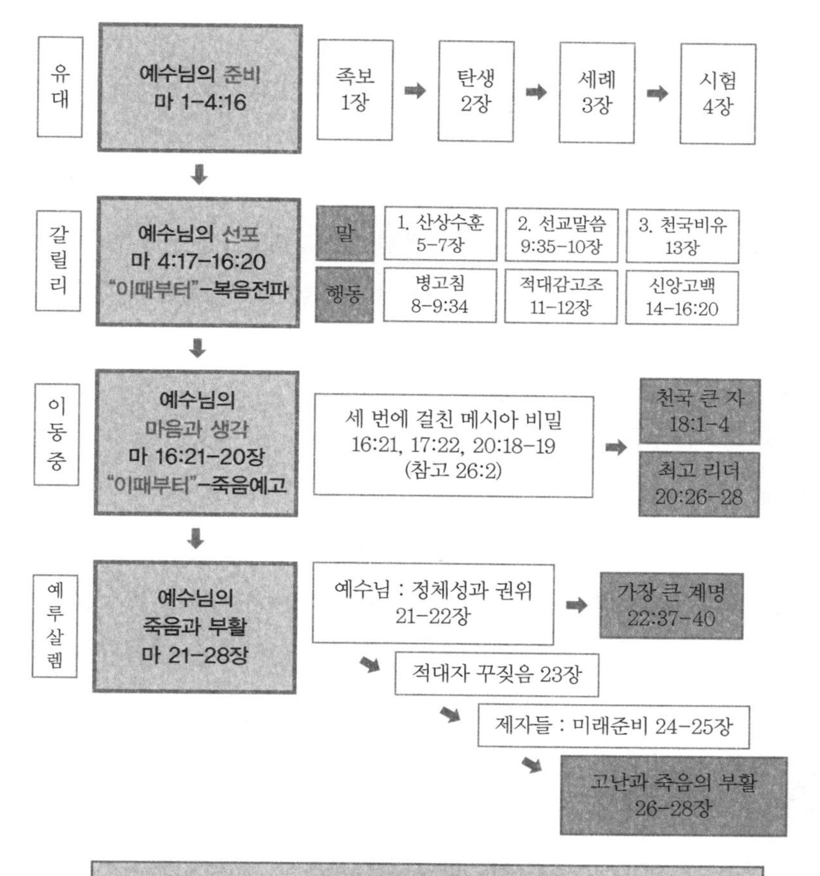

■ **말씀의 성취**

선지자로 하신 말씀을… 이루려 하심이라(마 1:22-23, 2:15, 17-18, 23, 4:14-16, 8:16, 12:17-21, 21:4-5, 28:9-10) - 의를 성취한다, 말씀을 마치시매(마 7:28, 11:1, 13:53, 19:1, 26:1)

을 더 잘 전달하기 위한 배려이다(마 5:1-7:29, 10:11-42, 13:1-52, 18:1-35, 24:1-25:46). 각 교훈이 "예수께서 마치시매"라는 문구로 종결하고 있는 점도 특이하다.

마태복음은 예수님을 유대인의 왕으로 그리고 있다. 그동안은 인간 왕들이 이스라엘을 통치했었다. 하지만 그들은 대부분 실패한 왕이었고 불완전한 왕이었다. 이 세상 나라를 통치했지만 그 마지막은 불행한 삶으로 마무리했다. 물론 인간 왕의 지배를 받은 백성들은 더욱 불행했을 것이다. 이스라엘의 실패 역사가 그것을 잘 증명해준다. 그러나 그것은 이스라엘 백성들 스스로가 자초한 일이었다. 이런 상황에서 마태는 예수님이야말로 유대인이 기다리던 진정한 왕임을 드러내주고 있다. 하나님 나라를 통치하는 왕으로서 예수님을 보여주고 있는 것이다(마 2:2, 27:37).

마태복음에서 특별히 강조하는 것은 예수님은 구약시대 선지자를 통해서 하신 말씀을 이루기 위해 오신 분이라는 점이다. 이것은 구약 율법의 진정한 해석자는 예수님이심을 보여준다. 율법과 대조하면서 서기관과 제사장보다 더 나은 의로서 예수님을 묘사하고 있다. 예수님이 오신 것은 하나님의 말씀을 폐하려고 오신 것이 아니라 완성하러 오셨다는 점에서 마태의 관심이 어디 있는지를 잘 보여준다. 특히 산상수훈을 통해 유대인보다 "더 나은 의"(마 5:20)를 강조하는 것이 핵심이다. 이것은 예수님이 내 안에 오심으로써 누구도 할 수 없는 말씀을 성취할 수 있음을 의미한다. 진정한 제자는 예수님을 마음에 영접하고 하나님의 말씀에 따라 사는 자이다. 마태복음은 그동안 구약에서 이룰 수 없는 것을 예수님을 통하여 성취할 수 있다는 점에서 희망의 메시지이다.

하나님 나라의 도래

마태복음은 예수님을 통하여 구약에서 바라던 하나님 나라가 이 세상에 왔다는 것을 강조하고 있다. 예수님이 오신 것을 "천국이 가까웠다"라는 내용으로 표현한다. 이것은 예수님이 곧 하나님 나라임을 의미한다. 예수님을 모시면 그것은 곧 천국을 마음에 받아들이는 것이다. 구약에서 이루지 못한 하나님 나라가 예수님을 통해 성취되고 나중에 완성됨을 말한다.

산상수훈(마 5-7장)은 하나님 나라의 시민들이 살아야 하는 실행지침이다. 이 세상과 다른 천국시민의 고차원적인 삶을 그리고 있다. 이것은 구약의 율법보다 한 차원 높은 수준의 내용이다. 이런 점에서 예수님의 제자들은 바리새인보다 더 나은 의를 가져야 한다. 특히 팔복은 하나님 나라의 복을 핵심적으로 정리한 것이다. 또한 마태복음에는 천국 비유에 관한 내용이 많이 소개되는데, 이는 천국에 대한 소망을 갖게 하면서 아울러 이 세상에서 천국의 삶을 어떻게 살아야 하는지 가르쳐주려는 의도이다.

마태복음의 내용

마태복음은 유대 땅에서 예수님의 준비사역으로 이야기가 시작된다. 마태복음 1장 1절부터 4장 16절에는 예수님의 탄생과 세례와 시험받으신 내용이 나온다. 본격적인 사역은 갈릴리에서 이루어진다.

"이때부터"(마 4:17)의 구절은 예수님의 복음 전파가 시작되었음을 알리는 구절이다. 이것은 말과 행동으로 이루어진다. 말씀은 산상수훈(마 5-7장), 선교말씀(마 9:35-10:42), 천국비유(마 13장) 등이다. 특히 산상수훈은 구약의 율법에서 한 걸음 더 나아가 완성된 내용을 담고 있다. 바리새인과 서기관보다 "더 나은 의"(마 5:20)를 제시하면서 제자들이 그렇게 살기를 원하시는 모습을 볼 수 있다. 이것은 예수님이 구약을 폐기한 것이 아니라 완성하러 오신 분임을 잘 보여주는 내용이다.

예수님의 행동은 주로 병 고치는 사역으로 나타났는데, 그 이유는 기적을 통해 하나님 나라를 선포하며 하나님 나라를 마음에 받아들이게 하기 위함이었다. 주로 말씀을 통하여 복음이 전파되지만 강퍅한 사람들에게는 병 고치는 치유를 통하여 하나님 나라를 선포하셨다. 마태복음 14장 16~20절에 나오는 베드로의 신앙고백은 주님을 따르는 제자의 모델이 된다. 주님의 말씀과 행동은 예수님을 그리스도요 하나님의 아들이심을 받아들이게 하는 데 그 목적이 있었다.

또한 마태복음은 제자를 가르치는 데 초점을 두고 있다. 그들을 통하여 온 세계에 복음을 전파하기 위함이었다. 구약의 이스라엘은 이 사명을 감당하지 못했기에 이제 예수님은 제자들을 통하여 복음이 열방에 전파되기를 소원하셨다. 그런 이유로 예수님은 사역 전에 제자들을 선택하셨고, 많은 무리보다 소수의 제자를 가르치는 데 온 힘을 쏟으셨다.

갈릴리에서 예루살렘으로 이동하시면서 제자들에게 예수님의 마음과 생각을 알리셨다(마 16:21-20:34). 그중에 중요한 내용이 메시아에 관한 비밀이었다. "이때로부터"(마 16:21) 자신의 십자가 죽음과 부활의 내용을 제자들에게 세 번에 걸쳐서 말씀하셨다. 이것은 예수님께서 이 세상에 오신 목적이었다. 그렇지만 제자들은 이런 예수님의 말씀을 이해하지 못했다. 천국에서 가장 큰 자는 남의 종이 되는 것이고 섬기는 것임을 말씀하셨다. 그리고 그것은 십자가의 죽음으로 완성된다고 강변하셨다. 하나님 나라는 말로 오는 것이 아니라 피 흘려 죽는 희생을 통하여 온다. 예수님의 죽음이 그것을 잘 보여준다.

마태복음 21~28장은 예수님이 죽으시기 위하여 예루살렘으로 들어오시는 순간부터 기록된 내용이다. 여기서 가장 큰 계명은 사랑임을 강조한다(마 22:37-40). 이것은 구약의 모든 율법은 사랑을 위한 것임을 의미한다. 예루살렘에서 예수님은 적대자 바리새인과 서기관과 대제사장을 꾸짖고 하나님 나라의 복음을 전하셨다. 얼마 후에 십자가에서 죽을 자신을 바라보면서 제자들을 가르치는 사역에 집중하셨다. 그것은 예수님이 죽으신 후에 일어날 일에 대한 준비였다. 예수님은 인간의 죄를 담당하기 위해 갖은 고난을 겪으셨다. 그리고 십자가에서 죽음을 맞이하셨다. 그리고 말씀하신 대로 부활하셔서 제자들에게 나타나 마지막 지상명령(마 28:19-20)을 선포하셨다. 이 마지막 말씀은 마태복음의 특징을 한마디로 정리하는 핵심구절이다.

마가복음 : 로마인 / 종으로 오신 예수님

마가복음은 로마인들에게 예수님을 소개한 책이다. 마가복음을 기록할 당시 세계 최강국인 로마제국이 기독교를 박해하여 많은 성도가 신앙을 지키다가 죽임을 당했다. 이런 상황에서 마가복음이 기록되었다. 마가복음은 로마의 압제 속에 사는 그리스도인들에게 십자가를 지고 가는 제자도에 대해서 강조하고 있다. 구약을 모르는 이방인이기에 구약의 내용을 인용하기보다는 예수님의 이야기를 생동감 있게 진행하고 있다. 그런 점에서 기적이야기가 많이 소개된다. 그것은 눈으로 보아야 믿는 로마인들을 염두에 둔 것이다. 이런 기적을 통해 단순히 인간이 아닌 하나님의 아들 그리스도이심을 보여주려는 의도였다.

당시 로마 사람들은 가이사를 왕으로 섬기고 있었다. 가이사는 세상 왕으로 사람들을 지배하는 왕이었다. 그에 반해 예수님은 왕이시지만 섬기는 왕으로 묘사된다. 인류를 위해 십자가에 죽으시는 연약한 왕을 그리면서 역설적으로 누가 참된 왕이며 구원자인지 보여주는 것이다. 자기 목숨을 많은 사람을 위해 주는 그런 왕이야말로 진정한 구원자라는 메시지를 강력하게 전하고 있는 것이다(막 10:45).

아울러 주님을 따르는 제자들도 그런 삶을 살아야 한다고 강조한다. 이것은 이미 이사야가 예언했던 "고난 당하는 하나님의 종"의 모습을 구체적으로 보여주는 것이다. 이것은 당시 일반 사람들이 이해했던 메시아와는 사뭇 다른 모습이다. 예수님을 정치적인 메시아가 아니라 고난 당하는 메시아로 보여주고, 그런 희생과 죽음을 통해 인류가 구원받는다는 사실을 전하고 있는 것이다.

▶ 그림으로 전체 조망하기

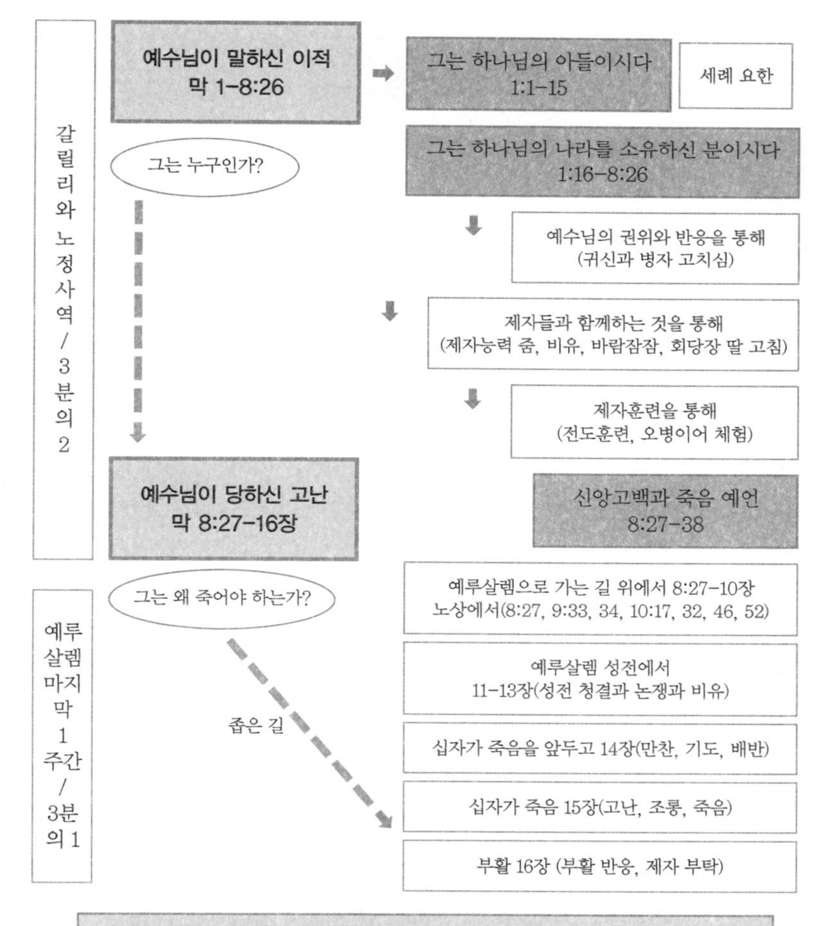

■ **시간을 급하게 전개함**

사건이 "즉시"(41회) 일어나고 있다고 기록한다. 짧은 문장보다는 "그리고"를 사용한다. 마가의 묘사는 세부적(부차적인 묘사 사용)이고 생동감이 있다.

마가복음의 내용

마가복음은 크게 두 부분으로 나누어진다. 갈릴리에서 예루살렘으로 가는 노정에서 벌어지는 이야기(막 1:1–8:26)와 예루살렘에서 일주일간의 수난이야기(막 8:27–16:20)이다. 예루살렘에서 일어난 마지막 일주일간의 이야기가 마가복음 전체의 3분의 1을 차지할 정도로 중요한 의미를 두고 있다. 이는 예수님의 33년의 생애 중에 일주일간의 수난이 핵심임을 보여주려는 의도이다. 갈릴리와 예루살렘 사이 노정에서는 예수님의 이적이 많이 기록되어 있다. 인간이 할 수 없는 기적을 통하여 예수님은 진정 하나님의 아들이시고 하나님 나라를 소유하신 분으로 소개한다. 귀신과 병자를 고치시고, 바람을 잔잔하게 하시고, 회당장의 딸을 고치시고, 오병이어의 사건을 통해 예수님이 하나님의 아들이심을 증거하고 있다. 물론 이런 과정을 통해 예수님은 제자들을 가르치시는 일에 우선을 두고 제자훈련에 온 힘을 쏟는 데서 예수님의 중심을 읽을 수 있다.

예수님의 제자훈련에 관한 내용은 후반부에 본격적으로 등장한다. 그것은 자신이 십자가에서 죽는 모본을 보이면서 절정에 이른다. 예루살렘으로 가는 노상에서 예수님은 "왜 죽어야 하는지"를 반복해서 말씀하셨다. 그리고 예루살렘에 들어가서도 성전 청결사건과 논쟁과 비유를 통해 하나님 나라를 전하셨다. 예수님은 하나님 나라를 갖고 오신 분이다. 사람들은 하나님 나라를 거부하고 배척하여 받아들이지 않았다. 당시 가장 믿음이 좋다고 여겨졌던 종교지도자들이 오히려 앞장서서 배척하는 모습은 아이러니하다.

마지막 십자가의 죽음을 앞두고 만찬과 기도를 하면서 예수님은 자기 죽음을 말씀하시지만 제자들은 깨닫지 못한다. 결국 예수님은 가룟 유다에게 배반당하고 십자가에 달려 죽으신다. 마가는 예수님이 고난을 겪고 조롱받고 죽임당하는 장면을 아주 자세히 다루고 있다. 특히 십자가에서 못 박혀 죽으시는 유대인의 왕을 더 강렬하게 드러내고 있다. 후에 부활하신 예수님이 제자들에게 나타나셔서 복음 전파의 사명을 부탁하시고 하늘로 승천하심으로써 마가복음은 마무리된다.

마태복음과 마가복음의 관계

마태복음은 왕으로 오신 예수님을 그리고 있다. 마가복음은 종으로 오신 예수님을 말하고 있다. 가장 높은 왕과 가장 낮은 종은 서로 비교된다. 이것은 예수님을 이해하는 데 균형 잡힌 시각을 가져야 함을 보여준다. 가장 높은 하나님이신 분이 가장 낮은 비천한 곳에 오셔서 우리를 위해 죽으시는 복음이야기는 그리스도를 따르는 삶이 어떠해야 함을 잘 보여준다.

DAY

26 누가복음과 요한복음에 나타난 예수님의 모습은?

〉〉〉 성경통독 / 누가복음, 요한복음

누가복음 : 헬라인 / 인간으로 오신 예수님

마가는 예수님의 이야기를 빠르게 극적인 장면을 중심으로 전개하지만, 누가는 완벽하고 세밀하게 예수님의 이야기를 역사적 순서대로 전한다. 헬라인은 인간의 이성을 중시하는 합리적인 사람들이기에 그들의 눈높이에 맞춰 차례대로 근원부터 복음을 풀어나간 것이다(눅 1:3). 그리고 인간 예수에 초점을 두어 역사적 사실로서 이 땅에 오신 예수님을 그리고 있다. 다른 복음서에 없는 예수님의 어린 시절을 소개한 것이 그 예이다. 누가복음은 예수님의 두 가지 본성 중에 인성에 초점을 두고 기록하고 있다. 그렇기에 우리는 누가복음을 읽으면서 예수님을 멀리 계신 분이 아니라 가까이 계신 친근한 분으로 느낄

▶ 그림으로 전체 조망하기

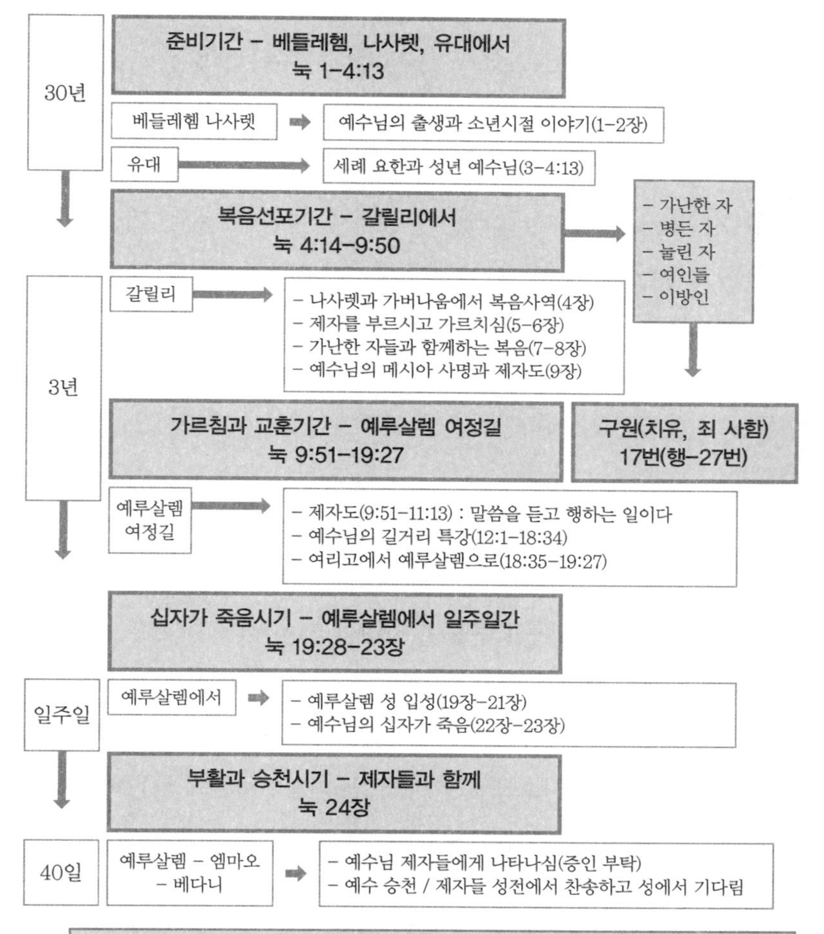

■ **십자가 죽음(구원)을 향한 여정길**

예루살렘을 향하여(9:51) - 예루살렘을 향하여(9:53) - 예루살렘으로 여행(13:22) - 예루살렘으로 가실 때에(17:11) - 예루살렘으로 올라가노니(18:31) - 예루살렘에 가까이 오셨고(19:11) - 예루살렘을 향하여(19:28) - 성을 보시고 우시며(19:41) - 성전에서 백성을 가르치시며 복음을 전하실새(20:1)

수 있다.

누가복음은 다른 복음서와 다르게 사도행전과 연결된다. 예수님의 역사적 기술을 예수님으로 끝내지 않고, 그 이후에 사도들이 예수님을 전하는 복음 전도에까지 확장된다. 그런 점에서 누가가 기록한 누가복음은 1부로, 사도행전은 2부로 이해할 수 있으며, 이 둘은 서로 연결성을 가지고 읽어야 함을 보여준다.

누가복음에는 주류보다 소외된 자들에 관한 이야기가 많이 나온다. 잃어버린 자, 세리, 사마리아인, 가난한 자, 저는 자, 눈먼 자, 여인 등이 주로 등장한다. 이것은 나중에 점차 이방인으로 번져나가 예루살렘에서 로마까지 복음이 확장되는 것을 염두에 두고 기록했음을 알 수 있다. 이것은 이스라엘을 회복하는 것은 이스라엘만을 위한 것이 아니라 인류를 향한 구원의 메시지임을 의미한다. 이런 이유에서 누가복음은 성령을 강조한다. 시작부터 마치는 모든 과정에서 성령의 이끄심을 받는다. 후에 이 성령은 사도행전의 복음 전파에까지 이어진다.

누가복음에는 "예루살렘을 향하여"라는 구절이 반복해서 나온다. 여기서 예루살렘은 고난과 죽음의 자리를 의미한다. 이것은 예수님의 삶이 처음부터 마지막까지 십자가의 죽음이 목적이었음을 보여주는 대목이다. 예수님은 십자가의 죽음으로 인류를 구원하는 삶을 보여주셨다. 이것은 오늘날 그리스도인이 어떤 길을 가야 하는지 생각하게 해준다(눅 9:51,53, 13:22, 17:11, 18:31, 19:11,28).

누가복음의 내용

누가복음은 예수님의 일생을 연대기적으로 기록하고 있다. 30년의 준비기간(눅 1:1-4:13)은 베들레헴과 나사렛과 유대에서 일하셨다. 여기서는 예수님의 출생과 소년시절과 성년 예수를 세례 요한과 함께 소개한다. 공생애 3년의 기간은 복음을 전하고 가르치는 기간(눅 4:14-19:27)으로 갈릴리와 예루살렘 여정에서 일어난 일이다. 갈릴리에서 제자들을 부르시고 가난한 자와 함께하시면서 예수님의 메시아 되심을 선포하는 제자사역이 주로 소개된다. 특히 소외된 사람들을 치유하고 죄를 용서하는 일은 누가복음의 관심사이다.

예수님은 예루살렘 여정에서는 제자도에 대해서 집중적으로 가르치셨다. 말씀을 듣고 행하는 일을 강조하면서 제자들에게 길거리 특강을 들려주셨다. 이 과정에는 고난의 십자가를 향해 걸어가시는 예수님과 그 길을 이해하지 못하고 따라가는 제자들 사이의 긴장을 엿볼 수 있다. 함께 길을 가지만 예수님과 제자들은 서로 다른 생각을 하고 있음을 누가복음을 읽으면서 느낄 수 있다.

마지막 예루살렘에서 일주일간을 그린 십자가 죽음시기(눅 19:28-23:56)는 예루살렘에 입성하는 장면과 십자가에서 죽으시는 과정을 그리고 있다. 그리고 죽으신 후에 3일 만에 부활하시어 승천하는 시기(눅 24장)는 부활 후에 40일 동안 제자들과 함께하시면서 말씀하신 내용과 승천사건을 다루고 있다. 부활이야기는 다른 복음서에 비해 누가복음이 가장 길게 언급하고 있다. 이것은 제자들이 앞으로 부활의 증인으로서 살아갈 것을 강조하는 측면이 있다. 특히 제자들이 함께 성전에 모여 찬송하며 성령 강림을 기다리는 내용은 누가복음이 사도행전으로 이어지고 있음을 보여준다.

요한복음 : 세계인 / 하나님의 아들로 오신 예수님

요한복음은 성경 전체의 이야기 속에서 예수님을 소개하고 있다. 예수님은 태초부터 계신 하나님으로 창조에 참여하신 분임을 서두에 소개하면서 이야기를 전개한다. 이런 점에서 요한복음의 대상이 전세계인이란 사실을 알 수 있다. 예수님은 단순히 인간이 아닌 하나님의 아들로 이 땅에 오신 분임을 강조한다. 우리에게 생명을 주시기 위해서 오신 분으로, 하나님의 어린 양으로 세상 죄를 지고 가는 그리스도를 말한다(요 1:20). 하나님의 아들이 인간을 위해 목숨을 버리신 어린 양으로 오신 것을 유대인의 절기, 특히 유월절로 십자가의 죽음을 풀어가는 것은 오직 요한복음에서만 발견되는 특이한 점이다.

요한복음은 다른 복음서와 다르게 메시아의 비밀이 없이 공개적으로 예수님을 소개한다. 또한 비유도 등장하지 않는다. 예수님의 교훈도 짧고 간결한 격언보다는 긴 설교문 형태를 띠고 있다. 이렇게 기록된 이유는 이미 예수님을 알게 된 깨달음을 갖고 서술했기 때문이다. 요한복음에는 일곱 가지 표적이야기가 나온다. "나는 …이다"의 형식을 통해 예수님이 누구이신지를 말하고 있다. 이런 일을 통하여 예수님이 하나님의 아들이심을 드러내고자 하는 요한의 의지를 엿볼 수 있다. 하나님을 하늘 멀리 계신 분으로서 말하기보다는 성육신을 통해 현존하시

▶ 그림으로 전체 조망하기

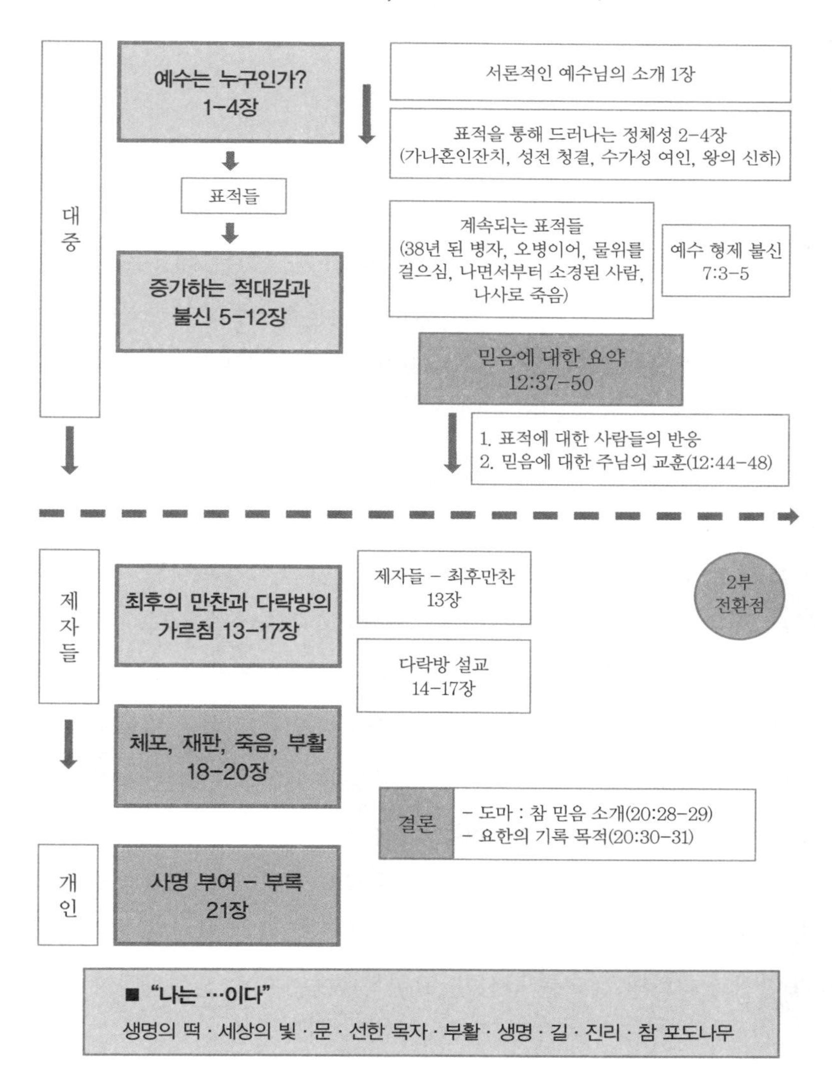

요한복음
핵심구절(영생, 믿음. 요 20:28-31)
대중
예수는 누구인가? 1-4장
표적들
증가하는 적대감과 불신 5-12장
서론적인 예수님의 소개 1장
표적을 통해 드러나는 정체성 2-4장
(가나혼인잔치, 성전 청결, 수가성 여인, 왕의 신하)
계속되는 표적들
(38년 된 병자, 오병이어, 물위를 걸으심, 나면서부터 소경된 사람, 나사로 죽음)
예수 형제 불신 7:3-5
믿음에 대한 요약 12:37-50
1. 표적에 대한 사람들의 반응
2. 믿음에 대한 주님의 교훈(12:44-48)
제자들
최후의 만찬과 다락방의 가르침 13-17장
제자들 - 최후만찬 13장
다락방 설교 14-17장
2부 전환점
체포, 재판, 죽음, 부활 18-20장
결론
- 도마 : 참 믿음 소개(20:28-29)
- 요한의 기록 목적(20:30-31)
개인
사명 부여 - 부록 21장
■ “나는 …이다”
생명의 떡 · 세상의 빛 · 문 · 선한 목자 · 부활 · 생명 · 길 · 진리 · 참 포도나무는 예수님 안에 계신 분임을 강조한다. 이런 예수님을 사람들은 신성모독죄로 십자가에 죽인다. 예수님을 이해할 수 있는 가장 좋은 위치에 있던 유대인들이 앞장서서 예수님을 죽였다는 사실은 참으로 아이러니하다.

요한복음의 내용

요한복음은 처음에는 대중에게 사역하는 내용을 그리고 있다(요 1-12장). 예수님이 누구이신지를 서론적으로 소개하면서 표적을 통해 예수님의 정체성을 드러내고 있다. 예를 들면 가나안 혼인잔치, 성전 청결, 수가성 여인과 만남, 왕의 신하를 고친 일 등이다. 이런 표적은 계속되면서 점점 증가한다. 그 내용은 38년 된 병자, 오병이어의 기적, 물 위를 건너는 기적, 나면서부터 소경된 사람을 고치신 일, 죽은 나사로를 살리신 일 등의 표적이다. 이런 표적이 나타날수록 사람들은 예수님을 믿기보다 표적을 더 추구하고, 적대자들은 예수님을 더 죽이려고 힘을 모은다. 심지어 예수님의 형제들까지도 예수님을 불신하게 된다. 이런 상황에서 예수님은 진정으로 믿는 것이 무엇인지를 제자들에게 고민하게 하신다. 아울러 믿지 않을 때 닥치는 심판에 대해서 엄중히 경고하신다(요 12:44-50).

많은 표적을 보임에도 대중들이 예수님을 거역하자, 예수님은 사역 방향을 제자들에게 집중하신다. 예루살렘에 들어와 제자들에게 최후의 만찬과 다락방 설교를 하신다. 요한복음에는 이런 훈련과정이 많이 소개된다. 요한복음 13~17장의 핵심 부분이 이런 내용을 담고 있다. 자칫 지루하게 보일 수도 있지만 믿음의 핵심을 아주 깊게 잘 요약한 장들이다.

이제 예수님이 승천하신 후 보혜사 성령이 오심으로써 이 모든 것을 인도하신다는 성령에 대한 예고는 요한복음에만 있는 중요한 내용이다. 예수님은 마지막까지 제자들을 가르치는 일에 집중하시고 체포당하여 재판받은 후 십자가에서 죽으신다(요 18-20장). 수난에 관한 내용은 다른 복음서에도 나와 있는 내용이지만 특별히 십자가상에서 "다 이루었다"(요 19:30)는 말씀은 이제 예수님이 구약의 모든 것을 성취하셨음을 한마디로 나타내주는 절정의 말씀이시다.

예수님은 부활하신 후에 나타나셔서 도마에게 "보지 못하고 믿는 자가 복되도다"(요 20:28-29)는 말씀을 주신다. 도마이야기는 제자들과 후대에까지 우리의 믿음이 어떠해야 하는지를 잘 보여주는 대목이다. 무언가 보려고 표적을 좇아다니는 현세적인 믿음의 모습을 지적하고, 영원한 하나님 나라를 보면서 끝까지 믿음의 행진을 감당하라는 교훈을 담고 있다. 부활 이후에 예수님은 제자들을 찾아와 사명을 회복시키시고, 자신이 전한 복음을 그대로 이어 끝까지 사명을 감당하라고 말씀하신다(요 21장). 또한 예수님은 고기를 잡으러 간 제자 베드로에게 나타나셔서 스승인 자신처럼 십자가에서 죽을 것을 각오하라는 메시지를 남기신다. 이것은 그리스도를 본받는 삶이 어떠해야 하는지를 분명히 보여주는 대목이다.

누가복음과 요한복음의 관계

누가복음이 온전한 인간 예수를 그리고 있다면, 요한복음은 하나님의 아들로서 예수님을 그리고 있다. 이것은 예수님의 인성과 신성을 잘 드러내준다. 누가복음과 요한복음은 신앙의 균형을 잡아주는 책이다. 예수님을 어떻게 이해하는가에 따라 우리의 신앙 모습은 완전히 달라질 수 있다. 예수님에 대한 잘못된 이해는 신앙을 왜곡시킨다. 이런 점에서 4복음서를 어느 하나만 선택하여 읽기보다는 다양한 측면에서 통합적으로 읽을 때 예수님을 진정으로 만날 수 있다.

31일 · 성 · 경 · 통 · 독 8막

하나님 나라의 적용 : 사도행전과 서신서시대

하나님 나라인 예수님이 오순절 성령 강림으로 제자들에게 영으로 임하셨다.
그런 제자들을 통하여 교회 역사 속에서 하나님 나라가 어떻게 전파되고
교회를 통해 어떻게 건설되는지 그 과정을 보여주는 것이 사도행전이다.
예루살렘과 유대와 사마리아 땅끝까지 이르러 전파되는
하나님 나라의 이야기는 한 편의 장엄한 드라마이다. 그리고 그 드라마는
소아시아와 유럽과 로마에까지 확장되어 오늘날까지 계속 이어지고 있다.
서신서는 하나님 나라의 복음이 각 교회를 통하여 어떻게 적용되는지
그 실례를 잘 보여주고 있다. 각 지역 교회의 상황에 맞게 복음이 선포되며
그곳에 하나님 나라가 세워지는 이야기를 그리고 있다. 오늘날의 교회는
하나님 나라가 선포되고 하나님 나라의 모델로서 세상에 증인 된
사명을 감당해야 한다. 교회 속에 하나님 나라가 이루어질 때
비로소 세상 속에서 교회가 빛과 소금의 역할을 감당할 수 있다.

* * * * *

사도행전과 바울 서신을 함께 통독하는 이유

사도행전은 예수님을 전하는 사도들의 행적을 기록한 교회 역사로서 중요인물은 베드로와 사도 바울이다. 전반부는 베드로의 이야기라면 후반부는 바울이 전한 내용이다. 사도행전은 초대교회가 어떻게 형성되었는지 그 과정을 보여준다. 예수님의 증인으로서 제자들이 어떠한 삶을 살았는지 실제적인 역사를 생동감 있게 그리고 있다.

특히 사도행전과 바울 서신은 같이 연결되어 있다. 바울 서신은 사도행전의 역사적인 배경 속에서 읽어야 이해하기 쉽다. 사도 바울의 4차에 걸친 여행 중에 세운 교회들의 구체적인 이야기가 바울 서신서이다. 예수님을 따르는 복음의 삶이 무엇인지 사도들의 발자취를 따라가면서 교회들의 상황과 문제들을 살펴보면 더 쉽게 이해할 수 있다.

■ 한눈으로 보는 사도행전 시대
(사도행전, 바울서신)

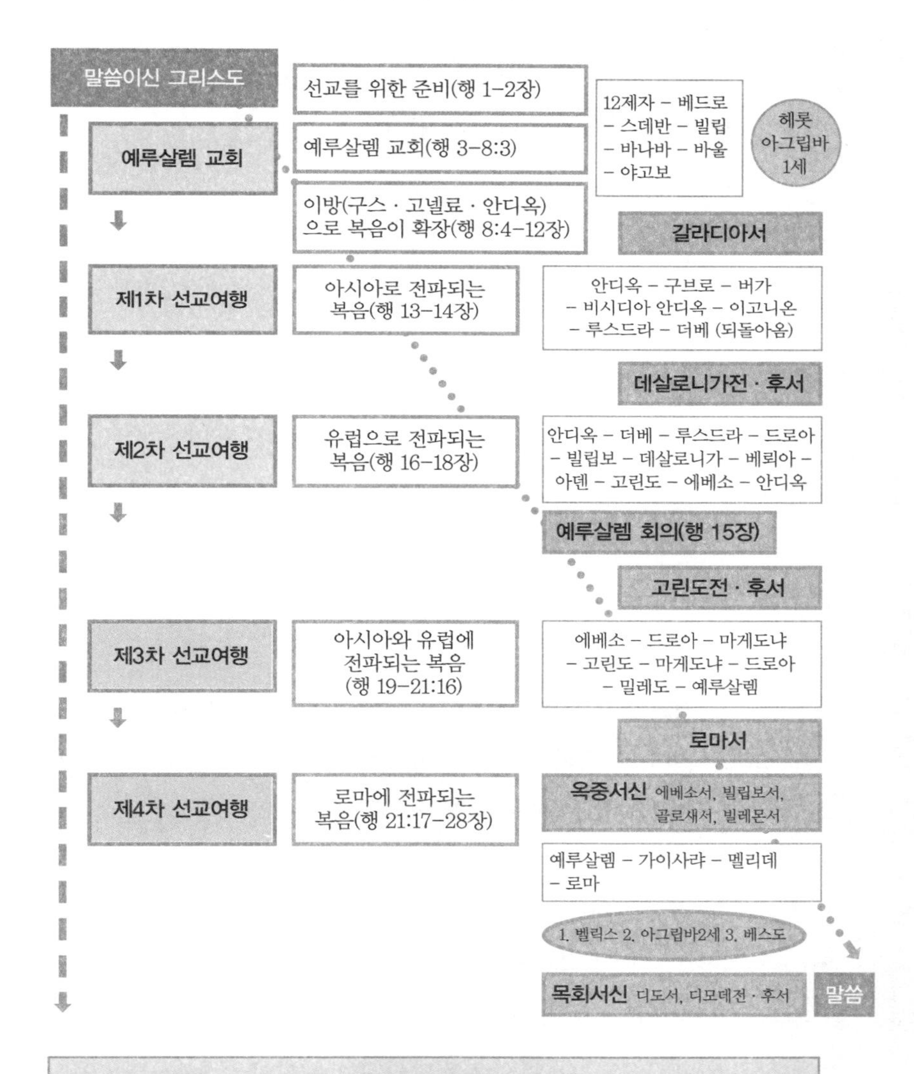

■ 말씀이 점점 흥왕함 – 사도행전 역사

12제자, 여자들, 예수 가족들(최초 교인) – 120명(1장) – 오순절 베드로 설교(3,000명)(2장) – 솔로몬 행각 베드로 설교(5,000명)(3장) – 바나바와 스데반 및 일곱 제자(4-6장) – 하나님의 말씀이 점차 왕성, 예루살렘에 제자의 수가 많아짐(6:7) – 유대와 갈릴리와 사마리아 교회 더욱 많아짐(9:31) – 하나님의 말씀은 흥왕하여 더하더라(12:24) – 이에 여러 교회가 믿음이 더 굳어지고 수가 날마다 더함(16:5) – 주의 말씀이 힘이 있어 흥왕하여 세력을 얻음(19:20) – 그리스도에 관한 것을 가르치되 금하는 사람이 없음(28:31)

DAY

27

복음이 예루살렘과 아시아에서 어떻게 나타났는가?

예루살렘 선교와 바울의 제1차 선교여행

〉〉〉 성경통독 / 사도행전 1-14장, 갈라디아서

사도행전과 복음

사도행전은 예수님의 제자들이 어떻게 복음을 전파했는지를 그리고 있다. 지리적인 배열로 복음이 어떻게 예루살렘과 유대와 사마리아와 땅끝까지 전파되는지를 보여준다. 사도행전을 온전히 이해하기 위해서는 예루살렘에서 로마까지 전파되는 복음의 이동 경로를 먼저 인식하는 것이 중요하다. 그러기 위해서는 지도와 함께 성경을 읽을 필요가 있다. 누가복음이 가난한 사람들을 향한 수직적인 관점에서 복음을 이해했다면, 사도행전은 이방선교를 염두에 둔 수평적인 선교를 말하고 있다. 구약시대 이스라엘의 사명은 열방을 구원하는 일이었다. 그런데 그들은 그것을 온전히 감당하지 못했다. 사도행전은 유대인들이 다하지 못한 열방에 대한 선교를 이제 이스라엘의 남은 자인 유대인 제자들을 통해 시작한다. 이것은 아브라함의 언약을 성취하는 역사적인 순간이다.

물론 복음 전파의 주체는 전적으로 성령이시다. 성령은 말씀과 함께하신다. 그런 점에서 처음 부분의 성령 강림사건은 아주 중요한 의미가 있다. 성령 충만함을 받은 사람들에 의해 예수 그리스도의 복음이 전파됨을 말하고 있기 때문이다. 그렇기에 우리는 사도행전을 성령행전이라고 말하기도 한다. 구약시대에 특별한 사람에게만 임했던 성령이 이제 각 사람에게 임함으로써 거룩한 나라의 사명과 제사장의 역할을 하게 된 것이다. 이것이 사도행전의 이야기이다. 구약의 이스라엘에게 부여된 복음 전파의 사명이 이제 신약에서는 교회로 연결되면서 이스라엘의 사명(출 19:1-4)을 교회가 대신하는 이야기이다.

예루살렘에서 시작된 복음

복음의 시작은 예루살렘이었다. 이런 점에서 예수님은 승천하시기 전에 제자들에게 예루살렘을 떠나지 말라고 말씀하셨다. 오순절 성령 강림은 새로운 시대가 열렸음을 알리는 복음의 신호였다. 예루살렘에서 일어난 각 나라 방언사건은 이제 복음이 세계 각국으로 번져나갈 것을 예고했다. 베드로의 설교를 통해 3천 명이 회개하면서 예루살렘교회는 더욱 부흥해 갔다. 베드로와 사도들의 가르침으로 초대교회는 날개를 폈다. 구원받는 사람들의 수가 날마다 더해졌다. 솔로몬 행각에서는 5천 명이 모여서 사도 베드로의 설교를 들었다(행 1-5장).

유대와 사마리아로 전파된 복음

이렇게 해서 양육된 사람들이 일곱 일꾼이다. 그중에 스데반은 성령 충만한 모습으로 복음을 전하다가 죽임당하는 최초의 순교자가 되었다. 스데반의 설교 전문을 보면 사도들이 얼마나 말씀으로 잘 훈련했는지를 알 수 있다. 스데반의 설교는 성경 전체의 내용을 핵심으로 정리한 최고의 전도지였다. 또 하나 초대교회 평신도 지도자인 빌립은 사마리아 지역에서 복음을 전파했다. 그러자 사마리아에서 놀라운 성령의 역사가 일어났다(행 6:5-8:40).

이방인들에게 전파된 복음

하나님은 당시 교회를 핍박하던 사울을 다메섹에서 불러 이방인의 사도로 들어 쓰셨다. 사도행전 9장 1~30절은 사울이 어떻게 주님을 만나는지 그 과정을 자세히 소개하고 있다. 그런데 이방선교를 위해서는 또 한 사람의 변화가 필요했다. 그 사람이 바로 베드로였다. 베드로가 변해야 이방선교의 문이 열리고 걸림돌이 생기지 않았다. 초대교회의 최고지도자였던 베드로가 변화되어야 예루살렘교회가 이방

선교에 대한 사명을 잘 감당할 수 있게 되기 때문이었다. 그런 의미에서 베드로의 변화는 매우 중요했다. 로마 백부장인 고넬료와의 만남을 통하여 이방인에게도 성령이 임한다는 사실을 직접 체험하자 베드로는 자신이 가졌던 잘못된 유대인의 시각에서 벗어났다. 나중에 베드로는 바울이 이방선교를 할 때 적극적으로 돕는다. 만약 이때 베드로가 변화되지 않았다면 이방선교는 어려워졌을 것이다(행 9:32-12:25).

제1차 선교여행 : 아시아로 전파되는 복음

이제 복음은 예루살렘과 유대와 사마리아에서 이방지역인 아시아로 전파된다. 수리아 안디옥에 있는 안디옥교회는 이방 선교의 중심지가 되었다. 여기서 바울 선교사역의 핵심인물인 바나바가 등장한다. 바울과 바나바는 최초의 선교사로 안디옥교회에서 파송되었다. 이 안디옥교회가 있는 수리아 안디옥에서 출발하여 더베까지 가는 복음전도 여정이 제1차 선교여행이다.

제1차 선교여행을 위해 바울과 바나바는 수리아 안디옥을 출발하여 바나바의 고향인 구브로를 거쳐 버가와 비시디아 안디옥에 이르렀다. 하지만 그들은 비시디아 안디옥에서 반대하는 사람들에게 쫓겨나고 만다. 그래서 간 곳이 이고니온이다. 하지만 이고니온에서도 거부당한다. 그래서 다시 옆 지역인 루스드라로 간다. 여기서 바울과 바나바가 걷지 못하는 사람을 고치는 이적을 행하자 사람들이 그들을 신으로 여기는 소동이 벌어진다. 하지만 유대인들은 바울을 돌로 쳐 거의 죽게 했다.

반송장이 된 바울은 성 밖으로 끌려 나오지만 다시 살아나 더베로 간다. 후에 바울은 핍박을 당해서 쫓겨난 지역을 다시 방문해 제자들을 세웠다. 바울은 복음을 전하다가 핍박당하는 일을 당연한 것으로 여기고 두려워하지 않았다. 다시 수리아 안디옥으로 돌아오면서 제1차 선교여행은 마치게 된다(행 13-14장).

갈라디아서 : 복음 안에서 자유를 누리라

갈라디아서는 바울이 제1차 선교여행 때 쓴 최초의 서신서이다. 갈라디아서는 바울의 1차 선교여행지인 비시디아 안디옥, 루스드라, 더베, 이고니온의 갈라디아 지역 교회들에 보낸 편지이다. 갈라디아서는 그리스도 안에서 누리는 자유에 관한 내용을 담고 있다. 당시 갈라디아 지역에 있는 교회 안에서는 유대인과 기독교인들 사이에 갈등이 있었다. 교회 안에서 유대교의 세력이 점차 커지자 잘못된 율법주의가 성도들의 신앙을 위협한 것이다. 바울은 이것을 다른 복음이라고 부르며, 하나님과의 관계는 인간의 행위가 아니라 그리스도를 통해 맺어지는 믿음에 의한 것이라고 가르쳤다. 그런데도 거짓 교사들은 율법을 통한 구원을 주장했다. 그러나 바울은 그리스도인의 믿음은 하나님의 말씀에 순종함으로써 얻어지는 자유임을 말했다. 특히 그리스도인은 성령의 인도하심에 따라 육체의 열매가 아닌 성령의 열매를 맺는 삶을 살아야 한다고 강조했다(갈 2:20, 5:13-24).

▶ 그림으로 전체 조망하기

제1차 선교여행 (행13-15장)

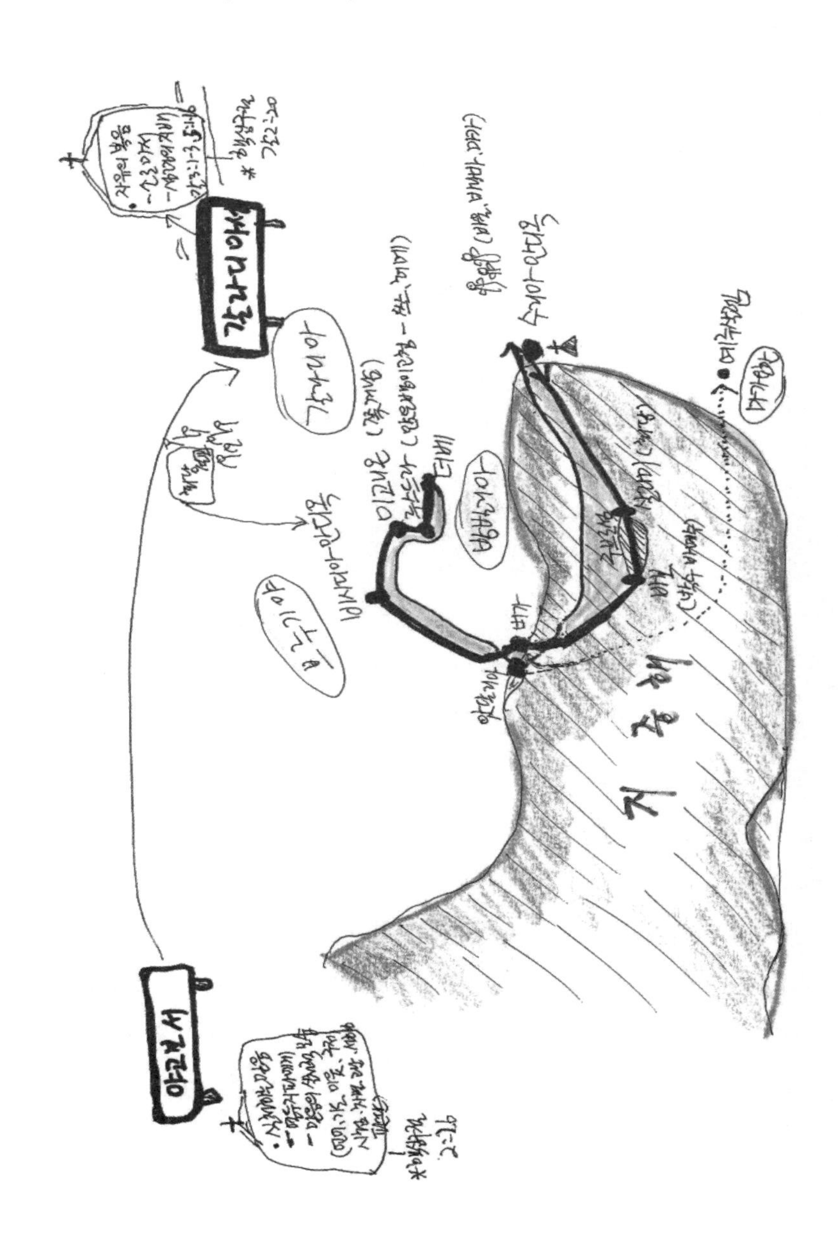

DAY

28 복음이 아시아와 유럽에 어떻게 전파되었는가?

바울의 제2, 3차 선교여행

〉〉〉 성경통독 / 사도행전 15-21장, 데살로니가서 고린도서, 로마서

예루살렘회의 : 최초의 교회 공의회

사도행전 15장은 교회 최초의 회의이다. 예루살렘에 모인 공의회는 복음 전파에 대한 당면 문제들을 다루었다. 여기서 예루살렘 교회는 이방인 교회를 공식적으로 받아들이고, 이방인은 유대인처럼 할례를 받지 않아도 된다고 결정했다. 대신 우상제물을 먹거나 음행과 피와 목매어 죽인 것은 삼가야 한다고 권고했다. 이것은 후에 이방선교에 가장 큰 걸림돌이 될 부분을 미리 해결한 것이다. 그리고 바울과 바나바의 선교사역에 힘을 보탠 매우 중요한 회의였다. 이때 예루살렘교회의 수장이었던 베드로와 야고보가 적극적으로 도와주어서 어려운 문제를 잘 해결했다.

제2차 선교여행 : 유럽으로 전파되는 복음

바울의 제2차 선교여행은 복음이 아시아에서 이제 유럽으로 퍼져나간다는 것을 뜻한다. 바울과 바나바는 서로 갈라져 다른 지역으로 선교여행을 떠난다. 바울은 실라와 함께하고, 바나바는 마가와 함께 팀을 이루었다. 이때 바울은 제1차 선교여행 지역을 다시 방문한다. 안디옥에서 더베, 루스드라를 방문했다. 루스드라에서 바울은 디모데를 만나 팀을 이룬다. 바울은 아시아 지역의 중심 도시인 에베소에 가려고 했지만 성령이 마게도냐 지역의 유럽으로 건너가라고 말씀하셨다. 유럽의 첫 성 빌립보에서 자주장사 루디아를 만나 빌립보교회의 기틀을 세운다. 그다음 데살로니가 지역과 베뢰아 지역을 방문한다. 여기서 복음을 전한 바울은 유대인들의 핍박에 밀려 아덴과 고린도 지역으로 떠난다. 고린도에서는 브리스길라와 아굴라를 복음의 동역자로 만난다. 그 후 에베소에 잠시 머물다 브리스길라와 아굴라를 남겨두고 수리아 안디옥으로 다시 돌아온다. 이렇게 제2차 선교여행은 끝이 난다(행 16-18장).

데살로니가서 : 그리스도의 재림에 관하여

데살로니가서는 바울이 제2차 선교여행 당시 쓴 서신서이다. 데살로니가교회는 여러 가지 면에서 모범적인 신앙생활을 하지만 잘못된 재림교리를 갖고 있었다. 바울은 이것을 바로 세우기 위해 데살로니가서를 쓴 것이다. 데살로니가전서에서 재림 문제를 다룬 바울은 다시 데살로니가후서에서 재림 문제를 말한다. 재림에 나타날 징조를 구분하며 바른 종말론적인 신앙을 가지고 현세에서 어떻게 살아야 할지를 가르쳐준 것이다. 우리는 잘못된 거짓 교리에 미혹되지 않도록 늘 조심해야 한다. 이것을 위해서 항상 말씀 안에서 근신하여 깨어 기도해야 한다(살전 4:13-5:28, 살후 3:6-15).

제3차 선교여행 : 아시아와 유럽 지역에서 굳게 다지는 복음

바울의 제3차 선교여행은 새로운 지역의 전도라기보다는 이미 1, 2차 선교여행 때 복음을 전한 지역을 다시 순회하는 코스였다. 그중에서 제대로 선교하지 못했던 아시아의 중심지역인 에베소 사역에 집중했다. 이렇게 한 것은 믿음은 단번에 이루어지는 것이 아니라 반복해서 다져야 한다는 의미가 있다. 제자 삼는 사역에서 실적보다 내실을 다지는 바울의 모습을 엿볼 수 있다.

바울은 에베소에서 2년 3개월 동안 머물면서 말씀을 전하고 가르쳤다. 특히 두란노서원에서 3년간 집중적인 제자훈련을 했다. 이것은 예수님이 제자들을 3년간 집중적으로 훈련하신 것을 연상하게 만든다. 바울은 에베소에서 우상을 만들어 파는 데메드리오 등에 의해 극장에 끌려가는 어려움을 겪기도 했다. 그리고 바울은 에베소에서 문제를 안고 있는 고린도교회에 직접 가려다가 디도 편에 먼저 편지를 보내고,

▶ 그림으로 전체 조망하기

제2차 선교여행 (행16-18장)

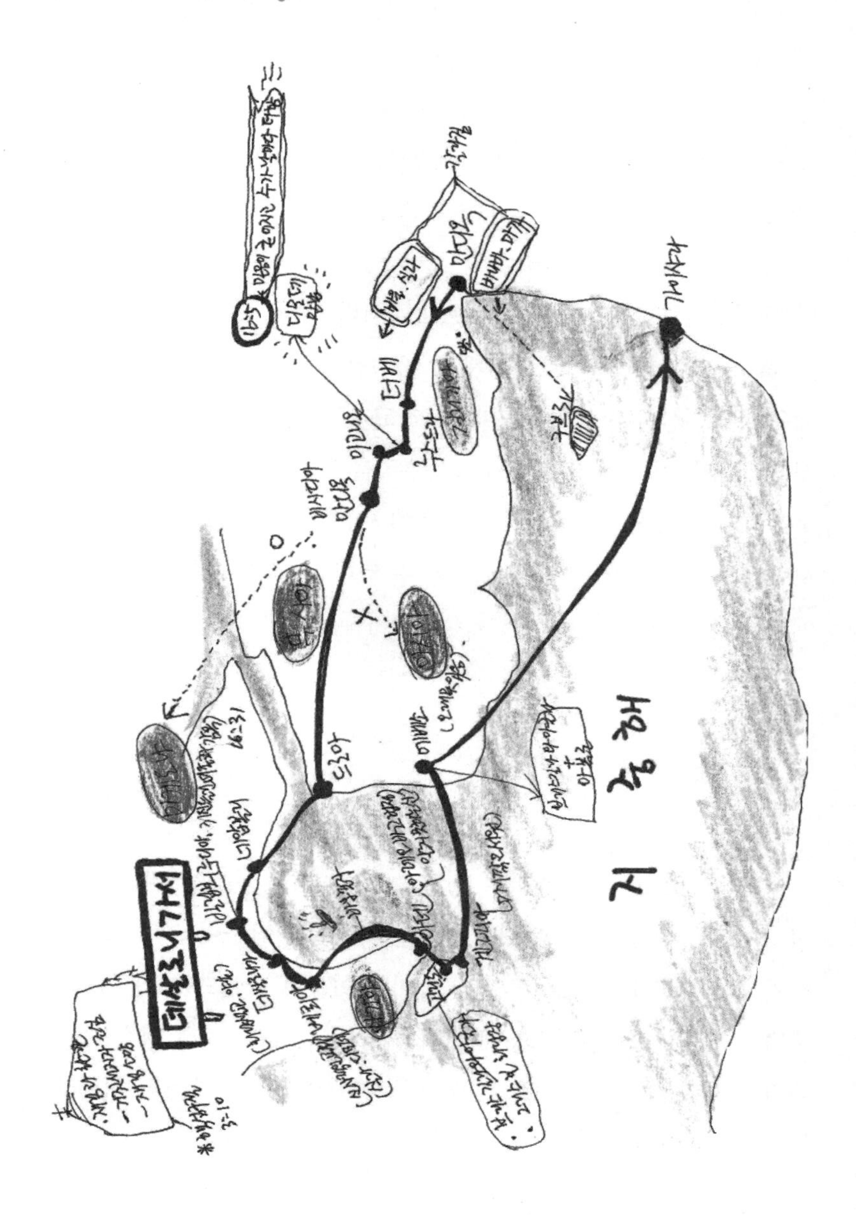

자신은 마게도냐 지역을 거쳐서 고린도를 다시 방문한다.

바울은 고린도에서 석 달을 보내면서 앞으로 방문할 전도지역인 로마를 바라보며 로마서를 쓴다. 바울은 고린도에서 예루살렘으로 바로 가려다가 일정을 바꾸어 마게도냐로 다시 올라간다. 이때 이방 사람들로 대표단을 구성하여 이들과 함께 예루살렘을 방문했다. 이때 드로아에 잠시 들러 복음을 전하다가 죽은 유두고를 살리기도 한다. 밀레도에서 에베소 장로들을 청하여 1, 2, 3차 전도사역의 고별설교를 한 후 주변 사람들의 만류에도 예루살렘으로 향한다.

특히 밀레도에서 장로들에게 한 마지막 설교는 지금까지 바울의 사역을 총정리한다는 의미가 있다. 그리고 교회를 끝까지 지키고 세우는 것은 사람이 아닌 오직 진리인 말씀뿐임을 강력하게 설파한다. 그런 이유로 바울은 주님이 명령하신 것처럼(마 28:20) 말씀을 전하고 가르쳐 사람을 세우는 일에 전력했다고 할 수 있다. 우리가 보이는 교회 건물에 관심을 두는 것과는 아주 다른 모습이다(행 20:3-21:16).

고린도서

고린도는 문화와 상업으로 유명한 항구도시지만 부도덕한 곳으로 유명했다. 고린도는 다양한 나라의 사람들이 서로 교통하는 요지로서 선교에 적합한 도시였다. 이런 이유로 고린도교회는 종교적, 도덕적 타락에 노출되었고, 분열과 파당이 심했다. 특히 영적 은사에 대한 문제가 심각하여 서로 덕을 세우지 못하고, 자기주장만 내세우는

▶ 그림으로 전체 조망하기

제3차 선교여행 (행19장-21장)

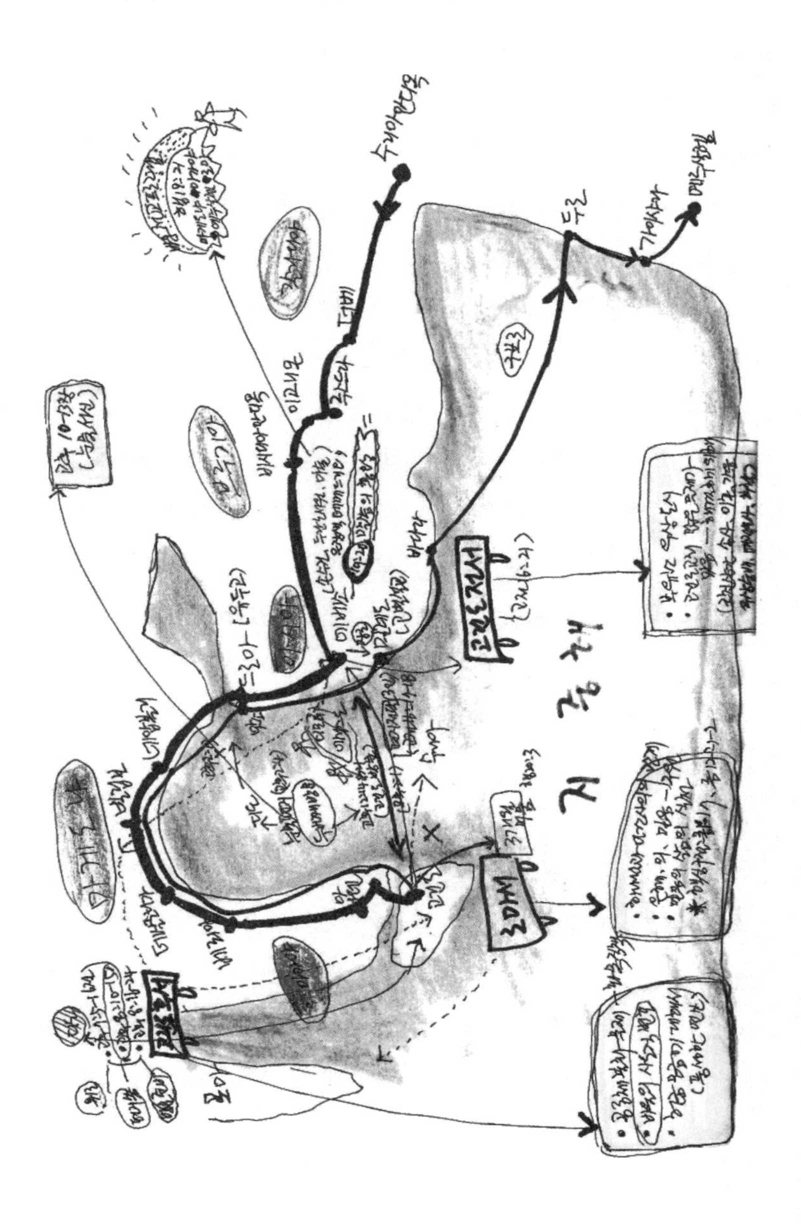

혼란스러운 상황이었다.

고린도서는 이런 고린도교회에 나타나는 성도들의 바람직하지 못한 모습을 경계하고 바로 세우려는 의도에서 바울이 기록한 서신서이다. 예를 들면 성도 간의 분규, 근친상간, 송사, 간음, 이혼, 부활, 헌금, 성찬의 무질서, 우상 숭배, 예배 방법, 영적 은사 등 복잡한 문제들을 해결하고자 하는 의도였다. 모든 것을 해결하는 방법으로 바울은 사랑을 제시했다(고전 13-14장).

특히 고린도후서는 바울의 사도권을 의심하는 자들에 대한 바울의 변호를 기록하고 있다. 여기서는 바울이 힘들어하는 개인적인 감정이 들어 있고, 아울러 바울의 깊은 심정과 눈물을 읽을 수 있다. 그래서 눈물의 서신이라고 말한다. 여기서 바울이 예루살렘교회를 방문하는 이유는 이방교회의 헌금을 모아서 전달하는 것임을 밝히는 대목에 주목할 필요가 있다. 이것은 궁극적으로 이방교회와 예루살렘교회가 하나 되는 것이 복음 사역임을 보여주려는 의도가 있다(고후 5:11-6:13).

로마서

당시 로마에는 100만 명 정도의 인구가 살고 있었는데, 그중에 유대인은 4만 명 정도로 추정한다. 바울은 로마 교인들을 향해 고린도에서 편지를 썼는데 그것이 로마서이다. 로마서에 보면 많은 사람이 소개되는데, 이것은 바울이 로마교회 내의 많은 사람을 이미 알고 있었다는 사실을 보여준다. 로마서는 당시 로마사회에서 가이사가 복음이었지만 진정한 복음은 예수 그리스도이심을 전하는 내용으로 가득하다.

로마서 1~8장의 내용은 구약에서 예언한 하나님의 의가 드디어 나타났는데, 그것은 바로 예수 그리스도이심을 전한다. 율법으로 구원받는다는 유대인의 생각을 넘어, 이제는 예수 그리스도를 믿음으로 구원받는다는 복음의 핵심을 전하는 것이다. 하나님과 관계를 맺는 것은 인간의 노력으로 되는 것이 아니라 전적인 예수님의 은혜로만 가능하다. 그것은 십자가에서 죽으신 하나님의 사랑이다. 율법은 죄악 된 인간의 육신을 죽이며 그리스도를 만나게 하는 역할을 한다. 이것은 율법을 폐하는 것이 아니라 완전하게 하려 함이라는 예수님의 메시지와도 같은 내용이다.

바울은 로마서 1~8장에서 인간의 죄와 타락, 심판과 구원의 과정을 설명한다. 구원은 예수님을 영접함으로써 주어지는 하나님의 선물이다. 하나님은 그런 사람에게 성령을 선물로 주신다. 그것은 이제부터 자기 힘이 아닌 성령의 힘으로 사는 그리스도인이 되기 위함이다.

로마서 9~11장은 유대인과 이방인이 하나 되는 이야기를 전한다. 인간의 눈으로 보면 쉽게 이해되지 않는 이야기지만 마지막에는 그리스도 안에서 모두가 하나 되는 것이 하나님의 뜻임을 바울은 강조한다. 지금 유대인이 하나님을 떠나 예수 믿는 사람들을 핍박하지만 그것은 유대인을 하나님이 버리신 것이 아니라 나중에 이방인을 시기하게 함으로써 돌아오게 하는 구원의 섭리라는 것이다. 바울은 이 일에 관해서 하나님의 은사와 부르심에는 후회가 없다는 구절을 통해 앞으로의 비전을 제시한다. 하나님의 구원은 보편적이며 가장 공의로운 것임을 말하는 것이다.

로마서 12~16장은 의로운 삶이 생활에서 어떻게 나타나는지 그 적용점을 말한다. 복음으로 의롭게 된 그리스도인은 세상 속에서 어떤 관계를 맺고 살아야 하는지 그 실천적인 메시지를 전하고 있다. 믿음은 지식이 아니라 행함으로써 나타날 때 살아 있는 것이라는 측면에서 보면 이런 실천적인 삶은 매우 중요하다. 하나님과의 관계, 자신과의 관계, 형제와 성도와의 관계, 원수와의 관계, 국가와의 관계, 연약한 자와의 관계, 동역자와의 관계 등을 제시하면서 그리스도인으로서 어떻게 좋은 관계를 맺어야 하는지 구체적으로 제시하고 있다. 죄는 관계가 끊어지는 것이고, 신앙은 관계 회복이라는 측면에서 생각해보면 복음을 이해하는 데 아주 적절한 내용이라고 할 수 있다.

DAY 29

복음이 예루살렘과 로마에서 어떻게 적용되었는가?

바울의 제4, 5차 선교여행

〉〉〉 성경통독 / 옥중서신(에베소서, 빌립보서, 골로새서 빌레몬서)과 목회서신(디모데서, 디도서)

예루살렘을 향하여

이제 바울은 이방을 향한 3차에 걸친 선교여행을 마치고, 자기 민족인 유대인을 향한 전도의 발걸음을 옮긴다. 물론 이것은 어려운 일이었다. 이방전도에서는 많은 열매를 맺었지만 예전에 예루살렘을 방문했을 때 전도는커녕 죽을 위험에 처하기도 했기 때문이다. 그런데도 바울은 이것을 사역의 마지막으로 생각하고, 그동안 전도한 이방인 교회 대표들과 함께 예루살렘을 방문한다.

하지만 예견대로 바울은 유대인에게 반율법적, 반성전적이라는 고소를 당하면서 감옥에 갇히게 된다. 이것은 바울의 스승이었던 예수님을 그대로 본받는다는 의미가 있다. 예수님은 마지막에 예루살렘성에서 수난주간을 보내시고 결국 십자가에서 죽음을 맞으셨다. 바울은 죽음을 각오하고 이런 예수님의 발자취를 따라가고자 했다. 유대인들은 바울을 예수님처럼 죽이려고 했지만 로마 시민권을 가진 그를 어찌할 수 없었다. 잡힌 상황에서도 바울은 상대를 마다하지 않고 전도를 계속했다. 특히 죽음 앞에서도 로마총독들을 향해 당당하게 전도하는 모습은 감동적이다. 마지막에 죄인의 몸으로 가이사에게 상소하면서 재판을 받기 위해 로마로 압송된다(행 21-26장).

로마로 전파되는 복음

바울은 로마로 가던 중 유라굴로 폭풍을 만나 배가 파선하여 무인도에 머무는 등 죽을 고비를 넘기지만 오히려 하나님은 바울을 통하여 배에 탄 사람들을 구원하는 역사를 일으키신다. 바울은 죄인의 몸으로 로마에 가지만 가택연금 상태에서도 쉬지 않고 복음을 전한다. 그 이후 바울의 삶은 알려지지 않았다. 다만 예수님처럼 고난을 겪다가 거꾸로 십자가에 못 박혀 순교했다는 얘기만 전해져 내려오고 있다.

사도행전에는 바울이 행한 선교의 마지막 모습이 잘 정리되어 있다. "바울이 온 이태를 자기 셋집에 머물면서 자기에게 오는 사람을 다 영접하고 하나님의 나라를 전파하며 주 예수 그리스도에 관한 모든 것을 담대하게 거침없이 가르치더라"(행 28:30-31). 이처럼 사도행전 역사를 계속 진행형과 말씀으로 마무리하는 것은 복음 전파는 계속 진행

▶ 그림으로 전체 조망하기

제4차 선교여행

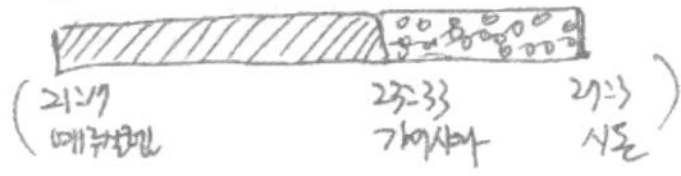

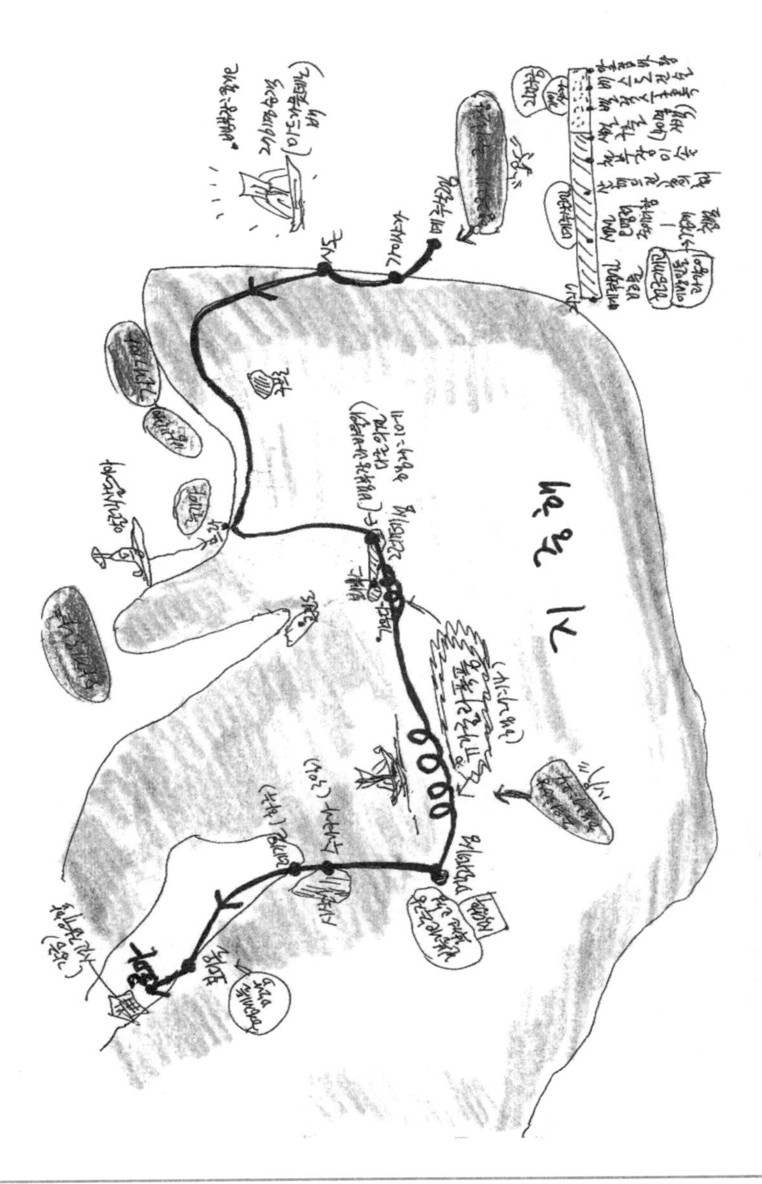

형임으로 보여주려는 의도에서다. 사도행전은 한 사람 사도 바울에 의해 복음 전파가 이루어진 것이라기보다는 말씀을 사랑하며 그 말씀에 온 힘을 다한 바울을 사용한 것이라 볼 수 있다. 사람은 도구일 뿐이다. 또한 사도행전의 역사는 하나님의 교회는 말씀이 이끌어가는 공동체요, 부흥도 말씀이 흥왕해 가는 것임을 보여준다. 오늘도 하나님은 사도 바울처럼 말씀에 붙잡힌 한 사람을 찾고 계신다(행 27-28장).

● 옥중서신

바울은 2년 동안 가택연금 상태에서 사람들을 만나 복음을 전하고 가르치는 일을 계속했다. 아마 이때 옥중서신을 쓴 것으로 추정된다. 소아시아 지역의 에베소, 빌립보, 골로새에 있는 교회와 빌레몬에게 편지를 보냈다. 얼마 있으면 닥칠 죽음을 앞둔 상황에서도 바울은 복음 전하는 일을 아주 열심히 했다. 빌레몬서는 개인서신이고, 에베소서와 빌립보서와 골로새서는 교회서신이다.

에베소서 : 그리스도의 몸으로서 교회

에베소는 헬레니즘 문화권에서 가장 거대한 건물이요 신전인 아데미 여신전이 있는 곳이었다. 가로 100m, 세로 20m, 기둥이 127개의 금으로 치장된 아데미 신전은 에베소뿐만 아니라 주변 소아시아의 상징이었다. 이런 신전이 위치한 곳에 있는 에베소교회는 이방종교와 영적 싸움을 해야 했다. 바울은 이런 배경 속에서 주님이 원하시는 에베소 교회상을 말하면서 교회는 건물이 아니라 성도들임을 강조한다. 주님을 모퉁이돌로 삼고 선지자와 사도들의 터 위에서 성령이 거하시는 처소가 되어가는 영적 교회의 모습을 그리고 있다. 주님의 몸된 지체를 이룬 교회는 말씀과 기도로 전신갑주를 입고 영적 싸움에서 승리해야 함을 강조하고 있다.

특히 세상과 구별된 삶을 제시하면서 부모와 자녀, 남편과 아내, 주인과 종이 서로 존경하고 순종하며, 복종하고 사랑하는 관계 속에서 화목한 삶을 살 것을 권면한다. 교회는 부자와 가난한 사람, 종과 주인, 이방인과 유대인이 하나 된 공동체임을 세상에 보여줄 사명이 있다. 에베소서는 오늘날 공동체의 교회보다는 건물 중심의 교회에 대한 경고이다. 실제로 이런 바울의 메시지를 깨닫지 못한 에베소교회는 역사에서 사라지고 말았다. 오늘날에도 에베소교회와 같은 모습들을 회개하지 않으면 역사에서 사라질 수 있음을 상기시켜준다.

빌립보서 : 항상 기뻐하는 삶

빌립보는 마게도냐의 거대한 평지에 세워진 로마 식민지의 요충지로서 로마황제를 섬기는 황제종파가 융성했다. 이런 배경 속에서 교회는 로마황제가 아닌 예수님을 주인으로 섬기는 일이 무엇보다도 중요했다. 빌립보교회는 바울이 세 번이나 방문할 정도로 애착을 가진 교회였다. 비록 고난 가운데서 신앙생활을 하지만 항상 기뻐하고 감사하며 주님을 바라보라고 바울은 빌립보교회에 권면한다. 빌립보서는 기쁨의 서신서이다. 어떤 상황에서도 기뻐하는 것이 신앙의 본질임을 말해준다.

바울 역시 복음으로 인해 감옥에 갇히는 상황에서도 기뻐한 것처럼 빌립보교회도 자신과 같은 투쟁을 하라고 말해준다. 빌립보서에는 우리가 본받아야 할 예수님의 낮아지심에 관한 내용이 장엄한 시로 표현되어 있다(빌 2:1-11). 바울은 자신이 가졌던 모든 유익한 것을 그리스도를 위하여 다 해로 여기는 것처럼 빌립보교회도 그리스도만을 따르는 삶을 살 것을 권면하고 있다.

골로새서 : 그리스도의 우월성

골로새는 바울이 한 번도 가보지 않은 도시였다. 그러나 에바브라를 통해 골로새교회의 상황을 잘 알고 있었다. 당시 골로새교회는 영지주의와 같은 이단문제에 부딪쳤다. 종교를 혼합한 신앙이 교회를 혼란스럽게 만들었다. 여러 가지 규칙을 내세워 행위를 강조하고 천사 숭배와 음식 규례, 할례와 절기 등과 같은 잘못된 사상이 만연했다. 이런 것들은 대부분 유대교적인 색채를 띤 것으로, 그리스도께서 오심으로 폐지된 것들이었다. 골로새 교인들의 이런 모습은 신앙이 다시 초보 신앙으로 되돌아가는 잘못된 신앙이었다.

그래서 바울은 이런 잘못된 가르침을 반박하고 바로 세우기 위해 이 골로새서를 기록했다. 믿음으로 구원받은 그리스도인은 이제 그리스도만 존귀하게 하고 참된 지혜이신 그리스도만 섬기는 삶을 살아야 한다는 것이다. 오늘날에도 거짓된 교훈으로 교회와 신앙을 혼잡하게 하는 것을 조심해야 한다. 그리스도보다 심리적이고, 실용적이고, 신비적인 것을 추구하려는 흐름을 경계하고, 그리스도께 집중하는 교회의 모습이 필요하다.

빌레몬서 : 용서와 사랑

빌레몬서를 기록한 당시 상황은 노예제도와 연관이 있다. 당시의 노예제도는 오늘날과 같이 인종차별에서 생겨난 것이 아니라 경제적으로, 또는 출생적으로 나타난 현상이었다. 빌레몬의 종이었던 오네시모가 잘못을 저지른 후 바울을 만나 회개하고 돌아서게 되는데, 이런 오네시모를 바울이 신뢰하면서 빌레몬에게 다시 받아 달라고 요청한다. 하지만 바울은 빌레몬에게 강요하기보다는 복음으로 호소한다. 빌레몬서는 오네시모에 대한 바울의 지극한 관심과 사랑을 보여준다. 복음은 화해시키는 능력이 있다. 빌레몬서는 그리스도와 우리가 화해하듯이 용서와 사랑을 베푸는 것이 빚진 그리스도인의 모습임을 보여준다.

디모데서, 디도서 : 개인적인 목양서신

바울은 로마 셋집에 2년을 거하다가 잠시 풀려났을 거라 추측된다. 로마법은 18개월 이내에 고소인이 나타나지 않으면 자유의 몸이 된다. 이즈음 바울은 제자인 디모데와 디도에게 목회적인 권면을 하는데, 그것이 바로 목회서신이다. 아마 이때 바울이 풀려나서 본래 가고자했던 서바나에 갔다가 다시 로마로 돌아온 것으로 보인다. 디모데후서를 쓸 때는 다시 붙잡혀 감옥으로 이송된 것으로 생각된다. 바울은 사역과 이 세상의 삶을 마치면서 다음세대 지도자를 세울 필요를 느꼈을 것이다. 예수님이 마지막에 제자들을 찾아서 그들을 굳게 세우는데 온 힘을 쏟으셨던 것과 마찬가지로.

복음이 자손대대로 계승되는 것은 하나님의 거룩한 뜻이다. 이런 면에서 디모데와 디도에게 사적인 편지를 쓴 것은 매우 큰 의미가 있다. 디모데에게는 마지막이 올수록 거짓교사와 잘못된 가르침에 주의하며 진리를 전하는 사역을 다하라고 권면한다. 그리고 사역에서 일어나는 다양한 문제들에 대한 지침을 말해준다. 다가올 미래를 준비하는 일은 때를 얻든 못 얻든 간에 말씀을 전파하고 가르치는 직무를 다하는 일이다. 그리고 거짓을 이기는 길은 오직 말씀에 충실한 것임을 재차 강조한다. 디모데후서는 바울의 유언과도 같은 것으로 우리가 깊게 새겨야 할 말씀으로 가득하다. 디도서에는 이단들의 잘못된 가르침에서

▶ 그림으로 전체 조망하기

제5차 선교여행 (목회서신 쯤)

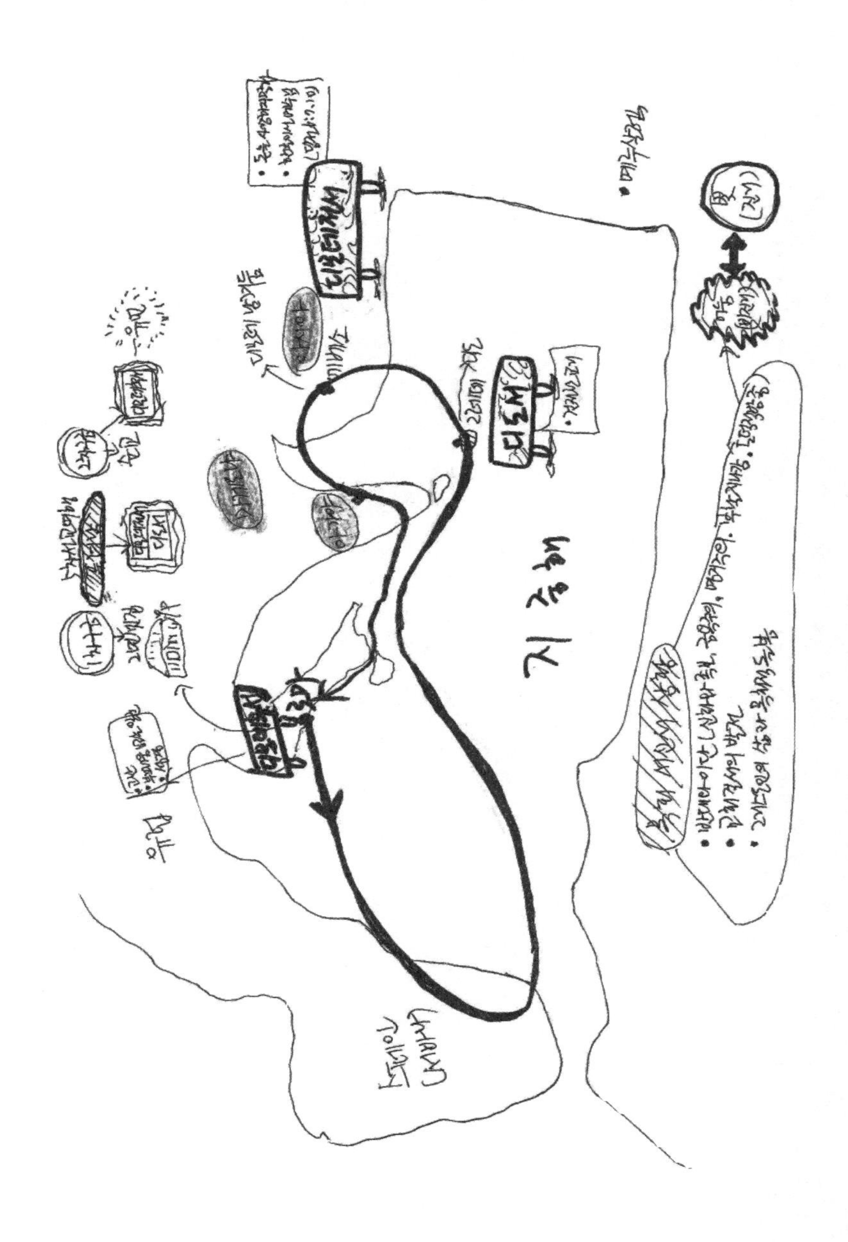

교회를 보호하기 위한 목적이 담겨 있다. 오늘날에도 잘못된 이단 사상과 가르침이 교회를 위협하고 있는데, 이것을 이기는 유일한 길은 오직 말씀에 전념하는 일뿐이라고 교훈한다.

DAY 30

복음은 다른 주변 교회공동체에서 어떻게 실천되는가?

〉〉〉 성경통독 / 히브리서, 야고보서, 베드로서
요한서신, 유다서

● 일반서신서

일반서신서는 베드로서, 요한1·2·3서, 히브리서, 야고보서, 유다서 등으로 저자는 바울 외 다른 사도들이다. 이 서신서들은 특별히 어떤 교회를 대상으로 쓴 것이라기보다는 흩어져 있는 유대인 기독교인들을 위해 쓴 서신이다. 당시 초대교회 교인들은 내적으로는 잘못된 교리로 혼란에 빠졌다. 또한 외적으로는 로마의 황제 숭배 등의 박해로 고난을 겪었다. 이런 상황에서 교회가 어떻게 진리를 지켜나가면서 복음의 변질을 막을 수 있는지는 매우 중요한 과제였다. 사도들은 이런 교회의 문제들을 해결하는 데 도움을 주고자 일반서신서를 기록했다.

※ 야고보서의 시대적인 배경 : 교회 내부의 유대교와의 투쟁

사도 바울의 선교사역에서 바울을 가장 괴롭힌 사람은 유대인들이었다. 그들은 바울을 따라다니면서 괴롭혔고 죽이려 했다. 바울뿐만 아니라 이전에 예수님을 십자가에 못 박는 데 앞장섰던 사람들이 바로 유대인들이었다. 초대교회에는 유대교의 핍박이 심했다. 그러다 보니 아직 미성숙한 교회는 유대교로 돌아가려는 움직임이 있었고, 그릇된 신앙에 쉽게 유혹당하기도 했다. 내부적 핍박이 더 심각했다. 진리를 혼잡하게 하면서 교회를 타락하게 했는데, 그것에 일조한 게 유대교이다. 이런 교회 내부적 문제를 해결하기 위해 쓴 서신이 바로 야고보서이다.

야고보서 : 행함 있는 믿음

야고보서를 쓴 야고보는 예수님의 형제 야고보이다. 야고보는 예수님의 부활을 보고서 교회의 지도자가 되었다. 예루살렘 공의회의 의장을 맡기도 한 야고보는 요세푸스의 기록에 의하면 이단으로 몰려 유대 지도자들에 의해 돌에 맞아 죽었다.

야고보서는 기본적으로 믿음의 실천을 강조한다. 믿음은 지식으로 그치면 안 되고 행동으로 나타나야 온전히 살아 있는 믿음이라는 것이다. 그러면서 살아 있는 믿음은 열매로 나타나는데, 예를 들면 말씀을 실천하고, 말을 삼가고, 부자의 편에 서지 않고 이웃을 사랑하며, 탐욕을 피하고, 진리를 말하며, 병든 자를 방문하여 기도해주는 등 그리스도인의 구체적인 믿음의 실천을 제시한다.

▶ 그림으로 전체 조망하기

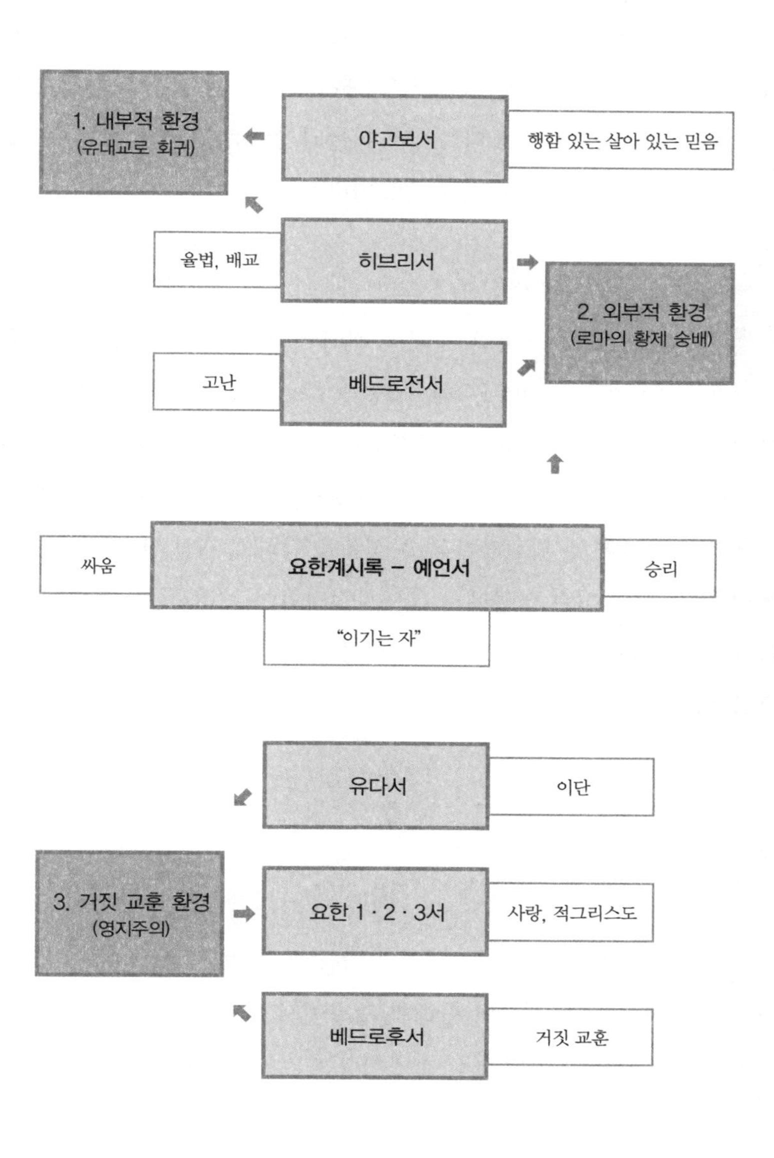

1. 내부적 환경
(유대교로 회귀)
야고보서
행함 있는 살아 있는 믿음
율법, 배교
히브리서
2. 외부적 환경
(로마의 황제 숭배)
고난
베드로전서
싸움
요한계시록 – 예언서
승리
"이기는 자"
유다서
이단
3. 거짓 교훈 환경
(영지주의)
요한 1 · 2 · 3서
사랑, 적그리스도
베드로후서
거짓 교훈

야고보서는 지혜의 책인 구약의 잠언을 인용하고 경구를 통해서 예수님의 가르침을 전한다. 복음을 격언형식으로 전한다는 점이 특이하다. 야고보서는 유대교의 사랑 실천이 따르지 않는 율법적인 신앙문제를 염두에 두고, 말씀을 듣기만 하고 행하지 않는 문제를 강하게 질책한다. 그러면서 믿음은 교리적이거나 논리적으로 접근하기보다는 실제적인 삶에서 증명되어야 함을 강조한다.

※ 베드로전서와 히브리서의 시대적인 배경 : 로마제국과의 투쟁

당시 초대교회는 로마의 지배 아래에 있었기에 늘 로마의 핍박을 받았다. 특히 기독교 신앙은 예수님만을 주로 고백하는 신앙이기에 로마의 황제 숭배는 늘 부딪치는 문제였다. 때에 따라서는 죽음을 각오하는 신앙의 결단이 필요했다. 당시 초대교회 교인들은 예수를 믿는다는 이유로 로마 정부에 체포되어 갖은 심문을 당하고 재산 압수는 물론 투옥되기도 했다. 이런 상황에서 베드로전서와 히브리서는 교회가 당면한 문제들을 이겨내도록 격려하고 신앙으로 무장하게 하기 위한 목적으로 쓰였다.

베드로전서 : 고난을 이기라

베드로전서의 전체 이야기를 끌고 가는 핵심 메시지는 고난과 환란이다. 로마제국의 박해와 핍박에서 그리스도인이 가져야 할 소망은 죽은 소망이 아니라 산 소망이라는 것이다. 예수 그리스도의 죽

음과 부활을 통한 산 소망. 이런 믿음을 가진 그리스도인은 어떤 어려움이 닥쳐도 부활의 소망으로 이겨낸다. 그러면서 하늘의 소망을 품고 세상에서 소명받은 자로 살아야 할 것을 권면한다. 또한 국가에 대한 복종의 문제, 종과 주인의 관계, 남편과 아내의 관계, 실천하는 신앙, 그리스도인이 받는 고난, 장로에 대한 권면 등 믿음의 실천에 관해서 다루고 있다. 특히 장로와 교회 지도자들에게 성도들이 왜 어려움을 당하는지 그 이유를 설명하고, 그리스도인으로서 바람직한 삶의 자세를 제시하고 있다.

히브리서 : 믿음의 초보를 벗어나라

히브리서는 교리적인 말씀과 권면적인 말씀이 통합되어 있기에 읽기 힘든 부분이 상당히 많다. 히브리서에는 두 개의 시대적인 상황이 복합적으로 겹쳐 나온다. 그것은 내부적으로는 유대교로의 회귀이고, 외부적으로는 로마의 박해이다.

초대교회 교인들의 신앙을 힘들게 하는 내부적인 요소는 아직도 초보 신앙에서 머물러 있다는 점이었다. 그것은 다시 유대교 신앙으로 돌아가려는 문제였다. 이미 십자가를 통해 구원받은 그리스도인은 구약의 제사나 절기, 율법을 뛰어넘어야 함에도 그렇지 못했다. 예수 그리스도는 완전한 제사장으로 오셨고, 단번에 완전한 희생 제물을 드렸기에 이제 그리스도를 믿는 그리스도인은 더는 그런 구약의 제사에 얽매여서는 안 된다.

그런데도 초대교회 내에서는 이런 것들이 문젯거리로 대두되었다. 그래서 히브리서 저자는 이 문제를 중점적으로 다루었다. 그러면서 천사와 모세와 아론보다 우월하신 예수 그리스도를 바라보며 끝까지 신앙의 경주를 다해 달라고 부탁한다. 이런 신앙의 기초 속에서 살아가면 어떤 고난도 이겨낼 수 있다고 강조한다. 그리스도에 대한 불확실한 믿음이 다시 유대교로 돌아가려는 유혹을 받게 해서는 안 된다고 권면한다.

히브리서는 로마의 도미티안 황제의 박해 때 쓰인 것으로 당시 그리스도인들은 신앙을 저버리도록 유혹받아 실제로 종교를 저버리는 일이 많이 발생했다. 히브리서 저자는 박해 가운데서도 믿음을 버리지 말고 오직 예수 그리스도만을 바라볼 것을 권면한다. 히브리서 11장에서 믿음의 인물들을 소개하면서 이들도 동일한 고난을 받고 믿음의 승리를 거두었음을 강조한다. 이것은 당시 교회가 바라보아야 할 본보기이면서 성경 전체에서 말하는 핵심 메시지이다.

※ 요한서신, 유다서, 베드로후서의 시대적인 배경
: 이단과 거짓 교훈과의 투쟁

당시 외부에서 교회를 위협하는 거짓 교훈은 영지주의 같은 것이었다. 영과 육을 분리하면서 육은 악하고 영은 선하다고 주장하는 잘못된 교훈이었다. 이런 교훈은 예수님이 인성으로 오신 것을 부인했다. 예수님의 인성과 신성을 인정하지 않는 잘못된 교리로 초대교회를 혼란스럽게 했다. 지금도 이단들이 교회를 위협하듯이 당시 초대교회에서도 이런 현상이 자주 발생했다. 이런 배경을 이해하고 요한서신, 유다서, 베드로후서를 읽으면 좀 더 쉽게 이해할 수 있다.

요한서신 : 거짓 교사와 하나님의 사랑

요한서신은 당시 예수 그리스도가 육신으로 오신 것을 부인하는 잘못된 교훈을 배경으로 하고 있다. 요한은 예수님이 육신으로 오시지 않았다는 주장에 강력히 경고한다. 그런 영은 하나님께 속하지 않은 거짓 영이다. 그것은 예수님의 십자가의 죽음을 부인하는 것이다. 적그리스도가 행하는 일이다. 예수님은 십자가의 죽음으로 우리에 대한 하나님의 사랑을 증명하셨다. 우리는 주님을 믿음으로 사망에서 영생에 이르게 된다. 그러므로 우리는 서로 사랑해야 하고, 그 사랑을 전하며, 사랑 안에 거해야 한다. 그것이 하나님을 믿는 참된 믿음이라는 것이 핵심 내용이다.

요한이서 역시 거짓 교사들의 잘못된 가르침을 조심하라고 강조한다. 세상의 미혹된 영에 이끌리지 않기 위해서는 진리 안에 거해야 한다. 이런 점에서 요한이서는 요한일서의 축소판이라고 할 수 있다. 요한삼서는 그리스도의 사랑이야기를 확장하여 손님 대접에 대한 부분을 말하고 있다. 당시 순회전도자들을 대접하는 문제를 다루었다고 할 수 있다.

유다서 : 거짓 교사

유다서는 거짓 교사에 대해 경고하면서 거짓 교훈의 영향을 받은 자들을 돕는 방법에 대해서 말하고 있다. 거짓 교사들은 은혜를 방종으로 변질시키는 교회의 암적인 존재였다. 거짓된 교훈을 교회에 몰래 들여와 교회를 변질시켰다. 그들은 은혜를 색욕거리로 바꾸고 이성 없는 짐승같이 행동하며 자신의 악한 욕망을 따랐다. 소돔과 고모라 같은 모양으로 자신의 육체를 더럽힌 자들이 원망과 불평으로 교회 공동체를 분열시켰다. 특히 천사 숭배사상 같은 위험한 사상들을 설파했다. 유다서는 이런 이단들로부터 성도들을 보호하고 성결한 삶을 살게 할 목적으로 쓰였다.

베드로후서 : 잘못된 재림사상

베드로후서는 교회를 어지럽게 하는 거짓 교사의 문제점을 지적하고, 그들에게 하나님의 심판이 임할 것을 강력히 경고한다. 당시 거짓 교사들은 부활과 재림을 부정했다. 또한 탐욕과 방탕한 삶으로 거룩한 성결의 삶도 거부했다. 베드로후서는 이런 거짓 교사들의 가르침에 미혹되지 말고 주님의 재림 신앙을 더욱 굳건히 하라고 조언한다. 그러면서 이런 예언의 말씀은 인간의 뜻이 아니라 성령을 통해 하나님에게서 오는 것임을 강조한다. 특히 베드로후서는 하나님의 거룩한 성품에 참여할 것을 권면한다. 예를 들면 믿음에 덕을, 덕에 지식을, 지식에 절제를, 절제에 인내를, 인내에 경건을, 경건에 형제 우애를, 형제우애에 사랑을 더 하라는 것이다. 그리고 믿음을 더욱 굳게 하여 부르심과 택하심을 확신하고 실족하지 말 것을 당부한다.

31일 · 성 · 경 · 통 · 독 9막

하나님 나라의 완성 : 계시록시대

하나님 나라는 구약을 통해 약속되었다면, 신약에서 예수님을 통해 성취되었다. 예수님을 통해 이 땅에 성취된 하나님 나라는 요한계시록을 통해 어떻게 완성되는지를 보여준다. 이 땅에 임한 하나님 나라는 여전히 세상의 나라와 긴장 가운데 완성되지 못했다. 하나님 나라가 선포된 교회에서조차 세상의 나라가 지배하는 모습을 종종 보곤 한다. 불완전한 하나님 나라를 보면서 사람들은 절망한다. 그것은 인간의 죄악 때문에 일어난 일이지만 세상 나라가 너무 강해질 때면 하나님 나라가 사라지는 것 같은 생각마저 든다. 그러면서 이런 상태가 계속되는 것은 아닌지 하는 의문이 생기기도 한다. 이것에 대한 하나님 나라의 비전을 제시하는 책이 바로 요한계시록이다. 요한계시록은 어떻게 하나님 나라가 완성되어서 새 하늘과 새 땅이 우리에게 나타날 것인지를 보여준다. 요한계시록은 서신서의 형태이지만 이것은 묵시문학의 형태를 띠는 예언의 말씀이다. 이미 하나님 나라는 왔지만, 아직 하나님 나라가 완성되지 않은 상황에서 미래에 완성될 하나님 나라를 소망하며 이 세상을 살아가야 한다는 믿음을 제시하고 있다.

DAY 31

앞으로 다가올 하나님 나라의 소망은 무엇인가?

〉〉〉 성경통독 / 요한계시록

요한계시록 : 예수 그리스도의 책

요한계시록은 성경 마지막에 배치된 66번째의 책이다. 양식으로 보면 예언서에 해당한다. 구약의 다니엘서와 연결되어 2부의 책과 같은 의미를 지니고 있다. 그래서 요한계시록을 따로 떨어진 별도의 책으로 보기보다는 지금까지의 성경을 요약하고 정리한 책으로 보는 편이 옳다. 구약성경부터 신약성경에 이르는 내용을 근거로 지금 초대교회의 문제를 진단하고, 앞으로 어떻게 나아가야 할지 미래의 희망을 제시하는 책이다.

요한은 구약과 신약을 모두 활용하여 이야기의 자료를 모은 다음, 그것을 이야기의 마지막 책인 요한계시록에서 영광스러운 예술품으로

▶ 그림으로 전체 조망하기

요한계시록 전체 조감도

하늘(성도)	땅(세상의 임금들)	땅과 하늘 (세상과 성도)
1-3장 (서론)	4-16장 (본론) / 7재앙 시리즈	17-22장 (결론)
1장 : 밧모섬 요한 2-3장 일곱 교회	하늘전망대 4-5장 - 보좌 (17회) - 어린양 4-5장 하늘 보좌 - 4장 : 하나님 - 5장 : 두루마리 떼는 어린양 예수	• 바벨론(사탄) 멸망 17장 음녀 멸망 18장 음녀와 결부된 사람들 멸망 (애가) • 그리스도인의 승리 19-20장 그리스도 재림 어린양 혼인잔치 - 천년왕국 21-22장 새 하늘과 새 땅 새 예루살렘

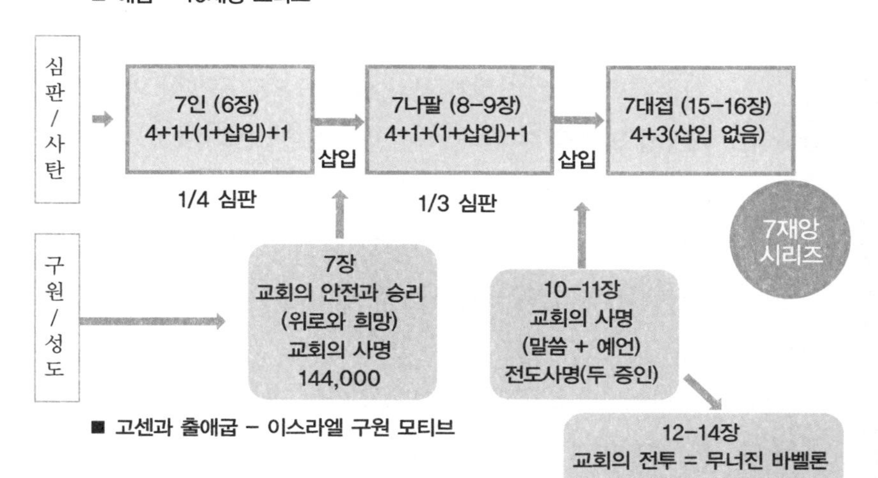

승화시켰다. 요한계시록은 당시 로마황제의 숭배의식으로 고난을 겪는 소아시아의 일곱 교회에 위로와 희망을 주기 위해 기록되었다. 로마황제 숭배는 로마제국 중에서 아시아 지역이 가장 성행했다. 이것은 하나님에 대한 도전으로 이스라엘 백성들이 가나안 땅을 정복하면서 바알과 싸운 거룩한 전쟁과도 맥락을 같이한다. 사탄의 세력과 어린 양과의 보이지 않는 영적 전쟁이다. 이미 십자가에서 패한 사탄이 성도들을 미혹하는 것에 대항하여 그것에서 승리하는 길을 요한은 제시한다. 그것은 오직 예수 그리스도에 대한 신앙으로만 가능하다. 요한계시록 앞의 65권의 책이 예수 그리스도를 증언한 책이라면, 마지막 책인 요한계시록은 예수님의 승리를 말해주는 책이다. 이를 통해 예수님을 믿는 성도들 역시 승리할 것이라는 소망을 심어주는 데 그 목적이 있다.

성경 65권을 정리한 책 : 요한계시록

요한계시록은 상징과 시와 환상 등으로 구성이 되어 자칫 난해하고 어렵게 느껴질 수 있다. 하지만 사실은 그렇지 않다. 요한계시록에 나오는 상징과 환상과 비유 등은 이미 앞의 65권에 기록된 내용이다. 전혀 새로운 내용이 아니다. 다만 직접적인 인용이 없기에 다소 어렵게 느껴지지만 65권의 내용을 잘 알고 있는 성도라면 더 쉽게 이해할 수 있다.

요한은 요한계시록을 구약성경의 성취라는 관점에서 이야기를 전개해 나간다. 그러면서 구약성경이 암시하는 내용을 반복해서 인용하는데, 무려 250회나 나온다. 이런 점에서 요한계시록은 지금까지 성경을 공부하고 이해한 것을 한 권의 책으로 정리했다고 볼 수 있다.

요한계시록에 나오는 상징들(7, 666, 144000, 어린 양, 동물, 용, 뱀, 나팔, 인, 대접, 24장로, 천사, 백보좌, 바벨론, 새 하늘과 새 땅 등)은 이미 65권에 나온 것들로 익숙한 내용이다. 하지만 세상 사람들은 이해하기 어려운 내용으로 성도만이 서로 통하는 은어를 사용한 문학 기법이다. 이것은 당시 핍박당하는 성도들을 위로하기 위해서 효과적인 소통수단으로 사용되었다.

요한계시록의 내용

요한계시록 1~3장은 지상의 소아시아 일곱 교회의 이야기를 다루고 있다. 다양한 교회의 상황을 보면서 오늘날 우리의 신앙을 진단할 수 있다. 이 부분은 상징이 아닌 역사적인 사실을 기록한 것으로 쉽게 이해할 수 있다. 하지만 사람들 대부분은 요한계시록을 읽다가 이 부분에서 포기하고 만다. 왜냐하면 요한계시록 4~22장은 환상으로 되어 있어서 이해하기가 쉽지 않기 때문이다. 많은 사람이 난해하게 여기는 부분이다. 하지만 핵심을 알고 읽으면 오히려 생생한 비디오를 보는 것처럼 흥미롭게 성경을 읽을 수 있다는 장점이 있다.

첫 번째 환상인 요한계시록 4~5장은 천상의 환상에 관한 내용으로 하늘에서 드리는 예배의 모습을 그리고 있다. 24장로와 어린 양의 예배 모습은 오직 그리스도께만 드려지는 성도들의 예배를 상징한다. 당시 황제 숭배를 거부하는 그리스도인의 모습을 상징적으로 보여주는 대목이다.

두 번째 환상인 요한계시록 6~16장은 일곱 재앙이야기다. 이 부분은 요한계시록의 중심 부분으로 사람들이 가장 어려워하는 내용이다. 일곱 인, 일곱 나팔, 일곱 대접으로 구성된 재앙이야기는 하나님의 심판과 교회의 구원이 교대로 언급된다. 숫자 666과 144000을 통해 사탄의 세력과 성도를 비교하고 있다. 재앙의 정도가 시간이 가면서 점점 심해지고 무섭게 진행된다. 나중에는 하나님의 최후 심판에 사탄이 패망하는 것으로 재앙이야기는 마무리된다. 순교의 피를 흘린 교회가 궁극적으로 승리하며, 하나님께 찬양 드리는 것으로 절정에 이른다. 많은 사람이 요한계시록을 읽으면서 이 부분에서 무서워하는 것은 상징을 잘못 이해하기 때문이다. 여기에 나타나는 재앙이야기는 성도들에게 주어지는 것이 아니라 사탄에게 내리는 재앙이다. 이것을 알고 읽으면 오히려 재앙이야기를 읽으면서 신앙의 승리에 대한 확신을 하게 되고, 위로와 힘을 얻게 된다.

세 번째 환상인 요한계시록 17~20장은 바벨론에 대한 환상이다. 바벨론은 이미 역사적으로 멸망한 고대국가이다. 그런 바벨론이 다시 등장하는 것은 세상 권력을 상징하는 것으로 로마제국이 여기에 해당된다. 그리스도인과 교회를 핍박하는 로마는 바벨론처럼 멸망하고 말 것이라는 사실을 전하고 있다. 사탄은 영원히 결박당하고, 반면에 순교자들은 그리스도와 함께 천년왕국을 누리게 된다. 물론 여기서 천년왕국은 상징적인 것으로 예수님과 영원히 함께하는 천국의 삶을 의미한다. 이 말씀을 당시 핍박당하던 교회가 읽었다면 얼마나 큰 위로가 되었을까! 이것은 그동안 그리스도를 전하다가 핍박당하고 순교한 그리스도인의 모습을 그리고 있기도 하다.

네 번째 환상인 요한계시록 21~22장은 새 하늘과 새 땅의 이야기이다. 요한계시록의 절정이면서 모든 그리스도인의 최종적인 소망이기도 하다. 핍박당한 일곱 교회는 결국 승리할 것임을 보여주는 대목이다. 이것은 오늘날의 교회에도 같이 주시는 메시지다. 새 예루살렘성은 하나님이 거하시는 영원한 곳이다. 그리스도인은 죽음과 고통과 눈물이 없는 천국에서 영원히 사는 소망을 갖고 산다면 어떠한 어려움이 닥쳐도 믿음을 저버리지 않을 것이다. 요한계시록은 오늘날 우리에게도 같게, 초대교회 성도들처럼 아무리 힘든 삶이라도 "주 예수여 오시옵소서"라고 찬양하면서 주님이 오시는 그날을 소망하며 말씀대로 살아가야 할 것을 강조한다.

요한계시록의 결론은 교회와 그리스도인은 결국 승리한다는 소망으로 마무리된다. 이것은 힘든 세상을 살아가는 그리스도인의 삶의 이정표를 보여주는 것이다. 비록 세상을 사는 것이 아무리 힘들어도 그리스도인은 늘 소망과 기쁨을 품고 살아가야 한다는 것이 성경의 결론적인 메시지다.

하나님께서 앞으로 다가올 영원한 천국의 모습을 요한을 통해 미리 환상으로 보여주신 것은 내가 가진 믿음으로 세상을 이기라는 메시지를 담고 있다. 천국을 본 자는 세상의 어떤 유혹도 이길 수 있다. 큰 것을 본 자는 작은 것에 미혹 당하지 않는다. 오늘날 우리도 얼마나 천국을 확신하며 살고 있는지 요한계시록을 통해 확인해보는 기회가 된다. 요한계시록은 새로운 비밀을 깨닫는 것이라기보다 천국의 모습을 통해 현재 이 세상에서 믿음에 굳게 서서 천국을 이루어가는 삶을 사는 데 목적이 있다. 이미 가진 예수 그리스도의 신앙을 굳건하게 하고 재확인하는 것이 요한계시록의 중요한 의미다.

신약성경 이야기를 핵심적으로 정리하면

● **이야기 1** : 구약성경이야기는 하나님께서 이스라엘 백성을 통하여 품었던 하나님 나라의 건설이 실패로 돌아간 이야기로 마무리된다. 바벨론 포로에서 돌아온 이스라엘은 하나님의 언약을 지키지 못한 대가로 다시 헬라와 로마에 지배당하는 수모를 겪게 된다. 400년간 침묵시대가 계속되면서 하나님 나라가 사라진 듯했다. 인간이 볼 때는 세상의 나라가 득세하여 하나님 나라를 이긴 것처럼 보였다. 하지만 그 속에서도 거룩한 그루터기의 경건한 사람들이 약속을 믿고 하나님 나라의 임재를 기다리고 있었다. 그중에서 요셉과 마리아가 대표적인 인물이다. 그런 사람들을 통해 하나님의 아들이신 예수님은 이 세상에 오셨다. 예수님께서 이 세상에 오신 것은 단순히 한 사람이 태어난 것이 아니라 하나님 나라가 이 땅에 임한 것이다. "천국이 가까이 왔느니라"는 말씀은 이것을 의미한다.

● **이야기 2** : 인간의 몸을 입고 성육신하신 예수님은 인간의 눈으로 보면 보통 사람이었다. 하지만 그분은 하나님의 아들이셨다. 다시 말하면 인간을 만드신 창조주 하나님이셨다. 친히 인간의 몸을 입고 세상에 오신 하나님을 사람들은 알아보지 못했다. 가족과 고향 사람들은 더욱더 예수님을 핍박하고 무시했다. 예수님은 열두 명의

제자를 선택하여 그들과 3년 동안 동고동락하셨다. 예수님은 많은 사람의 병을 고치고, 귀신을 쫓아내고, 기적을 행하셨다. 그것을 통해 예수님은 단순한 인간이 아닌 하나님의 아들이심을 증거하셨다. 하지만 사람들은 그런 예수님을 구원자 그리스도로 받아들이지 않고, 오직 정치적인 메시아로 이해했다. 로마제국의 식민지에서 건져낼 사람으로 오해한 것이다. 심지어 제자들조차도 예수님을 그렇게 생각하며 3년을 따라다녔다. 예수님이 그렇게 반복하여 말씀하셨어도 제자들은 알아듣지 못하고, 결국 십자가에서 죽으실 때 모두 도망치고 말았다.

● **이야기 3** : 예수님은 이 땅에 하나님 나라를 건설하기 위해서 오셨다. 그것은 정치적인 힘이나 정복이 아닌 인간의 죄를 대신해서 죽으심으로써 하나님 나라를 완성하신 것이다. 당시 로마는 세상 나라의 대표적인 모습이었다. 세상 나라의 왕인 빌라도는 하나님 나라의 왕이신 예수님을 이해할 수 없었고, 결국 세상 나라의 왕이 하나님 나라의 왕을 죽이는 아이러니한 상황이 발생했다. 예수님은 자기의 죄를 알지 못하는 인간을 위해 오히려 용서해달라고 하나님께 간구하셨다. 아무런 죄도 없이 십자가에서 죽으신 예수님은 사흘 만에 부활하셨다. 그것을 통해 예수님은 곧 하나님의 아들이심을 증명하셨다. 그리고 승천하시면서 다시 재림하실 것을 약속하셨다. 복음은 예수님이 세상에 오셔서 인간의 죄를 담당하여 대신 십자가에 죽으시고 부활하신 사건을 말한다. 이렇게 십자가에서 죽으신 것은 예수님을 믿는 자들은 누구든지 예수님과 함께 십자가에 장사지냈고, 예수님과 함께 부활한 것임을 보여주시기 위함이었다. 이제부터 예수님이 나의 죄 때문에 죽으셨음을 믿으면 누구든지 부활의 소망을 선물로 얻게 되고, 영원히 하나님 나라에 거하는 약속을 받게 된다. 그동안 인간을 지배한 죽음은 끝이 나고, 이제 영원히 사는 길이 열렸다.

● **이야기 4** : 이런 예수님이 전하신 복음을 제자들은 성령 강림으로 이해하고, 하나

님 나라를 경험하게 된다. 방언을 통하여 하나님 나라가 그들 속에 초자연적으로 임하였다. 하나님 나라를 소유한 제자들은 예루살렘과 유대와 사마리아와 땅끝까지 복음을 전하는 일을 했다. 그중에 대표적인 인물이 바울이다. 사도행전에는 이런 바울의 행적이 자세히 기록되어 있다. 바울은 3차에 걸친 전도여행을 통하여 복음을 아시아와 유럽에 전파했다. 가는 곳마다 교회를 세우고 제자들을 양육했다. 예수님의 열두 제자와 사도 바울은 예수님이 명령하신 복음 전파와 제자 삼는 사역을 죽는 순간까지 담당했다. 사도행전과 바울서신서는 복음이 전파된 일을 생생하게 기록한 증언서이다. 제자들은 인간적인 힘이 아닌 성령의 충만함으로 하나님 나라를 확장하는 일에 목숨을 바쳤다.

● **이야기 5** : 바울서신서와 일반서신서는 바울과 다른 제자들의 복음 사역을 기록한 책이다. 이런 책들은 교회를 위해 쓰인 것이다. 서신서는 각 교회의 상황과 문제들을 언급하면서 해결책을 제시하는 내용으로 구성되었다. 당시 교회들은 교회를 어지럽히는 유대교와 이단들, 로마 정부의 핍박으로부터 교회를 지켜야 할 과제가 있었다. 제자들은 서신서를 통해 이런 문제를 해결할 방법을 제시했다. 제자들에게 있어 교회를 든든히 세우는 일은 그 무엇보다도 중요한 일이었다. 교회를 통해서 복음이 온 인류에게 전파되기 때문이다. 주님의 제자들은 한결같이 말씀에 사로잡힌 자들이었다. 그들은 기도에 힘쓰며 하나님 나라를 전파하고, 하나님 나라를 이 세상에 세우는 일을 감당했다. 이것은 당시 교회뿐 아니라 오늘날의 교회에도 복음의 삶을 어떻게 살아야 하는지 구체적으로 제시하고 있다. 진리인 말씀으로 교회를 세우는 것이 이 세상에서 하나님 나라를 세우는 확실한 길이다.

● **이야기 6** : 하나님 나라가 이 땅에 임하는 일은 주님이 간절히 원하셨던 주기도문의 내용이다. 그리고 제자들이 소원했던 비전이다. 제자들은 하나님 나라의 건설을

위해 예수님처럼 모든 힘을 쏟았다. 그 결과 세상에 하나님 나라의 복음이 전파되었고, 지금도 그 역사는 계속되고 있다. 이미 천국을 얻은 제자들은 그 무엇도 두렵지 않았다. 심지어 죽음까지도 즐겁게 감당하며 목숨 걸고 복음을 전했다. 그런 이유로 사도 요한을 제외한 다른 제자들은 모두 순교를 당했다. 한결같이 스승인 예수님처럼 산 것이다. 우리가 사는 세상은 여전히 악으로 가득하다. 세상과 사람들은 하나님 나라를 소유한 교회를 핍박하며 복음 전파를 방해하고 있다. 요한계시록은 그런 초대교회의 상황을 잘 묘사하고 있다. 핍박과 고난 가운데서 교회가 어떻게 신앙을 지키고, 주님을 믿어야 하는지 자세히 기록하고 있다. 비록 이 세상 나라가 지배할지라도 그런 나라는 잠시뿐임을 성경은 강조한다. 특히 요한계시록에 나오는 일곱 인, 일곱 나팔, 일곱 대접의 재앙시리즈는 세상 나라는 결국 파괴되고, 하나님의 저주를 받는다는 사실을 여실히 보여준다. 요한은 영원한 하나님 나라의 모습을 보여주면서 모든 교회와 그리스도인들은 주님이 오시는 그날을 사모하며 구별된 백성으로 거룩한 나라의 삶을 살 것을 권면하고 있다. 오늘날 우리도 초대교회처럼 "아멘. 주 예수여 오시옵소서"라고 기도하면서 완성될 하나님 나라를 소망하며, 주어진 하루를 충성스럽게 살아가야 할 것이다.

| 에필로그 | 성경통독, 인생이 형통하는 길

성경을 읽는 것은 성경대로 살기 위함이다. 성경은 지식의 책이 아니라 그대로 지키고 행하는 책이다. 어떻게 성경대로 살아갈 수 있는지가 성경통독을 한 후에 우리의 질문이 되어야 한다. 성경은 우리의 삶을 지탱해주는 나침반이다. 성경이 없다면 산속에서 등산객이 길을 잃고 헤매다가 조난하는 것과 같은 일이 벌어질 수 있다. 우리의 인생에서 나침반과 같은 성경이 있다는 사실이 얼마나 다행스러운 일인지 모른다. 갈 길을 방황하며 힘들 때마다 성경을 통해 인생의 이정표를 다시 찾을 수 있으니 말이다. 한 가지 바람은 이런 성경을 책장에 꽂아놓지만 말고, 적어도 일 년에 한 번은 통독할 수 있으면 좋겠다. 이런 성경통독이 매년 계속된다면 언젠가는 당신도 그리스도를 닮은 진정한 그리스도인이 될 수 있을 것이다.

교회 역사를 보면 불행한 일이 많았었다. 그런데 이런 역사가 초대교회부터 지금까지 계속 반복되고 있다. 개인과 교회와 국가의 위기는 모두 성경을 읽지 않고 성경을 멀리한 데서 비롯되었다. 성경이 중심에서 밀려나면 교회와 나라는 부패했고, 인간의 욕망이 가득하게 되었다. 하지만 성경이 중심으로 자리 잡으면 그 순간 영적 부흥이 일어났고, 나라는 새롭게 되었다. 모든 핵심은 성경에 있었다.

초대교회에는 말씀이 흥왕했다. 그래서 놀라운 부흥을 체험했고, 복음이 땅끝까지 전파되었다. 하지만 중세에 들어오면서 교회는 부유했고, 물질과 인간의 욕망이 성경을 몰아내면서 타락하기 시작했다. 그런 교회를 새롭게 한 사람들이 루터, 칼빈, 츠빙글리 등 종교개혁자들이었다. 그들은 한결같이 "성경으로 돌아가자!"라는 구호를 외쳤다. 다시 교회 부흥이 일어났지만 얼마 지나지 않아 교파주의가 성행하면서 교회가 약화되었다. 그때 다시 부흥을 일으켰던 운동이 독일의 스패너 목사가 주도한 경건주의 운동, 영국의 요한 웨슬리 운동 등이다. 그것은 청교도 신앙으로 자리 잡았고, 영국에서 박해가 일어나자 신대륙으로 건너가 미국에 청교도 신앙을 뿌리내렸다. 그 후에 조나단 에드워드의 대각성 부흥운동이 일어났고, 무디의 부흥운동 등으로 미국 사회가 신앙의 정점을 향해 치달렸다. 이런 부흥운동의 주역은 사람이 아닌 모두 성경이었다. 물론 부흥운동을 주도했던 지도자들은 모두 말씀에 사로잡힌 사람들이었다. 성경을 중심으로 할 때 성령의 역사가 일어났고, 교회는 놀랍게 부흥했으며, 전 세계로 복음이 확장되어 나갔다.

이런 부흥과 복음 전파의 열정은 한국에 영향을 끼쳐 각국의 선교사들이 한국교회를 세우는 일에 헌신하게 하였다. 이미 한국교회에는 한국어로 성경이 번역되어 최초의 세례교인이 생겨난 때였다. 그 후 한국에 들어온 선교사들은 말씀의 바탕 위에서 큰 힘을 발휘하였고, 100년 만에 인구의 30%가 기독교인이라는 놀라운 기적을 일궈냈다. 한국의 초대교회에는 성경 읽기와 성경 공부, 성경 사경회 등이 교회마다 활발했다. 한국기독교는 처음부터 성경 공부와 사경회로 기초를 다졌다. 한국이 선교대국 2위로 자리 잡은 것은 이런 말씀의 기초가 있었기에 가능한 일이었다.

하지만 100년이 지난 지금 한국교회는 위기를 맞고 있다. 우리보다 60년 전에 부흥을 경험했던 유럽교회의 전철을 그대로 밟고 있는 것이다. 지금 유럽교회와 그리스도인들은 거의 성경을 읽지 않고 있다. 그런 이유로 교회가 건물만 있을 뿐 텅텅 비어 있다. 이것은 머지않아 한국교회에도 어김없이 닥쳐올 미래이다. 점점 교회 성장이 마이너스가 되고 주일학교가 급감하고 있다. 한국의 초대교회에서 활발하게 일어났던 성경 읽기와 성경 공부와 사경회 등이 사라졌다. 지금이라도 다시 성경 읽기 운동이 개인과 가정과 교회에서 일어나야 한다. 그렇지 않으면 한국교회도 유럽교회처럼 되고 말 것이다.

사람은 성경을 읽을 때 변화가 일어난다. 하나님의 말씀은 살아 있고 운동력이 있어서 영과 혼과 골수를 쪼개고 사람을 온전하게 하는 힘이 있다. 영혼을 건강하게 하는 성경은 세상의 첨가제가 전혀 없는 순수한 유기농과 같다. 그렇기에 영혼을 살리는 길은 순수한 말씀을 가까이하는 것뿐이다. 지금까지 교회는 진리인 말씀을 통해 성장하고 부흥해 왔다. 그리스도인의 믿음 또한 마찬가지였다. 신앙이 삶과 분리되는 병든 신앙이 되는 이유는 성경을 읽지 않기 때문이다. 지금이라도 건강한 그리스도인이 되기 위해서는 성경을 읽어야 한다. 자녀들에게 이것을 먼저 가르치고 습관화되도록 양육해야 한다.

나 중심의 신앙에서 성경 중심의 신앙으로 돌아서게 하는 유일한 길이 성경통독이다. 내 입맛에 맞는 말씀만 골라서 먹는 것이 아니라 통째로 먹는 성경통독(전체로서 성경)이 절대로 필요하다. 이것이 우리 인생을 형통하게 하는 유일한 길이다. "이 예언의 말씀을 읽는 자와 듣는 자와 그 가운데에 기록한 것을 지키는 자는 복이 있나니 때가 가까움이라"(계 1:3). 영혼을 살리는 성경통독의 실천이 이 책을 통해 체험적으로 일어나기를 소원한다. 그것을 통해 성령의 역사와 부흥을 기대해 본다. 개인과 가정과 교회마다 말씀으로 충만한 요시야의 종교개혁과 같은 일이 우리 모두에게 일어나기를 간절히 기도한다.

특·별·수·록 1

31일 성경통독 성경 읽기표

[31일 성경통독과 개요]

▶ 분열왕국시대, 포로시대, 포로귀환시대 : 하나님 나라의 모형 실패

16일 남북은 어떻게 분열했으며 분열왕국 왕들의 특징은?

17일 단일왕국 남유다의 번성과 말기 모습의 특징은?

18일 분열왕국시대의 선지자들은 누구이며 그들이 선포한 내용은?

19일 분열왕국에 해당되는 대표적인 선지서의 내용은 무엇인가?

20일 바벨론 포로시대에 사역한 선지자들의 특징은 무엇인가?

21일 이스라엘 역사를 새롭게 다지는 방법은 무엇인가?

22일 이스라엘을 새롭게 부흥시킬 방법은 무엇인가?

23일 이스라엘 역사를 통해 본 인간의 고백과 응답은?

24일 이스라엘 역사를 통해 얻는 인생의 교훈은 무엇인가?

▶ 복음서시대 : 하나님 나라의 성취

25일 마태복음과 마가복음에 나타난 예수님의 모습은?

26일 누가복음과 요한복음에 나타난 예수님의 모습은?

▶ 사도행전과 서신서시대 : 하나님 나라의 적용

27일 복음이 예루살렘과 아시아에서 어떻게 나타났는가?

28일 복음이 아시아와 유럽에 어떻게 전파되었는가?

29일 복음이 예루살렘과 로마에서 어떻게 적용되었는가?

30일 복음은 다른 주변 교회공동체에서 어떻게 실천되는가?

▶ 계시록시대 : 하나님 나라의 완성

31일 앞으로 다가올 하나님 나라의 소망은 무엇인가?

[31일 성경통독 읽기표]

일자	시대	성경책	읽기 범위	말씀 이해도 체크		
				완전 이해	보통 이해	다시 읽기
1일	창조시대	창세기	창 1-2장			
2일	타락시대		창 3장			
3일			창 4-11장			
4일	족장시대		창 12-50장			
5일	출애굽과 광야시대	출애굽기	출 1-18장			
6일			출 19-24장			
7일		출애굽기 레위기 민수기	출 25-40장 레 1-27장 민 1-10:10			
8일		민수기	민 10:11-36장			
9일		신명기	신 1-34장			
10일	정복시대 사사시대 통일왕국시대	여호수아	수 1-12장			
11일			수 13-24장			
12일		사사기 룻기 사무엘상	삿 1-21장 룻 1-4장 삼상 1-8장			
13일		사무엘상	삼상 9-31장			
14일		사무엘상 사무엘하	삼상 16-31장 삼하 1-24장			
15일		열왕기상	왕상 1-11장			

[31일 성경통독 읽기표]

일자	시대	성경책	읽기 범위	말씀 이해도 체크		
				완전 이해	보통 이해	다시 읽기
16일	분열왕국시대 포로시대 포로귀환시대	열왕기상 열왕기하	왕상 12-22장 왕하 1-17장			
17일		열왕기하	왕하 18-25장			
18일		열왕기상 열왕기하	왕상 17-20장 왕하 1-18장			
19일		아모스, 호세아 이사야, 미가 오바댜, 요엘, 요나 나훔, 스바냐 하박국, 예레미야	아모스, 호세아 이사야, 미가 오바댜, 요엘, 요나 나훔, 스바냐 하박국, 예레미야			
20일		예레미야 애가 에스겔, 다니엘	예레미야 애가 에스겔, 다니엘			
21일		역대상, 역대하	역대상, 역대하			
22일		에스라, 느헤미야 에스더, 학개 스가랴, 말라기	에스라, 느헤미야 에스더, 학개 스가랴, 말라기			
23일		시편, 아가서 예레미야 애가	시편, 아가서 예레미야 애가			
24일		욥기, 잠언 전도서	욥기, 잠언 전도서			
25일	복음서시대	마태복음 마가복음	마태복음 마가복음			
25일		누가복음 요한복음	누가복음 요한복음			
27일	사도행전과 서신서시대	사도행전 갈라디아서	행 1-14장 갈라디아서			

[31일 성경통독 읽기표]

일자	시대	성경책	읽기 범위	말씀 이해도 체크		
				완전 이해	보통 이해	다시 읽기
28일	사도행전과 서신서시대	사도행전 데살로니가서 고린도서, 로마서	행 15-21장 데살로니가서 고린도서, 로마서			
29일		에베소서, 빌립보서 골로새서, 빌레몬서 디모데서, 디도서	에베소서, 빌립보서 골로새서, 빌레몬서 디모데서, 디도서			
30일		히브리서, 야고보서 베드로서, 요한서신 유다서	히브리서, 야고보서 베드로서, 요한서신 유다서			
31일	계시록시대	요한계시록	요한계시록			

특·별·수·록 2

1년 3독 성경 읽기 노트

[되새김 120일 쉬운 통독과 개요]

▶ 창조시대 : 하나님 나라의 원형과 파괴

001일 창세기 1-2장 (창조 이야기)

002일 창세기 3-11장 (타락과 심판, 그리고 구원 이야기)

▶ 족장시대 : 하나님 나라의 모형 시작

003일 창세기 12-16장 (아브라함 이야기 1)

004일 창세기 17-25장 (아브라함 이야기 2)

005일 창세기 26-36장 (이삭과 야곱 이야기)

006일 창세기 37-41장 (야곱의 아들들과 요셉 이야기 1)

007일 창세기 42-50장 (야곱의 아들들과 요셉 이야기 2)

▶ 출애굽시대 : 하나님 나라 형성의 시작

008일 출애굽기 1-14장 (애굽생활과 열 가지 재앙)

▶ 광야시대 : 하나님 나라의 형성

009일 출애굽기 15-31장 (광야생활과 시내산 율법)

010일 출애굽기 32-40장 (금송아지 사건과 성막 건설)

011일 레위기 1-10장 (성막 안에서의 제사법)

012일 레위기 11-22장 (성결 규정과 법전)

013일 레위기 23-27장 (절기법과 실제적 지침)

014일 민수기 1장-10:10 (시내산에서 출발 준비)

015일 민수기 10:11-19장 (이스라엘의 반역)

016일 민수기 20-25장 (어그러진 광야생활)

017일 민수기 26-36장 (두 번째 인구조사, 새로운 세대의 시작)

018일 신명기 1-11장 (다음세대를 향한 유산)
019일 신명기 12-26장 (신명기 법전과 모압 언약)
020일 신명기 27-34장 (축복과 저주, 그리고 유산)

▶ 정복사사시대 : 하나님 나라의 부분 성취 1

021일 여호수아 1-12장 (가나안 땅 정복)
022일 여호수아 13-24장 (땅의 분배)
023일 사사기 1-12장 (실패의 역사)
024일 사사기 13-21장 (삼손과 무정부)
025일 룻기 1-5장 (예수님의 계보, 룻기)

▶ 통일왕국시대 : 하나님 나라의 부분 성취 2

026일 사무엘상 1-7장 (사무엘 이야기)
027일 사무엘상 8-15장 (사무엘과 사울 이야기)
028일 사무엘상 16-31장 (사울왕과 다윗 이야기)
029일 사무엘하 1-10장 (다윗왕의 초기 이야기)
030일 사무엘하 11-24장 (다윗왕과 밧세바, 범죄와 고난)
031일 열왕기상 1-11장 (솔로몬왕 이야기)

▶ 분열왕국시대 : 하나님 나라의 모형 실패 1

032일 열왕기상 12-22장 (분열왕국 이야기)
033일 열왕기하 1-8장 (북이스라엘 초기, 오므리 왕조)
034일 열왕기하 9-17장 (북이스라엘의 번영, 예후 왕조)
035일 열왕기하 18-25장 (남유다 왕국 이야기)

▶ 분열왕국시대 : 하나님 나라의 모형 실패 2

036일 이사야 1-12장 (남유다 왕국의 심판)
037일 이사야 13-23장 (주변 국가들에 대한 하나님의 심판)
038일 이사야 24-39장 (온 세상에 대한 하나님의 심판)
039일 이사야 40-48장 (남은 자들을 향한 위로)
040일 이사야 49-57장 (하나님의 은혜)
041일 이사야 58-66장 (위로와 희망의 예언)
042일 미가 1-7장 (남유다 왕국의 심판과 축복)
043일 호세아 1-14장 (여호와를 알고 돌아오라)
044일 아모스 1-9장 (정의를 하수같이)
045일 요나, 오바댜, 나훔 (이방인을 향한 선지자)
046일 요엘, 스바냐, 하박국 (주의 날과 믿음)

▶ 바벨론 포로 전과 70년 포로시대

047일 예레미야 1-10장 (예루살렘에 대한 심판의 예언 1)
048일 예레미야 11-20장 (예루살렘에 대한 심판의 예언 2)
049일 예레미야 21-33장 (왕들과 거짓 선지자 심판)
050일 예레미야 34-45장 (남유다 왕국의 현재 재난)
051일 예레미야 46-52장 (열방의 심판과 결론)
예레미야애가 1-5장 (거룩한 사람)

▶ 포로시대 : 바벨론 포로 공동체 시기

052일 에스겔 1-9장 (남유다 왕국에 대한 심판 1)
053일 에스겔 10-19장 (남유다 왕국에 대한 심판 2)
054일 에스겔 20-32장 (부패한 남유다의 역사와 이방의 심판)
055일 에스겔 33-48장 (이스라엘의 희망과 위로)
056일 다니엘 1-12장 (이방 궁정, 바벨론과 바사에서)

▶ 포로귀환시대 : 하나님 나라의 모형 실패 3

057일 역대상 1-9장 (다윗 중심의 이스라엘 족보)
058일 역대상 10-21장 (다윗의 성전 건축 준비와 솔로몬)
059일 역대상 22-29장 (솔로몬의 왕위 계승을 위한 준비)
060일 역대하 1-9장 (솔로몬 이야기)
061일 역대하 10-20장 (다윗 왕조 이야기 1 : 르호보암-여호사밧)
062일 역대하 21-28장 (다윗 왕조 이야기 2 : 여호람-아하스)
063일 역대하 29-36장
(다윗 왕조 이야기 3 : 히스기야-바벨론 포로와 귀환)
064일 에스라 1-10장 (1, 2차 포로귀환)
학개 1-2장 (성전 재건 촉구)
065일 스가랴 1-6장 (스가랴의 환상)
066일 스가랴 7-14장 (여호와의 날)
067일 에스더 1-4장 (선택받은 에스더, 위기에 처한 유다인)
068일 느헤미야 1-13장 (3차 귀환 : 성벽 재건과 개혁)
069일 말라기 1-4장 (마지막 선지자의 경고)

▶ 하나님 나라를 소망 : 시와 찬양과 기도, 그리고 묵상과 고백

070일 잠언 1-9장 (말씀을 적용하는 잠언)
071일 잠언 10:1-22:16 (일상에서 적용하는 잠언 : 솔로몬의 잠언들)
072일 잠언 22:17-31장 (말과 기타 생활 잠언)
073일 욥기 1-14장 (욥의 시험과 첫 번째 대화)
074일 욥기 15-21장 (욥의 두 번째 대화)
075일 욥기 22-31장 (욥의 세 번째 대화와 욥의 고백)
076일 욥기 32-42장 (엘리후의 독백과 욥과 하나님 대화)
077일 전도서 1-12장 (재물의 무익함과 좌절과 무능함)
078일 시편 1-13편 (서론, 도움 탄식, 창조, 구원 탄식)
079일 시편 14-24편 (어리석음, 성전에 올라감)

080일 시편 25-33편 (창조에 대한 기도와 찬양)
081일 시편 34-41편 (지혜의 교훈, 기도와 죄의 고백)
082일 시편 42-53편 (기도와 하나님께 대한 태도)
083일 시편 54-64편 (도움을 바라는 탄식과 기도)
084일 시편 65 -72편 (하나님의 행함과 현존과 기도)
085일 시편 73-80편 (시온에 대한 버리심과 소망)
086일 시편 81-89편 (시온에 대한 찬양과 멸망)
087일 시편 90-106편 (하나님의 통치와 찬양과 회복)
088일 시편 107-118편 (구원과 오실 왕 축제시)
089일 시편 119-125편 (율법에 대한 찬양과 성전 찬양)
090일 시편 126-137편 (성전에 올라가는 노래)
091일 시편 138-150편 (다윗 시편과 할렐루야 시편)
092일 아가 1-8장 (사랑의 시)

▶ 중간시대 : 하나님 나라의 준비

093일 중간시대 (400년 침묵기 이야기)

▶ 복음서시대 : 하나님 나라의 성취

094일 마태복음 1-10장 (준비시기와 가르침 사역)
095일 마태복음 11-20장 (도상 제자학교)
096일 마태복음 21-28장 (예루살렘에서 일어난 일 : 죽음과 부활)
097일 마가복음 1장-8:26 (예수님이 행하신 이적)
098일 마가복음 8:27-16장 (예수님이 당하신 고난)
099일 누가복음 1장-9:50 (준비와 복음 선포)
100일 누가복음 9:51-19:44 (가르침과 준비와 하나님 나라 교훈)
101일 누가복음 19:45-24장 (예루살렘에서 마지막 주간)
102일 요한복음 1-12장 (예수님의 정체성과 적대감)
103일 요한복음 13-21장 (다락방 교훈과 죽음과 부활)

▶ 사도행전과 서신서시대 : 하나님 나라의 적용

104일 사도행전 1-12장 (예루살렘과 유대, 사마리아와 로마교회)
105일 사도행전 13-15장, 갈라디아서 (제1차 선교여행)
106일 사도행전 16-18장, 데살로니가전후서 (제2차 선교여행)
107일 사도행전 19장-20:3, 고린도전서 (제3차 선교여행 1)
108일 고린도후서 1-13장 (제3차 선교여행 2)
109일 로마서 1-8장 (제3차 선교여행 3)
110일 로마서 9-16장, 사도행전 20:4-21:16 (복음의 삶 이야기)
111일 사도행전 21:17-28장 (마게도냐에서 예루살렘, 로마까지)
112일 에베소서, 빌립보서 (옥중서신 1)
113일 골로새서. 빌레몬서 (옥중서신 2)
114일 디모데전후서, 디도서 (목회서신)
115일 야고보서, 베드로전서 (공동서신 1)
116일 히브리서 (공동서신 2, 초보에서 성숙으로)
117일 요한일이삼서, 유다서, 베드로후서 (공동서신 3, 진리에 굳게 서라)

▶ 계시록시대 : 하나님 나라의 완성

118일 요한계시록 1-9장
(일곱 교회와 찬양, 그리고 재앙시리즈 1 : 성경 총정리 1)
119일 요한계시록 10-16장 (재앙시리즈 2, 구원과 심판 : 성경 총정리 2)
120일 요한계시록 17-22장 (승리와 하나님 나라의 복음 : 성경 총정리 3)

[1년 3독 성경 읽기 / 1독]						
일자	시대	성경책	읽기 범위	말씀 이해도 체크		
				완전 이해	보통 이해	다시 읽기
1일	창조시대	창세기	창 1-2장			
2일			창 3-11장			
3일	족장시대		창 12-16장			
4일			창 17-25장			
5일			창 26-36장			
6일			창 37-41장			
7일			창 42-50장			
8일	출애굽시대	출애굽기	출 1-14장			
9일	광야시대		출 15-31장			
10일			출 32-40장			
11일		레위기	레 1-10장			
12일			레 11-22장			
13일			레 23-27장			
14일		민수기	민 1장-10:10			
15일			민 10:11-19장			
16일			민 20-25장			
17일			민 26-36장			

[1년 3독 성경 읽기 / 1독]

일자	시대	성경책	읽기 범위	말씀 이해도 체크		
				완전 이해	보통 이해	다시 읽기
18일	광야시대	신명기	신 1-11장			
19일			신 12-26장			
20일			신 27-34장			
21일	정복시대	여호수아	수 1-12장			
22일			수 13-24장			
23일	사사시대	사사기 룻기	삿 1-12장			
24일			삿 13-21장			
25일			룻 1-5장			
26일	통일왕국 시대	사무엘상	삼상 1-7장			
27일			삼상 8-15장			
28일			삼상 16-31장			
29일		사무엘하	삼하 1-10장			
30일			삼하 11-24장			
31일		열왕기상	왕상 1-11장			
32일	분열왕국 시대		왕상 12-22장			
33일		열왕기하	왕하 1-8장			
34일			왕하 9-17장			

[1년 3독 성경 읽기 / 1독]

일자	시대	성경책	읽기 범위	말씀 이해도 체크		
				완전 이해	보통 이해	다시 읽기
35일	분열왕국 시대	열왕기하	왕하 18-25장			
36일		이사야	사 1-12장			
37일			사 13-23장			
38일			사 24-39장			
39일			사 40-48장			
40일			사 49-57장			
41일			사 58-66장			
42일		미가	미 1-7장			
43일		호세아	호 1-14장			
44일		아모스	암 1-9장			
45일		요나, 오바댜, 나훔	요나, 오바댜, 나훔			
46일		요엘, 스바냐, 하박국	요엘, 스바냐, 하박국			
47일	포로시대	예레미야	렘 1-10장			
48일			렘 11-20장			
49일			렘 21-33장			
50일			렘 34-45장			
51일		예레미야, 애가	렘 46-52장, 애 1-5장			

[1년 3독 성경 읽기 / 1독]

일자	시대	성경책	읽기 범위	말씀 이해도 체크		
				완전 이해	보통 이해	다시 읽기
52일	포로시대	에스겔	겔 1-9장			
53일			겔 10-19장			
54일			겔 20-32장			
55일			겔 33-48장			
56일		다니엘	단 1-12장			
57일	포로귀환 시대	역대상	대상 1-9장			
58일			대상 10-21장			
59일			대상 22-29장			
60일		역대하	대하 1-9장			
61일			대하 10-20장			
62일			대하 21-28장			
63일			대하 29-36장			
64일		에스라, 학개	에스라, 학개			
65일		스가랴	슥 1-6장			
66일			슥 7-14장			
67일		에스더	에 1-4장			
68일		느헤미야	느 1-13장			

[1년 3독 성경 읽기 / 1독]

일자	시대	성경책	읽기 범위	말씀 이해도 체크		
				완전 이해	보통 이해	다시 읽기
69일	포로귀환시대	말라기	말 1-4장			
70일	통일 왕국 시대	잠언	잠 1-9장			
71일			잠 10:1-22:16			
72일			잠 22:17-31장			
73일	족장시대	욥기	욥 1-14장			
74일			욥 15-21장			
75일			욥 22-31장			
76일			욥 32-42장			
77일	통일 왕국 시대	전도서	전 1-12장			
78일		시편	시 1-13편			
79일			시 14-24편			
80일			시 25-33편			
81일			시 34-41편			
82일			시 42-53편			
83일			시 54-64편			
84일			시 65 -72편			
85일			시 73-80편			

[1년 3독 성경 읽기 / 1독]						
일자	시대	성경책	읽기 범위	말씀 이해도 체크		
				완전 이해	보통 이해	다시 읽기
86일	통일 왕국 시대	시편	시 81-89편			
87일			시 90-106편			
88일			시 107-118편			
89일			시 119-125편			
90일			시 126-137편			
91일			시 138-150편			
92일		아가	아 1-8장			
93일	중간시대					
94일	복음서 시대	마태복음	마 1-10장			
95일			마 11-20장			
96일			마 21-28장			
97일		마가복음	막 1장-8:26			
98일			막 8:27-16장			
99일		누가복음	눅 1장-9:50			
100일			눅 9:51-19:44			
101일			눅 19:45-24장			
102일		요한복음	요 1-12장			

[1년 3독 성경 읽기 / 1독]

일자	시대	성경책	읽기 범위	말씀 이해도 체크		
				완전 이해	보통 이해	다시 읽기
103일	복음서시대	요한복음	요 13-21장			
104일	사도행전과 서신서시대	사도행전 갈라디아서	행 1-12장			
105일			행 13-15장 갈라디아서			
106일		사도행전 데살로니가전후서	행 16-18장 데살로니가전후서			
107일		사도행전 고린도전서	행 19장-20:3 고린도전서			
108일		고린도후서	고린도후서			
109일		로마서	롬 1-8장			
110일		로마서 사도행전	롬 9-16장 행 20:4-21:16			
111일		사도행전	행 21:17-28장			
112일		에베소서, 빌립보서	에베소서, 빌립보서			
113일		골로새서, 빌레몬서	골로새서, 빌레몬서			
114일		디모데전후서 디도서	디모데전후서 디도서			
115일		야고보서 베드로전서	야고보서 베드로전서			
116일		히브리서	히브리서			
117일		요한일이삼, 유다서 베드로후서	요한일이삼, 유다서 베드로후서			
118일	계시록시대	요한계시록	계 1-9장			
119일			계 10-16장			
120일			계 17-22장			

[1년 3독 성경 읽기 / 2독]

일자	시대	성경책	읽기 범위	말씀 이해도 체크		
				완전 이해	보통 이해	다시 읽기
1일	창조시대	창세기	창 1-2장			
2일			창 3-11장			
3일	족장시대		창 12-16장			
4일			창 17-25장			
5일			창 26-36장			
6일			창 37-41장			
7일			창 42-50장			
8일	출애굽시대	출애굽기	출 1-14장			
9일	광야시대		출 15-31장			
10일			출 32-40장			
11일		레위기	레 1-10장			
12일			레 11-22장			
13일			레 23-27장			
14일		민수기	민 1장-10:10			
15일			민 10:11-19장			
16일			민 20-25장			
17일			민 26-36장			

[1년 3독 성경 읽기 / 2독]

일자	시대	성경책	읽기 범위	말씀 이해도 체크		
				완전 이해	보통 이해	다시 읽기
18일	광야시대	신명기	신 1-11장			
19일			신 12-26장			
20일			신 27-34장			
21일	정복시대	여호수아	수 1-12장			
22일			수 13-24장			
23일	사사시대	사사기 룻기	삿 1-12장			
24일			삿 13-21장			
25일			룻 1-5장			
26일	통일왕국 시대	사무엘상	삼상 1-7장			
27일			삼상 8-15장			
28일			삼상 16-31장			
29일		사무엘하	삼하 1-10장			
30일			삼하 11-24장			
31일		열왕기상	왕상 1-11장			
32일	분열왕국 시대		왕상 12-22장			
33일		열왕기하	왕하 1-8장			
34일			왕하 9-17장			

[1년 3독 성경 읽기 / 2독]

일자	시대	성경책	읽기 범위	말씀 이해도 체크		
				완전 이해	보통 이해	다시 읽기
35일	분열왕국 시대	열왕기하	왕하 18-25장			
36일		이사야	사 1-12장			
37일			사 13-23장			
38일			사 24-39장			
39일			사 40-48장			
40일			사 49-57장			
41일			사 58-66장			
42일		미가	미 1-7장			
43일		호세아	호 1-14장			
44일		아모스	암 1-9장			
45일		요나, 오바댜, 나훔	요나, 오바댜, 나훔			
46일		요엘, 스바냐, 하박국	요엘, 스바냐, 하박국			
47일	포로시대	예레미야	렘 1-10장			
48일			렘 11-20장			
49일			렘 21-33장			
50일			렘 34-45장			
51일		예레미야, 애가	렘 46-52장, 애 1-5장			

[1년 3독 성경 읽기 / 2독]

일자	시대	성경책	읽기 범위	말씀 이해도 체크		
				완전 이해	보통 이해	다시 읽기
52일	포로시대	에스겔	겔 1-9장			
53일			겔 10-19장			
54일			겔 20-32장			
55일			겔 33-48장			
56일		다니엘	단 1-12장			
57일	포로귀환 시대	역대상	대상 1-9장			
58일			대상 10-21장			
59일			대상 22-29장			
60일		역대하	대하 1-9장			
61일			대하 10-20장			
62일			대하 21-28장			
63일			대하 29-36장			
64일		에스라, 학개	에스라, 학개			
65일		스가랴	슥 1-6장			
66일			슥 7-14장			
67일		에스더	에 1-4장			
68일		느헤미야	느 1-13장			

[1년 3독 성경 읽기 / 2독]

일자	시대	성경책	읽기 범위	말씀 이해도 체크		
				완전 이해	보통 이해	다시 읽기
69일	포로귀환시대	말라기	말 1-4장			
70일	통일 왕국 시대	잠언	잠 1-9장			
71일			잠 10:1-22:16			
72일			잠 22:17-31장			
73일	족장시대	욥기	욥 1-14장			
74일			욥 15-21장			
75일			욥 22-31장			
76일			욥 32-42장			
77일	통일 왕국 시대	전도서	전 1-12장			
78일		시편	시 1-13편			
79일			시 14-24편			
80일			시 25-33편			
81일			시 34-41편			
82일			시 42-53편			
83일			시 54-64편			
84일			시 65 -72편			
85일			시 73-80편			

[1년 3독 성경 읽기 / 2독]

일자	시대	성경책	읽기 범위	말씀 이해도 체크		
				완전 이해	보통 이해	다시 읽기
86일	통일 왕국 시대	시편	시 81-89편			
87일			시 90-106편			
88일			시 107-118편			
89일			시 119-125편			
90일			시 126-137편			
91일			시 138-150편			
92일		아가	아 1-8장			
93일	중간시대					
94일	복음서 시대	마태복음	마 1-10장			
95일			마 11-20장			
96일			마 21-28장			
97일		마가복음	막 1장-8:26			
98일			막 8:27-16장			
99일		누가복음	눅 1장-9:50			
100일			눅 9:51-19:44			
101일			눅 19:45-24장			
102일		요한복음	요 1-12장			

[1년 3독 성경 읽기 / 2독]

일자	시대	성경책	읽기 범위	말씀 이해도 체크		
				완전 이해	보통 이해	다시 읽기
103일	복음서시대	요한복음	요 13-21장			
104일	사도행전과 서신서시대	사도행전 갈라디아서	행 1-12장			
105일			행 13-15장 갈라디아서			
106일		사도행전 데살로니가전후서	행 16-18장 데살로니가전후서			
107일		사도행전 고린도전서	행 19장-20:3 고린도전서			
108일		고린도후서	고린도후서			
109일		로마서	롬 1-8장			
110일		로마서 사도행전	롬 9-16장 행 20:4-21:16			
111일		사도행전	행 21:17-28장			
112일		에베소서, 빌립보서	에베소서, 빌립보서			
113일		골로새서, 빌레몬서	골로새서, 빌레몬서			
114일		디모데전후서 디도서	디모데전후서 디도서			
115일		야고보서 베드로전서	야고보서 베드로전서			
116일		히브리서	히브리서			
117일		요한일이삼, 유다서 베드로후서	요한일이삼, 유다서 베드로후서			
118일	계시록시대	요한계시록	계 1-9장			
119일			계 10-16장			
120일			계 17-22장			

[1년 3독 성경 읽기 / 3독]

일자	시대	성경책	읽기 범위	말씀 이해도 체크		
				완전 이해	보통 이해	다시 읽기
1일	창조시대	창세기	창 1-2장			
2일			창 3-11장			
3일	족장시대		창 12-16장			
4일			창 17-25장			
5일			창 26-36장			
6일			창 37-41장			
7일			창 42-50장			
8일	출애굽시대	출애굽기	출 1-14장			
9일	광야시대		출 15-31장			
10일			출 32-40장			
11일		레위기	레 1-10장			
12일			레 11-22장			
13일			레 23-27장			
14일		민수기	민 1장-10:10			
15일			민 10:11-19장			
16일			민 20-25장			
17일			민 26-36장			

[1년 3독 성경 읽기 / 3독]

일자	시대	성경책	읽기 범위	말씀 이해도 체크		
				완전 이해	보통 이해	다시 읽기
18일	광야시대	신명기	신 1-11장			
19일			신 12-26장			
20일			신 27-34장			
21일	정복시대	여호수아	수 1-12장			
22일			수 13-24장			
23일	사사시대	사사기 룻기	삿 1-12장			
24일			삿 13-21장			
25일			룻 1-5장			
26일	통일왕국 시대	사무엘상	삼상 1-7장			
27일			삼상 8-15장			
28일			삼상 16-31장			
29일		사무엘하	삼하 1-10장			
30일			삼하 11-24장			
31일		열왕기상	왕상 1-11장			
32일	분열왕국 시대		왕상 12-22장			
33일		열왕기하	왕하 1-8장			
34일			왕하 9-17장			

[1년 3독 성경 읽기 / 3독]

일자	시대	성경책	읽기 범위	말씀 이해도 체크		
				완전 이해	보통 이해	다시 읽기
35일	분열왕국 시대	열왕기하	왕하 18-25장			
36일		이사야	사 1-12장			
37일			사 13-23장			
38일			사 24-39장			
39일			사 40-48장			
40일			사 49-57장			
41일			사 58-66장			
42일		미가	미 1-7장			
43일		호세아	호 1-14장			
44일		아모스	암 1-9장			
45일		요나, 오바댜, 나훔	요나, 오바댜, 나훔			
46일		요엘, 스바냐, 하박국	요엘, 스바냐, 하박국			
47일	포로시대	예레미야	렘 1-10장			
48일			렘 11-20장			
49일			렘 21-33장			
50일			렘 34-45장			
51일		예레미야, 애가	렘 46-52장, 애 1-5장			

[1년 3독 성경 읽기 / 3독]

일자	시대	성경책	읽기 범위	말씀 이해도 체크		
				완전 이해	보통 이해	다시 읽기
52일	포로시대	에스겔	겔 1-9장			
53일			겔 10-19장			
54일			겔 20-32장			
55일			겔 33-48장			
56일		다니엘	단 1-12장			
57일	포로귀환 시대	역대상	대상 1-9장			
58일			대상 10-21장			
59일			대상 22-29장			
60일		역대하	대하 1-9장			
61일			대하 10-20장			
62일			대하 21-28장			
63일			대하 29-36장			
64일		에스라, 학개	에스라, 학개			
65일		스가랴	슥 1-6장			
66일			슥 7-14장			
67일		에스더	에 1-4장			
68일		느헤미야	느 1-13장			

[1년 3독 성경 읽기 / 3독]

일자	시대	성경책	읽기 범위	말씀 이해도 체크		
				완전 이해	보통 이해	다시 읽기
69일	포로귀환시대	말라기	말 1-4장			
70일	통일 왕국 시대	잠언	잠 1-9장			
71일			잠 10:1-22:16			
72일			잠 22:17-31장			
73일	족장시대	욥기	욥 1-14장			
74일			욥 15-21장			
75일			욥 22-31장			
76일			욥 32-42장			
77일	통일 왕국 시대	전도서	전 1-12장			
78일		시편	시 1-13편			
79일			시 14-24편			
80일			시 25-33편			
81일			시 34-41편			
82일			시 42-53편			
83일			시 54-64편			
84일			시 65 -72편			
85일			시 73-80편			

[1년 3독 성경 읽기 / 3독]

일자	시대	성경책	읽기 범위	말씀 이해도 체크		
				완전 이해	보통 이해	다시 읽기
86일	통일 왕국 시대	시편	시 81-89편			
87일			시 90-106편			
88일			시 107-118편			
89일			시 119-125편			
90일			시 126-137편			
91일			시 138-150편			
92일		아가	아 1-8장			
93일	중간시대					
94일	복음서 시대	마태복음	마 1-10장			
95일			마 11-20장			
96일			마 21-28장			
97일		마가복음	막 1장-8:26			
98일			막 8:27-16장			
99일		누가복음	눅 1장-9:50			
100일			눅 9:51-19:44			
101일			눅 19:45-24장			
102일		요한복음	요 1-12장			

[1년 3독 성경 읽기 / 3독]

일자	시대	성경책	읽기 범위	말씀 이해도 체크		
				완전 이해	보통 이해	다시 읽기
103일	복음서시대	요한복음	요 13-21장			
104일	사도행전과 서신서시대	사도행전 갈라디아서	행 1-12장			
105일			행 13-15장 갈라디아서			
106일		사도행전 데살로니가전후서	행 16-18장 데살로니가전후서			
107일		사도행전 고린도전서	행 19장-20:3 고린도전서			
108일		고린도후서	고린도후서			
109일		로마서	롬 1-8장			
110일		로마서 사도행전	롬 9-16장 행 20:4-21:16			
111일		사도행전	행 21:17-28장			
112일		에베소서, 빌립보서	에베소서, 빌립보서			
113일		골로새서, 빌레몬서	골로새서, 빌레몬서			
114일		디모데전후서 디도서	디모데전후서 디도서			
115일		야고보서 베드로전서	야고보서 베드로전서			
116일		히브리서	히브리서			
117일		요한일이삼, 유다서 베드로후서	요한일이삼, 유다서 베드로후서			
118일	계시록시대	요한계시록	계 1-9장			
119일			계 10-16장			
120일			계 17-22장			

특·별·수·록 3

나의 바이블 히스토리 노트

▶ 〈나의 바이블 히스토리 노트〉 활용법

〈나의 바이블 히스토리 노트〉는 계속 반복해서 말씀을 읽도록 구성되어 있다. 예를 들어 120일 동안 성경 66권을 읽는다면 성경 전체가 1189장이니까 하루에 약 10장 정도 읽으면 된다. 이렇게 읽으면 3개월이면 성경을 일독할 수 있으며, 되새김하는 방법으로 1년에 3번을 통독할 수 있다.

물론 이것은 생각처럼 쉽지만은 않다. 말씀을 읽는 것은 영적 싸움이다. 그래서 성경 통독은 인간의 힘으로 되는 게 아니라 하나님이 도와주셔야 한다. 통독 전후에 기도가 필요한 이유도 바로 여기에 있다. 하나님이 도와주시도록 간구하는 시간이 뒤따를 때 성경 통독이 원활하게 이루어지고 은혜의 시간이 된다.

그렇다면 〈나의 바이블 히스토리 노트〉를 어떻게 구체적으로 성경 통독에 유용하게 사용할 수 있을까? 히스토리 노트의 가장 큰 목적은 나에게 주신 말씀을 기록하는 데 있다. 성경을 통독하다 보면 생각보다 성령께서 마음에 감동을 주시는 구절이 많다. 그리고 읽을 때의 영적 상태에 따라 영감을 주는 말씀 또한 다르게 다가온다. 이처럼 성령의 역사는 말씀을 읽는 중에 나타난다. 그런 이유로 성경을 읽는 자에게 복이 임한다고 성경은 말씀한다.

▶ 〈나의 통독 히스토리 노트〉 기록하기

1. 해당 일에 성경을 정해진 범위만큼 통독한다. (1일 10장 내외)

2. 통독 중에 성령께서 감동을 주시는 성경 구절을 〈나의 바이블 히스토리 노트〉에 적는다.

3. 구절을 기록할 때 중요한 점은 성경 통독의 목적이 성경 전체의 맥을 잡아가면서 읽는 것이기에 통독에 방해되지 않도록 감동받은 구절 말씀을 노트에 바로 필사하는 게 아니라 일단 구절만 적어놓는다는 것이다. (예 : 창 1:1, 창 1:22, 창 2:7 등)

4. 오늘 분량을 통독한 후 〈나의 바이블 히스토리 노트〉에 적어놓은 구절의 말씀을 찾아 필사한다. 필사하면서 오늘 통독 말씀을 되새기며 하나님의 은혜를 다시 한 번 묵상한다.

5. 필사를 마친 후 '분류' 란에 바이블 히스토리 관련 분류를 적는다. 오직 나만의 말씀 분류를 하는 것이다. 이렇게 분류된 구절들은 필요할 때 즉각적으로 말씀을 찾을 수 있다는 장점과 더불어 다시 한번 하나님의 말씀을 되새기며 은혜를 묵상하는 유익을 누릴 수 있다. (예 : 하나님, 성령님, 예수님, 믿음, 기도, 사랑, 은혜, 복음, 전도, 구원 등)

6. 통독 시 성경 각 권을 마무리할 때마다 〈나의 바이블 히스토리 노트〉에 필사된 말씀을 다시 한번 되새기는 시간을 갖는다. 되새김은 하나님의 은혜를 배가 시켜주는 귀한 시간이다.

7. 성경을 일독하고 나서 다시 통독에 들어갈 때에는 〈나의 바이블 히스토리 노트〉를 새 것으로 바꾸어 새롭게 나만의 바이블 히스토리를 만들어간다. 나의 영적 상태와 주변 상황에 따라 성령께서 감동을 주시는 구절이 매번 다를 수 있다. 이점이 더욱 큰 은혜가 된다.

8. 〈나의 바이블 히스토리 노트〉는 다른 사람과 나누거나 복음을 전할 때 전도대상자와 함께 읽으면서 대화를 나누는 등 실생활에서 쉽게 적용할 수 있다.

※ 〈나의 통독 히스토리 노트〉 사용 예.

1. 통독 중 : 성경 구절만 기록하기

날짜	성경 구절	오늘 나에게 주신 말씀	말씀 분류
2023년 1월 1일	창 1:1		

2. 통독 후 : 구절을 찾아 말씀을 필사하기

날짜	성경 구절	오늘 나에게 주신 말씀	말씀 분류
2023년 1월 1일	창 1:1	태초에 하나님이 천지를 창조하시니라	

3. 말씀 분류 : 필사 후 나만의 말씀 분류하기

날짜	성경 구절	오늘 나에게 주신 말씀	말씀 분류
2023년 1월 1일	창 1:1	태초에 하나님이 천지를 창조하시니라	창조주 하나님

[나의 바이블 히스토리 노트]

날짜	성경 구절	오늘 나에게 주신 말씀	말씀 분류

[나의 바이블 히스토리 노트]

날짜	성경 구절	오늘 나에게 주신 말씀	말씀 분류

[나의 바이블 히스토리 노트]

날짜	성경 구절	오늘 나에게 주신 말씀	말씀 분류

[나의 바이블 히스토리 노트]

날짜	성경 구절	오늘 나에게 주신 말씀	말씀 분류

[나의 바이블 히스토리 노트]

날짜	성경 구절	오늘 나에게 주신 말씀	말씀 분류

[나의 바이블 히스토리 노트]

날짜	성경 구절	오늘 나에게 주신 말씀	말씀 분류

[나의 바이블 히스토리 노트]

날짜	성경 구절	오늘 나에게 주신 말씀	말씀 분류

[나의 바이블 히스토리 노트]

날짜	성경 구절	오늘 나에게 주신 말씀	말씀 분류

[나의 바이블 히스토리 노트]

날짜	성경 구절	오늘 나에게 주신 말씀	말씀 분류

[나의 바이블 히스토리 노트]

날짜	성경 구절	오늘 나에게 주신 말씀	말씀 분류